U0796142

中国政法大学青年教师学术创新团队支持计划“刑事诉讼法修改研究”
（中央高校基本科研业务费专项资金资助：24CXTD06）阶段性成果之一
2016年度国家社会科学基金项目“参与刑讯人员民事侵权责任问题研究”
（16CFX030）研究成果

公职人员民事侵权责任研究

以刑讯治理为例

郭　烁　著

法律出版社
LAW PRESS · CHINA
北京

图书在版编目(CIP)数据

公职人员民事侵权责任研究 ：以刑讯治理为例 / 郭烁著. -- 北京 ：法律出版社, 2024
ISBN 978-7-5197-9149-0

Ⅰ. ①公… Ⅱ. ①郭… Ⅲ. ①刑事犯罪－审理－研究－中国 Ⅳ. ①D924.114

中国国家版本馆 CIP 数据核字(2024)第 098282 号

公职人员民事侵权责任研究:以刑讯治理为例
GONGZHI RENYUAN MINSHI QINQUAN ZEREN YANJIU:YI XINGXUN ZHILI WEILI

郭 烁 著

责任编辑 郑怡萍
装帧设计 鲍龙卉

出版发行 法律出版社
编辑统筹 教育出版分社
责任校对 王晓萍
责任印制 刘晓伟
经　　销 新华书店

开本 710 毫米×1000 毫米 1/16
印张 13.25 **字数** 201 千
版本 2024 年 8 月第 1 版
印次 2024 年 8 月第 1 次印刷
印刷 北京建宏印刷有限公司

地址:北京市丰台区莲花池西里 7 号(100073)
网址:www.lawpress.com.cn
投稿邮箱:info@lawpress.com.cn
举报盗版邮箱:jbwq@lawpress.com.cn
销售电话:010-83938349
客服电话:010-83938350
咨询电话:010-63939796
版权所有·侵权必究

书号:ISBN 978-7-5197-9149-0
定价:49.00 元
凡购买本社图书,如有印装错误,我社负责退换。电话:010-83938349

目　　录

绪　论

时隔27年，走出冤狱的张玉环在面对媒体采访时反复说道："我要追究刑讯逼供者的责任。"[1] 2021年，张玉环案平反次年，时任最高人民检察院检察长张军在第十三届全国人民代表大会第四次会议上代表最高人民检察院作工作报告，再次提起上述案件并指出："纠错不能止于国家赔偿，追责必须落到责任主体。"[2]

刑讯逼供的危害不言自明，讨论其形成原因及防治措施的文献可谓汗牛充栋。简单来说，刑讯逼供的防治措施主要包括两类：预防性措施与制裁性措施。顾名思义，预防性措施主要功能在于预防刑讯逼供，制裁性措施主要功能在于在刑讯逼供发生后为受害人提供救济。预防性措施主要包括：诉讼权利告知、同步录音录像、完善审讯培训等。制裁性措施主要包括：非法证据排除、检察监督、追究刑事责任、纪律制裁、国家赔偿等。如何预防刑讯逼供固然重要，但一旦刑讯逼供已然发生，那么最重要的工作便是为受害人提供充分的救济，但在我国现行法中，有可能填补受害人损失，弥补受害人利益的仅有国家赔偿制度。

尽管《国家赔偿法》第17条第4项明确规定"刑讯逼供或者以殴打、虐待等行为或者唆使、放纵他人以殴打、虐待等行为造成公民身体伤害或者死亡的"，受害人有取得赔偿的权利，但从刑讯逼供受害人依据

---

〔1〕 佚名：《张玉环称曾遭6天6夜刑讯逼供：参与逼供人员名单曝光》，载新浪网2021年3月15日，https://k.sina.com.cn/article_2366004917_8d065eb500100pj2h.html。

〔2〕 张军：《最高人民检察院工作报告》，载中华人民共和国最高人民检察院网2021年3月15日，https://www.spp.gov.cn/spp/gzbg/202103/t20210315_512731.shtml。

《国家赔偿法》第17条申请国家赔偿的实践来看，司法认定标准相当苛刻。例如，有实证研究从北大法宝司法案例数据库整理收集了我国2012~2017年的346份涉及刑讯逼供的刑事赔偿裁判文书，结果显示成功申请刑事赔偿的只有141份，成功率仅达40.75%，而未申请到刑事赔偿的多达205份，失败率达59.25%，大约每5份刑事赔偿申请中仅有2份最终获得赔偿。[1] 由此可见，国家赔偿制度难以真正周延地填补受害人损失，切实有效地弥补受害人利益。

既然国家赔偿制度力有不逮，为何不考虑直接向刑讯逼供施暴者追责，追求其侵权责任呢？这是因为，在传统“职务行为”观念下，刑讯逼供施暴者系公权力行使者，系行政主体的代理人，而刑讯逼供受害人系行政相对人，两者在行政法律关系中的地位不平等，因此并不属于《民法典》的调整范围，因为《民法典》仅调整平等民事主体间的关系。但为何也不允许刑讯逼供受害人通过行政诉讼获得救济呢？这是因为在传统观念下，刑讯逼供行为系侦查行为的一部分，刑事侦查行为不属于行政诉讼受案范围。

这些观念早已与时代脱节，因为无论侦查行为性质如何，只要其系行使公权力的行为，那么就必须遵循“有权力，必有责任”的现代法治观念，侦查行为不可诉的观念早已过时。另外，且不说刑讯逼供施暴者的行为属于越权，而早已不再是以权力机关代理人身份行事，即使承认其仍系权力机关的代理人，地位不平等真的会妨碍刑讯逼供受害人通过民事诉讼追究刑讯逼供施暴者的侵权责任吗？正所谓“天子犯法，与庶民同罪”，地位平等与否与侵权救济有何关联呢？侵权人与被侵权人之间又有何平等与不平等可言呢？又该如何在“法律面前人人平等”的语境下理解这种不平等呢？

凡此种种，足以说明刑讯逼供相关治理观念亟待更新。刑讯逼供与其他公务侵权行为并无不同，应将刑讯逼供纳入公务侵权法的框架下考

---

[1] 参见张佰发：《中国刑事司法赔偿请求人权利救济实证研究——以346份国家赔偿决定书为样本》，西南政法大学2018年硕士学位论文，第27页。

察，立法、行政、司法乃至监察，凡涉及公权力行使者，必有滥用公权力的可能，因此必须配套设置公务侵权追责机制，刑讯逼供亦然，必须构建公职人员民事侵权责任制度。

第一章　公职人员民事侵权责任制度的生长空间

刑讯逼供屡禁不止，治理刑讯逼供的法律制度也在不断更新。刑事诉讼法在此扮演着双重角色：一方面作为侦查人员行为准则，划定其职权范围，即限定公权力范围；另一方面作为“宪法测震仪”，明确被讯问人的基本权利，即宣示公民私权利。非法证据排除、检察监督等，既是限制公权之利刃，也是私权保护的盾牌。

第一节　刑讯逼供治理的制度供给

着眼于侦查讯问程序，要实现有效防范刑讯逼供的目的，至少应满足以下要求：首先，关于讯问的启动，公民被讯问这一事实状态，本身就是对公民人身自由的限制，必须有充分且正当之理由。依据《刑事诉讼法》第115条之规定，凡已立案者，公安机关即有权侦查，这意味着“有犯罪事实”“需要追究刑事责任”实际上也是进行讯问的前提。其次，在讯问过程中，应先告知公民其所享有的诉讼权利，使其明确自己的行为会引发何种法律后果，侦查人员还须严守讯问程序规定，尊重被讯问人对诉讼权利的行使。最后，如果确实发生了侵犯被讯问人基本权利的情形，则对于如何使其权利恢复原状、如何消除危险等救济方法，以及针对责任人的制裁措施，都应有较为详尽之规定。

依据作用时间是否先于刑讯逼供的发生，可以将刑讯逼供的治理工具区分为预防性治理工具与制裁性治理工具。

一、预防性治理工具

预防性治理工具，是指在刑讯逼供尚未发生前，借以督促侦查人员规范自身行为的手段。《刑事诉讼法》第 120 条规定的诉讼权利告知以及第 123 条规定的同步录音录像均为典型的预防性治理工具。

（一）诉讼权利告知

《刑事诉讼法》第 120 条第 2 款规定："侦查人员在讯问犯罪嫌疑人的时候，应当告知犯罪嫌疑人享有的诉讼权利，如实供述自己罪行可以从宽处理和认罪认罚的法律规定。"借此，《刑事诉讼法》首次明确规定侦查人员在讯问犯罪嫌疑人时应当告知其所享有的诉讼权利，即诉讼权利告知规则。

相比之下，2012 年《刑事诉讼法》第 50 条规定了不得强迫任何人证实自己有罪，但并没有明确规定侦查人员在讯问犯罪嫌疑人之前应当告知其所享有的相关诉讼权利。2012 年《刑事诉讼法》第 118 条规定了犯罪嫌疑人有权拒绝回答与本案无关的问题，但还规定嫌疑人对侦查人员的提问，应当如实回答。在缺失诉讼权利告知规则的背景下，前述规定在司法实践中难免自相矛盾：一方面，侦查人员可要求犯罪嫌疑人如实回答提问，因其负有如实回答的义务；另一方面，侦查人员不告知犯罪嫌疑人其有权拒绝回答与本案无关的问题，因该义务的存在也无可厚非。此时，无论嫌疑人是否有罪，其面对代表国家行使公权力的侦查人员难免会惶惶不安，法律知识有限的嫌疑人恐怕根本无法主张拒绝回答无关问题，其权利被实质性地剥夺。诚然，诉讼权利告知规则有导致罪犯逃避惩罚、诉讼进展缓慢的可能，[1]但并不足以否定该原则：如果立法者认为规避上述隐患比告知嫌疑人诉讼权利更重要，立法者最初就不会赋予嫌疑人相应的诉讼权利。主张者既已选择授予嫌疑人权利，何必隐

---

〔1〕 参见曹海雷：《刑事被追诉人权利告知问题探析》，载《求索》2010 年第 11 期。

瞒、阻碍其行使？

根据《刑事诉讼法》第120条第2款的规定，认罪认罚相关规定也应告知被讯问人。认罪认罚从宽原则，既有简便程序的功能，也有宽以量刑的效果，既是程序法原则，也是实体法原则。如此规定，表明立法者已经意识到在赋予犯罪嫌疑人、被告人权利时，应确使其知晓，显然这是立法之进步。

（二）同步录音录像

录音录像制度作为刑事司法改革中的重要成果之一，在防范刑讯逼供和证明讯问合法性方面发挥着重要作用，[1]在中国刑事司法领域经历了漫长的演变历程。其首次规定于1999年《人民检察院刑事诉讼规则》第144条，该条规定："讯问犯罪嫌疑人，可以同时采用录音、录像的记录方式。"2005年最高人民检察院出台《最高人民检察院讯问职务犯罪嫌疑人实行全程同步录音录像的规定（试行）》，以规范讯问录音录像。随后，自2006年3月1日起，我国司法机关在全国范围内进行推广全程同步录音录像的工作。经数年努力，全程同步录音录像工作发挥了重要作用。因此，2012年《刑事诉讼法》第121条第1款规定："侦查人员在讯问犯罪嫌疑人的时候，可以对讯问过程进行录音或者录像；对于可能判处无期徒刑、死刑的案件或者其他重大犯罪案件，应当对讯问过程进行录音或者录像。"第2款规定："录音或者录像应当全程进行，保持完整性。"这是《刑事诉讼法》第一次正式规定同步录音录像制度，《刑事诉讼法》第123条承继了该规定。同步录音录像制度的设立目的是从制度上防止刑讯逼供行为的发生，从而保障侦查活动能够合法地进行。[2]

---

[1] 参见卞建林、陶加培：《论监察法与刑事诉讼法衔接中录音录像制度》，载《中国刑事法杂志》2019年第3期。

[2] 参见孙谦：《关于修改后刑事诉讼法执行情况的若干思考》，载《国家检察官学院学报》2015年第3期。

依据《刑事诉讼法》第123条第2款[1]的规定，侦查人员一旦对讯问过程录音录像，就应保证其完整性。抓获嫌疑人后，侦查机关可在不侵害其基本权利的前提下，随时对其进行讯问。由于《刑事诉讼法》并未规定律师在场权，嫌疑人尚无法获得律师帮助，同步录音录像在此扮演着替代性措施的重要角色，既可震慑侦查人员的非法取证行为，规范侦查权的行使，也可证明讯问过程合法性，保护侦查人员不被诬陷刑讯逼供。讯问过程封闭，刑讯逼供可能性相对较高，通过全程同步录音录像，使侦查人员与被讯问人以外的第三人能够在事后查验讯问过程的合法性，"既预防了刑讯逼供等不当讯问行为的发生，又保护了侦查取证的秘密性，更避免了资源紧缺的困境。于侦查机关的诉求、于犯罪嫌疑人的保障、于客观真实的探寻、于程序正义的实现，录音录像制度皆为折中有益的现实出路"[2]。

《公安机关讯问犯罪嫌疑人录音录像工作规定》第4条至第6条：明确规定了"讯问"既包括在执法办案场所进行的讯问，也包括对不需要拘留、逮捕的犯罪嫌疑人在指定地点或者其住处进行的讯问，以及紧急情况下在现场进行的讯问；同时明确规定了应当同步录音录像的情形，主要包括重大犯罪案件、远程讯问案件以及具有特殊情形的案件。2021年11月15日，最高人民检察院第十三届检察委员会第七十八次会议通过的《人民检察院办理认罪认罚案件听取意见同步录音录像规定》将同步同音录像制度扩展适用至认罪认罚案件"检察官围绕量刑建议、程序适用等事项听取犯罪嫌疑人、被告人、辩护人或者值班律师意见、签署具结书活动"，这对于保障认罪认罚自愿性与真实性有积极意义。

二、制裁性治理工具

制裁性治理工具，是指在刑讯逼供发生后，遏制危害结果扩大、阻止

---

[1] 《刑事诉讼法》第123条第2款规定："录音或者录像应当全程进行，保持完整性。"

[2] 陈卫东、孟婕：《重新审视律师在场权：一种消极主义面向的可能性——以侦查讯问期间为研究节点》，载《法学论坛》2020年第3期。

侦控人员依靠通过刑讯逼供获得的证据履行其证明责任、填补刑讯逼供受害人损失以及惩罚刑讯逼供施暴者的制度,如非法证据排除、检察监督、追究刑事责任、纪律制裁、国家赔偿等。如果制裁力度充分,势必会震慑侦查人员,防范刑讯逼供。预防性治理工具仅在刑讯逼供发生前发挥作用,或通过诉讼权利告知,以权利制约权力;或通过完善监督手段,讯问过程同步录音录像,以权力制约权力。一旦刑讯逼供已经发生,预防性治理工具只能退场,由制裁性治理工具出场:一方面填补刑讯逼供受害人损失,维护犯罪嫌疑人权利;另一方面惩罚刑讯逼供施暴者,“以儆效尤”。以下分别介绍五项制裁性治理工具的运作模式。

(一)非法证据排除

我国法制发展初期,参考了一些域外制度,非法证据排除规则就是其首次规定于1998年《最高人民法院关于执行〈中华人民共和国刑事诉讼法〉若干问题的解释》第61条,该条规定:“严禁以非法的方法收集证据。凡经查证确实属于采用刑讯逼供或者威胁、引诱、欺骗等非法的方法取得的证人证言、被害人陈述、被告人供述,不能作为定案的根据。”紧随其后,1999年最高人民检察院颁布《人民检察院刑事诉讼规则》,其中第265条规定:“严禁以非法的方法收集证据。以刑讯逼供或者威胁、引诱、欺骗等非法的方法收集的犯罪嫌疑人供述、被害人陈述、证人证言,不能作为指控犯罪的根据。人民检察院审查起诉部门在审查中发现侦查人员以非法方法收集犯罪嫌疑人供述、被害人陈述、证人证言的,应当提出纠正意见,同时应当要求侦查机关另行指派侦查人员重新调查取证,必要时人民检察院也可以自行调查取证。侦查机关未另行指派侦查人员重新调查取证的,可以依法退回侦查机关补充侦查。”

由最高人民法院、最高人民检察院制定司法解释而非立法对非法证据排除规则予以规定,此种模式持续了相当长一段时期:“我国非法证据的排除贯穿于刑事诉讼的主要程序,而国外一般是在审判阶段排除非法证据。”作用阶段更全面,看似对被追诉人保护更周延,背后却隐藏着诉讼理念的差异,归根结底,“我国现行的诉讼制度不是按照审判中心主义的理念设计的"[1]。

作为早期制度探索，上述司法解释所确立的非法证据排除规则存有若干缺陷：例如，其所针对的对象仅为言词证据，即犯罪嫌疑人供述或被告人供述、被害人陈述、证人证言，而回避了实物证据；又如，其并未规定非法证据排除程序如何启动、如何进行等问题。[2] 这使上述司法解释所确立的非法证据排除规则并没有充分发挥制裁刑讯逼供的作用。"在很多案件中，每当律师提出犯罪嫌疑人、被告人的供述是刑讯逼供的产物，很多法院都以'与案件无关'为由进行推搪和拒绝。"[3]

随着一系列冤假错案发生，进一步完善相关法律制度、防范刑讯逼供成了紧要的现实需求。佘祥林案件，就是一件推动了相关法律制度发展的轰动性案件。其深刻反映出当时我国刑事司法的弊病，在法学界引发轩然大波，几乎成为我国刑讯逼供案的代名词。近十几年来，理论界与实务界对这一案件的回顾与反思从未间断，留下大量值得回味的法律问题，非法证据排除规则就是其一。

1994 年 4 月，湖北省京山县雁门口镇何场村九组村民佘祥林被当地公安机关逮捕，公安机关怀疑佘祥林谋杀了其妻子张在玉。1994 年 1 月，佘祥林的妻子张在玉失踪，据当地村民反映，张在玉患有间歇性精神病。1994 年 4 月 11 日，一具面目全非的尸体在何场村附近一个村落中的池塘里被发现，公安机关认定这具女尸就是佘祥林的妻子。1994 年 10 月 13 日，佘祥林被原荆州地区中级人民法院一审判处死刑。1995 年 1 月 6 日，湖北省高级人民法院作出裁定，以事实不清、证据不足为由，将该案发回重审。1996 年 12 月，该案案发地行政区划发生变更，京山县由荆州市划归荆门市管辖，京山县政法委将此案报请荆门市政法委协调。经过协调后决定，此案由京山县人民检察院向京山县人民法院提起

---

[1] 顾永忠：《我国司法体制下非法证据排除规则的本土化研究》，载《政治与法律》2013 年第 2 期。

[2] 参见樊崇义、徐歌旋：《非法证据排除规则的确立和发展》，载《学习与探索》2017 年第 7 期。

[3] 易延友：《刑事诉讼法：规则 原理 应用》（第 5 版），法律出版社 2019 年版，第 394 页。

公诉。尽管湖北省高级人民法院提出的问题中仍有三个无法查清，京山县人民法院依然认定佘祥林有罪，并判处佘祥林有期徒刑 15 年，佘祥林不服，提起上诉。同年 9 月，荆门市中级人民法院裁定驳回上诉，维持原判。[1]

在当时看来，这起杀人案或许已经尘埃落定，民众眼中的有罪之人得到了应有惩罚，司法机关借助法律为无辜被害人讨回了公道。然而，2005 年 3 月 28 日，本应已被谋杀身亡的"被害人"张在玉，在失踪 11 年后，突然回到了家乡。当地媒体迅速作了相关报道，公安机关以及法院得知后，也迅速派人前往，核实张在玉的身份，并最终确认了"亡者归来"这一骇人听闻的事实。2005 年 3 月 29 日，荆门市中级人民法院在接到报告之后，立即召开会议，布置相关复查工作，并启动了再审程序对该案进行审查。2005 年 3 月 29 日晚，荆门市中级人民法院召开审判委员会，并最终决定撤销原一审判决与原二审判决，将该案发回京山县人民法院重审。2005 年 3 月 30 日下午，京山县人民法院决定对佘祥林变更强制措施，并且办理了出狱手续。在佘祥林一份长达 30 页的申诉材料中，详细记录了在监狱里的遭遇。[2]

据媒体报道，在刑事诉讼进行过程中，佘祥林的母亲曾经离家寻找过失踪的张在玉，并在距离雁门口镇几十公里的天门市石河镇姚岭村遇见了当地村民倪新海、聂孝二与肖桃仁等，这些村民称在 2 个月之前曾经见到过一个与张在玉极为相似的人。当地村委副书记倪乐平还客观地书写了一份曾见到过张在玉的说明。然而，该书面说明提交给有关机关后，并未引起重视，最终佘祥林的母亲反而被以"包庇犯罪"和"妨碍司法公正"为由，关进了看守所。[3] 从证据方面来看，这份书面说明属于证人证言，虽无法直接证明侦查机关在讯问佘祥林的过程中对其进行

---

[1] 参见陈兴良：《中国刑事司法改革的考察：以刘涌案和佘祥林案为标本》，载《浙江社会科学》2006 年第 6 期。

[2] 参见贾云勇：《聚焦：湖北佘祥林冤案后　他们的命运被完全改变》，载搜狐网，http://news.sohu.com/20050405/n225018422.shtml。

[3] 参见贾云勇：《聚焦：湖北佘祥林冤案后　他们的命运被完全改变》，载搜狐网，http://news.sohu.com/20050405/n225018422.shtml。

了刑讯逼供,但也可用以证明佘祥林案的事实认定存有漏洞,尤其是其“有罪自白”的自愿性与真实性颇值得怀疑,这本应使法庭难以认定佘祥林犯有故意杀人罪,遗憾的是,由于有关机关忽视,本能制止冤案的机会流于一念之间。

上述因素,共同酿成了一个冲突局面:一方面,侦查机关已经收集到的证据,尤其是犯罪嫌疑人佘祥林自己的供述,能够用以证明其犯有故意杀人罪;另一方面,姚岭村村委副书记的证言,又可用以证明所谓“被害人”张在玉并未被杀害身亡,所以犯罪嫌疑人佘祥林当然不可能犯有杀害妻子的罪行,从而间接反映出侦查机关所收集到的证据,尤其是犯罪嫌疑人佘祥林自己的供述,不可采信。但因缺乏非法证据排除程序启动相应规定,在佘祥林供述未被排除的前提下,即使有张在玉尚未身亡的证人证言存在,该证人证言也得不到足够重视。加上当时在其他案件中,可能确实有犯罪嫌疑人家属伪造证据的情况出现,姚岭村村委副书记的证言就更加容易被忽视,甚至成了佘祥林母亲“包庇犯罪”和“妨碍司法公正”的证据。总而言之,由于非法证据排除规则不完善,对犯罪嫌疑人有利的证据即使存在,也没有将其呈上法庭并要求法官认真、谨慎对待的渠道,这使1998年《最高人民法院关于执行〈中华人民共和国刑事诉讼法〉若干问题的解释》第61条以及1999年《人民检察院刑事诉讼规则》第265条所确立的非法证据排除规则形同虚设。

在此背景下,2010年6月,最高人民法院、最高人民检察院、公安部、国家安全部、司法部五大机关联合发布《关于办理刑事案件排除非法证据若干问题的规定》(以下简称《非法证据排除规定》),在以下方面对非法证据排除规则进行了完善:

其一,扩大非法证据排除规则的适用范围,《非法证据排除规定》除明确规定非法言词证据应当予以排除外,还规定了非法物证的排除,如第14条规定:“物证、书证的取得明显违反法律规定,可能影响公正审判的,应当予以补正或者作出合理解释,否则,该物证、书证不能作为定案的根据。”自此,非法言词证据与非法实物证据分别适用强制性排除规则与裁量性排除规则。

其二，补充规定非法证据排除程序的启动方式，如《非法证据排除规定》第7条第1款规定了法官发现被告人供述合法性存有疑问时，非法证据排除程序的启动方式，该款规定："经审查，法庭对被告人审判前供述取得的合法性有疑问的，公诉人应当向法庭提供讯问笔录、原始的讯问过程录音录像或者其他证据，提请法庭通知讯问时其他在场人员或者其他证人出庭作证，仍不能排除刑讯逼供嫌疑的，提请法庭通知讯问人员出庭作证，对该供述取得的合法性予以证明。公诉人当庭不能举证的，可以根据刑事诉讼法第一百六十五条的规定，建议法庭延期审理。"

其三，明确争议证据的合法性证明责任，如《非法证据排除规定》第13条第1款规定："庭审中，检察人员、被告人及其辩护人提出未到庭证人的书面证言、未到庭被害人的书面陈述是非法取得的，举证方应当对其取证的合法性予以证明。"第2款规定："对前款所述证据，法庭应当参照本规定有关规定进行调查。"

值得肯定的是，《非法证据排除规定》对非法证据排除规则若干关键性问题的完善，将该规则推向了崭新的发展阶段。但这同时也意味着，直到2010年，非法证据排除规则都仅由五大机关联合发布文件予以确立，而未上升到立法层面。除了面对"司法解释如何能发挥立法功能"的质疑外，这一规则的确立模式还隐藏着"权力让渡"的风险。国家设立五大机关，必欲赋予其不同范围的权力，在一定程度上要实现相互制约的效果。五大机关联合制定法律文件，从实践方面考察，可能存在"司法解释权部分让渡于行政机关，而行政解释权让渡于司法机关"的现象，其结果是本应在联合解释中予以回应的问题，被五大机关一再回避。[1]

终于，2012年3月《刑事诉讼法》完成了第二次修正，立法机关成功把握住了修法机会，首次正式确立非法证据排除规则。非法证据排除规则的价值不言自明，于2012年《刑事诉讼法》修正之际，无论官方、学界、民间，均将其作为热议话题。

---

[1] 参见汪海燕：《非法证据排除规则的解释学检视》，载《中国刑事法杂志》2018年第1期。

然而,与该规则讨论热度极为"违和"的是,在司法实践中该规则适用极少。[1] 之所以会出现如此"冷""热"两极并存之现象,有学者分析认为其原因有三:首先,2012年《刑事诉讼法》第56条第2款及其对应的司法解释科以被告过于严苛的举证责任,名义上仅要求其"提供相关线索或者材料",但侦查期间律师无法介入,被讯问人自身尚且不自由,遑论要求其收集相关证明材料;其次,当被告提出非法证据排除申请时,因侦控机关所须提出的证据材料本就在其掌控之下,其既可以证明取证行为的合法性,当然也可以掩饰其行为的不合法性;最后,在侦查中心主义机制下,侦查质量从根本上决定着审判质量,迫于此压力,审判机关往往被迫接受侦控机关的意见。[2]

如何提高非法证据排除规则利用率及其成功率,更多的是对策法学或应用法学问题,从法释义学的角度看,在预防刑讯逼供方面,2012年《刑事诉讼法》也还可以走得更远:

其一,未明确界定刑讯逼供概念。如何将刑讯逼供与其他非法取证方式相区分?最高人民法院、最高人民检察院均针对《刑事诉讼法》制定了司法解释,试图阐明这一问题,但却引发了更进一步冲突:依据2012年《人民检察院刑事诉讼规则(试行)》第65条第2款的规定,[3] 判断刑讯逼供关键在于考察是否"使用肉刑或者变相使用肉刑,使犯罪嫌疑人在肉体或者精神上遭受剧烈疼痛或者痛苦",根据2012年《最高人民法院关于适用〈中华人民共和国刑事诉讼法〉的解释》第95条之规定,则不仅须考察是否"使用肉刑或者变相肉刑,或者采用其他使被告人在肉体上或者精神上遭受剧烈疼痛或者痛苦",还要考量该行为是否

---

[1] 参见吴宏耀:《非法证据排除的规则与实效——兼论我国非法证据排除规则的完善进路》,载《现代法学》2014年第4期。

[2] 参见左卫民:《"热"与"冷":非法证据排除规则适用的实证研究》,载《法商研究》2015年第3期。

[3] 2012年《人民检察院刑事诉讼规则(试行)》第65条第2款规定:"刑讯逼供是指使用肉刑或者变相使用肉刑,使犯罪嫌疑人在肉体或者精神上遭受剧烈疼痛或者痛苦以逼取供述的行为。"

足以“迫使被告人违背意愿供述”，后者标准显然更为严格。[1]

其二，未采纳“毒树之果”理论。所谓“毒树之果”理论，是指排除通过非法手段获取的证据之后，从非法取证行为中派生而出的证据也是不可采的，因为这些证据作为“果”已经被作为“树干”的非法行为所污染。举例说明，侦查人员通过刑讯逼供迫使被讯问人作出有罪供述后，根据供述中的线索，搜查到了书证、物证，除经由刑讯逼供获取的供述应被排除外，依“毒树之果”理论，作为派生证据的书证、物证同样应被排除。中国法能否参考这一理论，恐怕正如有学者所言：“在那种典型的非自愿供述尚且难以排除的司法环境中，谈论非自愿供述的派生证据能否被纳入排除规则的适用对象问题，这种讨论经常会被视为不着边际的高谈阔论。”[2]

《非法证据排除规定》与2012年《刑事诉讼法》修正均未能有效缓解司法实践中非法证据排除程序“启动难”“排除难”的“痼疾”。在此背景下，2017年6月，最高人民法院、最高人民检察院、公安部、国家安全部、司法部再次联合发布《关于办理刑事案件严格排除非法证据若干问题的规定》（以下简称《严格排除非法证据规定》）。[3]《严格排除非法证据规定》相对明确地界定了何为非法证据，该规定第1条首句明确指出：“严禁刑讯逼供和以威胁、引诱、欺骗以及其他非法方法收集证据……”据此，《严格排除非法证据规定》将应予排除的证据界定为经由非法取证方式获取的证据。至于非法取证的具体方式，《严格排除非法证据规定》除了延续2012年《刑事诉讼法》第54条之刑讯逼供外，还增加了威胁、引诱、欺骗的方式。

就前者而言，即对于刑讯逼供的界定，《严格排除非法证据规定》第

---

〔1〕 参见万毅：《“无解”的司法解释——评“两高”对“刑讯逼供等非法方法”的解释》，载《法学论坛》2014年第1期。

〔2〕 陈瑞华：《非法证据排除规则的适用对象——以非自愿供述为范例的分析》，载《当代法学》2015年第1期。

〔3〕《严格排除非法证据规定》之创新点，参见卞建林：《我国非法证据排除规则的新发展》，载《中国刑事法杂志》2017年第4期。

2条明确规定："采取殴打、违法使用戒具等暴力方法或者变相肉刑的恶劣手段，使犯罪嫌疑人、被告人遭受难以忍受的痛苦而违背意愿作出的供述，应当予以排除。"概括来说，就是使用暴力或变相肉刑使犯罪嫌疑人、被告人遭受难以忍受的痛苦。该规定与2012年《刑事诉讼法》第54条和2013年最高人民法院出台的《关于建立健全防范刑事冤假错案工作机制的意见》（以下简称《防范刑事冤假错案意见》）第8条均有不同，2012年《刑事诉讼法》第54条之表述为"采用刑讯逼供等非法方法收集的犯罪嫌疑人、被告人供述……应当予以排除"，可见其使用抽象概括式的定义方法，同时并未强调刑讯逼供的程度即"使犯罪嫌疑人、被告人遭受难以忍受的痛苦"。《防范刑事冤假错案意见》第8条第1款的表述为"采用刑讯逼供或者冻、饿、晒、烤、疲劳审讯等非法方法收集的被告人供述，应当排除"，其将刑讯逼供与冻、饿、晒、烤、疲劳审讯并列，似乎限缩了刑讯逼供的外延，而且也没有强调程度。《严格排除非法证据规定》第2条一方面将《防范刑事冤假错案意见》第8条纳入变相肉刑中，使刑讯逼供外延扩大，涵盖所有对犯罪嫌疑人、被告人施加肉刑或变相肉刑的非法行为；另一方面明确强调只有达到"使犯罪嫌疑人、被告人遭受难以忍受的痛苦"的程度才可以排除犯罪嫌疑人、被告人供述，以避免排除取证程序轻微违法但不影响犯罪嫌疑人、被告人供述自愿性而获得的供述。

就后者而言，《严格排除非法证据规定》第3条解释了何为"威胁"，即采用以暴力或者严重损害本人及其近亲属合法权益等进行威胁的方法，使犯罪嫌疑人、被告人遭受难以忍受的痛苦。概括来说，有以暴力威胁和以严重损害本人及其近亲属合法权益相威胁两种方式，严格意义上来说暴力也属于一种严格损害本人合法权益的方式，所以威胁的本质就是以严重损害本人及其近亲属合法权益的方式强迫犯罪嫌疑人、被告人供述。其与前述刑讯逼供的区别在于尚未施加暴力，只是以未来会施加暴力来恐吓犯罪嫌疑人、被告人。不过，《严格排除非法证据规定》第1条所新增的引诱、欺骗的非法取证方式并未得到具体解释，其内涵外延在实践中难免又会产生新的解释问题，这也是前述各大机关联合解释之

"权力让渡"弊端的体现。[1]

此外,《严格排除非法证据规定》第 4 条还列举了一种除第 1 条列举的"刑讯逼供、威胁、引诱以及欺骗"之外的"其他非法方法",即"非法拘禁等非法限制人身自由的方法"。对此,或许将司法实践中"未依法采取强制措施就非法拘禁犯罪嫌疑人、被告人"或"在采取强制措施超过法定期限后仍非法羁押犯罪嫌疑人、被告人"涵盖于该条射程之内,可解决实践中超期羁押获得的犯罪嫌疑人、被告人供述如何处理的问题。

值得提醒的是,《严格排除非法证据规定》第 2 条、第 3 条共同明确规定:该规定所排除的对象均为"使犯罪嫌疑人、被告人遭受难以忍受的痛苦而违背意愿作出的供述"。从中不难发现,相比于供述之真实性,《严格排除非法证据规定》更关注供述之自愿性。易言之,《严格排除非法证据规定》在认识刑讯逼供/非法取证之违法性问题上,采取了"行为无价值论"之观点,认为之所以要严禁刑讯逼供/非法取证,并非主要为了避免冤假错案之发生,更多是出于保护公民基本权利的考量。诚然,供述之自愿与真实,均为刑事司法竭力确保的对象,但仅就刑讯逼供而言,若舍弃自愿,势必侵犯被讯问人之人权,取证行为必须违法,供述真实与否似乎已无关紧要。从防范非法取证的角度来说,非法证据排除规则在此所要确保者,并非法庭能够正确地认定事实、重现案件真相,而是通过对非法证据进行否定性评价,使非法取证之目的落空,阻止侦控人员依靠通过刑讯逼供获得的证据履行其证明责任,从而震慑侦查人员,防范刑讯逼供。

总之,自 1998 年以来,我国非法证据排除的规范配置不断完善,逐渐构建起不同效力层级的非法证据排除的规范体系,如果能够切实践行该制度,必然可以倒逼取证行为规范化。

(二)检察监督

《刑事诉讼法》第 8 条原则性地确立了检察监督制度,该条规定:

---

[1] 参见汪海燕:《非法证据排除规则的解释学检视》,载《中国刑事法杂志》2018 年第 1 期。

“人民检察院依法对刑事诉讼实行法律监督。”检察监督贯穿于整个刑事诉讼过程，包括立案监督、侦查监督、审判监督与执行监督。检察监督虽全面，但未必有益：人民检察院一方面承担公诉职能，另一方面对人民法院进行“自上而下的单方向监督”，引发“谁来监督监督者”的制度困惑。因此，检察监督正面临着一场重大转型，即“从全方位的刑事诉讼监督转向审判前阶段和执行环节的诉讼监督，监督的重点集中在立案、侦查以及刑罚执行程序的合法性问题”[1]，而检察机关对刑讯逼供的治理则主要体现在对侦查活动的监督之中。纵观刑事诉讼规范体系，检察机关的侦查监督活动大体可以分为“事后制裁型监督”以及“事中引导型监督”两种类型。

上述前者是质检机关相互制约关系的反映，而后者则是质检机关相互配合关系的写照。一方面，根据《人民检察院刑事诉讼规则》第 567 条至第 569 条的规定，人民检察院应当对侦查活动中是否存在“以刑讯逼供或其他非法方法获取犯罪嫌疑人供述”等违法行为进行监督，[2] 对于已经涉嫌犯罪的违法侦查行为，应当决定立案侦查或移送有权机关进行管辖。[3] 在检察院自侦案件中，捕诉部门对本院自侦部门的违法侦查行为可以提出纠正意见，需要追究违法违纪责任的，应当报告检察长。[4] 据此，检察机关可以在刑讯逼供等违法侦查活动发生之后，通过立案侦查、提出纠正意见以及报告检察长的方式予以制裁，从而履行监督职能。另一方面，检察机关还可以在特定情形下通过提前介入侦查的方式，对侦查活动是否合法予以过程性监督。就普通刑事案件而言，根据《人民检察院刑事诉讼规则》第 256 条第 1 款的规定，人民检察院可以经公安机关商请或认为有必要时，提前介入重大、疑难、复杂案件的侦查活动，参与公安机关的讨论，对证据收集和案件定性提出意见，并监督侦查活动的合法性。就职务犯罪案件而言，根据《关于加强和完善监察执

[1] 陈瑞华：《论检察机关的法律职能》，载《政法论坛》2018 年第 1 期。
[2] 参见《人民检察院刑事诉讼规则》第 567 条第 1 项。
[3] 参见《人民检察院刑事诉讼规则》第 568 条。
[4] 参见《人民检察院刑事诉讼规则》第 569 条第 1 款。

法与刑事司法衔接机制的意见（试行）》之规定，通过提前介入而直接参与到侦查活动[1]中的检察机关可以通过强化引导取证工作，在切实提高办理重大影响性刑事案件质量和效率的同时，及时发现并纠正侦查活动中的违法行为，避免其所造成的损害结果进一步扩大，以实现检察监督的职能目标。

事实上，这种建立在相互制约、相互配合关系上的侦查监督与协作配合机制已经成为检察监督实践的常态化机制，对于提升检察监督办案质效有明显的效用。据统计，“截至 2022 年 5 月，全国检察机关与公安机关公设立侦查监督协作配合办公室 662 个，实现了侦监协作机制的全覆盖，在此背景下，监督立案、监督撤案以及书面纠正违法侦查活动等数据明显上升，公安机关对检察机关不批捕、不起诉决定提出复议复核的数量大幅度下降”[2]。综上，检察机关通过在事中、事后的引导与制裁，可以及时对侦查活动中的违法行为予以发现、纠正和处置，有效治理是刑讯逼供的重要制度工具。

（三）追究刑事责任

《刑法》规定了刑讯逼供罪、暴力取证罪、非法搜查罪、非法侵入住宅罪等罪名。其中第 245 条规定：“非法搜查他人身体、住宅，或者非法侵入他人住宅的，处三年以下有期徒刑或者拘役。司法工作人员滥用职权，犯前款罪的，从重处罚。”第 247 条规定：“司法工作人员对犯罪嫌疑人、被告人实行刑讯逼供或者使用暴力逼取证人证言的，处三年以下有期徒刑或者拘役。致人伤残、死亡的，依照本法第二百三十四条、第二百三十二条的规定定罪从重处罚。”

刑事责任是最为严重的责任形式，对刑讯逼供等非法取证行为科以

---

〔1〕 虽然《监察法》已将“调查”与“侦查”区分开来，但不可否认的是，二者的行为构造具有高度的相似性，在权力形态和概念渊源上均相同。笔者无意陷入话语争夺的泥沼中，遂将职务犯罪调查纳入刑事侦查的范畴，一并进行论述。

〔2〕 陈国庆：《中国式刑事检察现代化的若干问题》，载《国家检察官学院学报》2023 年第 1 期。

刑事责任，就是在侦查人员头上悬架一把"达摩克利斯"之剑，时时警醒侦查人员规范取证行为。而且，刑事责任直接针对刑讯逼供等非法取证人员，可以实现惩戒功能，以儆效尤。

（四）纪律制裁

《公务员法》第 59 条第 10 项规定：公务员不得滥用职权，侵害公民、法人或者其他组织的合法权益。侦查人员属于公务员，而公民的人格尊严以及人身自由不受侵害的权利也当然属于公民合法权益，所以侦查人员滥用职权，对被讯问人实施刑讯逼供等违法取证行为，亦违反《公务员法》的规定而应受其制裁。《公务员法》第 61 条规定：公务员因违纪违法应当承担纪律责任的，依照《公务员法》给予处分或者由监察机关依法给予政务处分；违纪违法行为情节轻微，经批评教育后改正的，可以免予处分。侦查人员违法取证，也应依《公务员法》第 61 条之规定处理。除此之外，《监察法实施条例》第 22 条规定，监察机关依据《监察法》、《公职人员政务处分法》以及《刑法》对公职人员的职务违法和职务犯罪行为进行调查，并决定是否给予政务处分或移送检察机关追究刑事责任，《监察法实施条例》第 37 条同时规定，监察机关对所有行使公权力的公职人员实现了国家监察全覆盖，侦查人员的违法取证自然也属于其统摄范围。如此，《公务员法》以及监察法规范体系缔造了细密的纪律制裁规制网络。

纪律制裁属于内部监督，并直接作用于刑讯逼供施暴者或其他非法取证人员个人，可以实现惩戒功能，不过相对于刑事责任来说，其威慑力相对较小。

（五）国家赔偿

《国家赔偿法》第 17 条第 4 项规定：行使侦查、检察、审判职权的机关以及看守所、监狱管理机关及其工作人员在行使职权时有刑讯逼供或者以殴打、虐待等行为或者唆使、放纵他人以殴打、虐待等行为造成公民身体伤害或者死亡的，受害人有取得赔偿的权利。第 21 条第 1 款规定：

行使侦查、检察、审判职权的机关以及看守所、监狱管理机关及其工作人员在行使职权时侵犯公民、法人和其他组织的合法权益造成损害的，该机关为赔偿义务机关。根据上述规定，侦查人员对被讯问人进行刑讯逼供，造成犯罪嫌疑人身体伤害或者死亡的，受害人将因此享有以侦查机关为赔偿义务人的损害赔偿请求权。

其后，《国家赔偿法》第 31 条第 1 款规定："赔偿义务机关赔偿后，应当向有下列情形之一的工作人员追偿部分或者全部赔偿费用：(一)有本法第十七条第四项、第五项规定情形的；(二)在处理案件中有贪污受贿，徇私舞弊，枉法裁判行为的。"赔偿义务人虽为侦查机关，但当其赔付刑讯逼供受害人后，可向实施刑讯逼供的侦查人员个人追偿，从而也能惩戒侦查人员，发挥预防刑讯逼供的作用。

值得肯定的是，国家赔偿制度并不以刑讯逼供受害人最终被证实无罪作为国家赔偿责任构成要件，意味着这一制度设计是立足于"行为无价值论"的立场，认为之所以要对刑讯逼供受害人所遭受的损害进行赔偿，并非由于侦查人员误将该被追诉人当作有罪之人，而是因为侦查人员作出了侵犯其人格尊严以及人身自由的行为，其究竟有罪与否无关紧要。而且更重要的是，相较于前述四种制裁性治理工具，国家赔偿是唯一一种真正能够填补刑讯逼供受害人损失的制度，其重要性不言而喻。

第二节 现有制度供给的不足

现行法针对刑讯逼供虽然提供了数种治理工具，如预防性治理工具中的诉讼权利告知与同步录音录像，制裁性治理工具中的非法证据排除、检察监督、追究刑事责任、纪律制裁、国家赔偿，但以上制度各有其不足，以下具体展开。

一、预防性治理工具的不足

预防性治理工具对于刑讯逼供治理确有其不可忽视的价值，如留存刑讯逼供证据,保护刑讯逼供受害人权利等。更为重要的是,相比于事后制裁,事前预防社会成本更低,如果事前预防确实能够有效发挥其作用,当为首选之制度。从司法实践来看,预防性治理工具流于形式,难以发挥其应有之功能,因此其社会成本更低的优势无法体现。此外,预防性治理工具普遍缺乏填补刑讯逼供受害人损失或者惩罚刑讯逼供施暴者的功能,难以真正震慑侦查人员。概言之,预防性治理工具本身的预防作用无法切实发挥,而其又无填补或制裁的功能,因而在刑讯逼供治理体系中收效甚微。以下针对两项具体的预防性治理工具即诉讼权利告知与同步录音录像分别展开论述。

(一)诉讼权利告知制度的不足

《刑事诉讼法》第120条第2款确立的诉讼权利告知规则,固然值得肯定,不过要想防范刑讯逼供,仍有很大的改进空间。

首先,应当明确规定诉讼权利告知的时间。若非如此,侦查人员在讯问临近结束之际才告知犯罪嫌疑人其所享有的诉讼权利,同样满足"告知"要求。此外,法律不明确规定告知时间,各地侦查机关、检察机关告知时间就可能各不相同,[1]虽不会直接导致"类案异判"的结果,但对被追诉人的权利保护程度也将参差不齐。以认罪认罚为例,同一法律知识有限的被追诉人,其知悉相关制度的时间越晚,要求律师介入的时间可能就越晚,斟酌诉讼策略的时间可能就越短,检察机关掌握的有罪证据可能就越多,被追诉人协商的"筹码"也就越少,讯问人员诱供、逼供的可能性也相应地处于波动之中。

其次,除告知时间外,告知内容也应符合全面、完整的要求,讯问人员不可代替被追诉人判断需要行使何种诉讼权利,进而选择性地告知其所享有的权利。是否行使权利,是权利人自我决定的事务,不受第三人意愿的影响。也因此,通过格式化文书,如《认罪认罚从宽制度告知

[1] 此观点已被周新教授的调研证实,参见周新:《认罪认罚被追诉人权利保障问题实证研究》,载《法商研究》2020年第1期。

书》，固定告知内容，能够极为有效地降低侦查人员告知诉讼权利的随意性。具体到认罪认罚从宽制度，诚如有学者所言："协商性司法所要求的控辩平衡，首先是信息分享。被追诉人作为程序主体，根据案件相关信息尤其是证据信息的知晓，作出明智合理的诉讼选择。"〔1〕针对控辩双方"信息不对称"的情况，不仅要让被追诉人知悉案件证据信息，而且应让其知悉其所享有的阅卷权。

最后，应当规定违反诉讼权利告知制度的法律后果。《刑事诉讼法》现有条文往往缺少罚则，即"不这样做的法律后果"，诉讼权利告知制度亦是如此。侦查人员如不履行告知义务，将会引发何种法律后果？是否能据此认定侦查人员收集到的证据不可采信，或者赋予被讯问人请求赔偿的权利？如果违反诉讼权利告知制度，毫无不利后果，那么诉讼权利告知制度预防刑讯逼供的作用将无从发挥。

总之，诉讼权利告知制度本是希望通过以被讯问人员的权利来制约讯问人员的权力，从而防范刑讯逼供发生，但就诉讼权利告知制度的实际运行效果来看，告知时间不明确、告知内容不明确、讯问人员对告知内容不承担解释说明义务以及违反诉讼权利告知制度并无明确的法律后果，这些不足均导致诉讼权利告知制度预防刑讯逼供之作用难以发挥。

（二）同步录音录像制度的不足

《刑事诉讼法》第 123 条规定的同步录音录像制度如果能够有效运行，则毫无疑问将为认定刑讯逼供是否存在提供最为重要的证据。无论是侦查机关为自我监督设置的同步录音录像还是看守所与监狱设置的同步录音录像，都可能发挥以权力制约权力，进而防范刑讯逼供的作用。

遗憾的是，从司法实践来看，同步录音录像制度并未良好运行。"当被告人提出刑讯逼供的抗辩时，讯问录音录像制度的控制功能往往被放弃，侦查机关常常以各种理由，如设备损坏、停电等，拒绝提供录音录像；

---

〔1〕 龙宗智：《完善认罪认罚从宽制度的关键是控辩平衡》，载《环球法律评论》2020 年第 2 期。

或者选择性地提交于己有利的讯问录音录像资料反击辩方的异议。实践中，这种选择性提交的录音录像常被法庭采信，成为认定被告人口供真实的重要证据”，这是该制度的内部缺陷。[1] 有学者也认为：“录音录像制度无论从技术还是监督效果上均存在问题。技术维度上，实践中出现录音录像被剪辑、选择性记录、表演性记录各种伪造信息的现象，录音录像的质量不佳、存储空间不足等情形层出不穷；监督效果方面，录音录像不能作为证据随案移送，且调取困难，亦无法做到每案事后全程筛查录像。”[2]

首先，同步录音录像制度的运行模式，使侦查人员和被讯问人以外的第三人有介入审核合法性的可能，然而，讯问过程一般始终由侦查人员控制，在这种“信息垄断”的运行模式之下，录音录像是否真实、有效、可靠，有待查证。尽管《刑事诉讼法》第 123 条第 2 款规定对讯问过程进行录音录像时，必须保证其完整性，但是在庭审过程中以录音录像作为证明材料时，迫于司法程序的效率考量，往往难以当庭播放全部，而多是进行选择性播放的，这使同步录音录像制度更加难以保护被讯问人的基本权利。同步录音录像这一以预防刑讯逼供发生，保障讯问过程合法为功能的制度，是否能够对侦查人员产生足够的威慑，值得怀疑。

其次，同步录音录像制度适用的案件范围仍然是有限的，《刑事诉讼法》第 123 条规定：“侦查人员在讯问犯罪嫌疑人的时候，可以对讯问过程进行录音或者录像……”这意味着同步录音录像并不是侦查人员的义务或者一项法定的适用于所有案件的制度。[3] 《公安机关讯问犯罪嫌疑人录音录像工作规定》第 4 条至第 6 条将其限制在重大犯罪案件、远程讯问案件以及具有特殊情形的案件范围内。虽然《人民检察院办理认罪认罚案件听取意见同步录音录像规定》第 2 条将其扩展适用到了认罪

[1] 参见秦宗文：《讯问录音录像的功能定位：从自律工具到最佳证据》，载《法学家》2018 年第 5 期。

[2] 陈卫东、孟婕：《重新审视律师在场权：一种消极主义面向的可能性——以侦查讯问期间为研究节点》，载《法学论坛》2020 年第 3 期。

[3] 值得肯定的是，《监察法》第 41 条第 2 款并未对适用全程同步录音录像制度的案件类型予以限制。

认罚案件，但仍然局限于“检察官围绕量刑建议、程序适用等事项听取犯罪嫌疑人、被告人、辩护人或者值班律师意见、签署具结书活动”，“听取意见同步录音录像不包括讯问过程”，只有“讯问与听取意见、签署具结书同时进行的，可以一并录制”。虽然说司法实践中近九成案件都会适用于认罪认罚程序，将同步录音录像制度适用于认罪认罚案件貌似极大地扩张了其适用范围，但是由于其只适用于听取犯罪嫌疑人、被告人、辩护人或者值班律师意见、签署具结书活动，故仍然还是无法保障认罪认罚的自愿性和真实性。另外，《人民检察院办理认罪认罚案件听取意见同步录音录像规定》第 2 条“听取意见同步录音录像不包括讯问过程”的规定甚至可能会起反作用，因为《刑事诉讼法》第 123 条规定“侦查人员在讯问犯罪嫌疑人的时候，可以对讯问过程进行录音或者录像”。虽然在实践中多数情况下仍然不会同步录音录像，但至少存在规范依据，而“听取意见同步录音录像不包括讯问过程”无疑是给了讯问人员不进行同步录音录像的正当化理由，其潜在的负面效果不言而喻。

再次，同步录音录像制度有其不可避免的外部缺陷。有学者就曾指出，同步录音录像制度致力于刑讯逼供的预防，并以此为基础，进行相关的制度构建和运行方式设计，这使该制度对可能导致虚假供述的其他侦查行为缺乏足够的管制能力，如“讯问笔录不实”以及侦查人员“以引诱、欺骗方式取得供述”的情形，这是该制度的外部缺陷。[1]

最后，无独有偶，与诉讼权利告知制度一样，同步录音录像制度也未明确规定违反的法律后果，同步录音录像所记载的时间是否必须与讯问笔录所记载的时间相同等从属问题也未得到回答。

（三）小结

诉讼权利告知制度因告知时间、告知内容不明确，侦查人员对告知内容并不承担解释说明义务以及未明确规定违反的法律后果使该制度

---

[1] 参见秦宗文：《讯问录音录像的功能定位：从自律工具到最佳证据》，载《法学家》2018 年第 5 期。

防范刑讯逼供的现实效果大打折扣。同步录音录像制度因其缺乏外在制约、适用范围相对有限、制度漏洞不可避免以及同样未明确规定违反的法律后果面临的实践困境。再加上预防性治理工具的固有缺陷，诉讼权利告知制度与同步录音录像制度均缺乏配套的制裁措施，在实践中很难震慑侦查人员。

二、制裁性治理工具的不足

制裁性治理工具本可以弥补预防性治理工具的不足，发挥遏制危害结果扩大、阻止侦控人员依靠通过刑讯逼供获得的证据履行其证明责任、填补刑讯逼供受害人损失以及惩罚刑讯逼供施暴者的功能。但当各种具体的制裁性治理工具实际运行时，却无一例外，均面临不同程度的实践困难，以下分别展开论述。

（一）非法证据排除

非法证据排除制度纵然可以通过否定刑讯逼供行为进而否定通过刑讯逼供获得的证据，阻止侦控人员利用通过刑讯逼供获得的证据履行其证明责任的方式倒逼侦查人员规范取证行为，但从实践效果来看，其防范刑讯逼供的效果相当有限，主要原因有三：

其一，非法证据排除规则适用率极低。经由前文梳理该规则于我国之历史沿革不难发现：无论哪一时期，其皆有“启动难”之弊端。早期尚可归咎于规则设计之不周延，随着 2017 年《严格排除非法证据规定》发布、2018 年《刑事诉讼法》修正，该规则逐渐完善，问题根源暴露无遗——法院受制于诸多因素，不愿启用非法证据排除程序。束之高阁的制度几乎毫无意义，如何提高法官启用非法证据排除积极性，应主要在对策法学层面寻找答案，仅凭制度本身的修改恐难以实现。

其二，排除结案机会，浪费司法资源。非法证据排除具有不问嫌疑人有罪与否，一律保障其基本权利、制裁非法取证的特点，充分贯彻“行为无价值论”。但这一特点也隐含浪费司法资源的风险：一旦查明侦查人员确有违法取证行为，进而排除关键证据，致使难以对被告人定罪量刑。为还原案件真相,侦查机关不得不重新搜查。进一步而言,或许即使不采取非法手段,侦查人员也能收集到前述关键证据,而当其被排除后若再无相关线索,将错失案件审结机会。虽能震慑侦查人员,但代价过高也使非法证据排除并非最优选项。

其三,无法及时、全面地保护事实上无罪之人。非法证据排除,是典型的“程序性制裁”,即“对于侦查人员、检察人员、审判人员违反刑事诉讼程序的行为,法律所设定的一种通过宣告无效来追究责任的程序性后果”〔1〕。作为“程序性制裁”,非法证据排除具有以下两个缺陷:首先,制裁往往发生在侦查人员违反刑事诉讼程序规定之后,于此之际,被讯问人之权利已然受损,所以非法证据排除对其提供之保护并不及时。其次,非法证据排除仅能消除危险,不能填补损失。套用民法概念,非法证据排除只能消除无辜者被定罪量刑的危险,不能补偿刑讯逼供所造成的损失。毕竟程序性制裁之效果仅为宣告违法行为及其结果无效,还无辜者以清白,无法对其提供经济上的救济。

与非法证据排除“热讨论”“冷运用”形成鲜明对比的是近年来“低开高走”的认罪认罚从宽制度。〔2〕为何会产生这样的现象?无论是非法证据排除,还是认罪认罚,侦控机关均在制度适用过程中发挥关键作用,启用认罪认罚从宽制度,可最大限度地加快案件侦办,在侦查技术有待提高的前提下,若一案件满足包括“命案必破”在内的刑事政策要求,侦控机关积极性可想而知。反之,非法证据排除程序的适用往往意味着对侦控机关取证行为的否定,难以期待其积极推动该制度的运行,从而导致非法证据排除“启动难”。实际上,即使启动了非法证据排除程序,被告方仍承担严苛的证明责任,难以排除非法证据,并且在重复自白的情形下,对同一事项数次供述,即使排除了其中一二,也难以力挽狂澜。

综上所述,虽然我国的非法证据排除规则在不断完善,但更为严峻

---

〔1〕 陈瑞华:《刑事诉讼法》,北京大学出版社2021年版,第116页。

〔2〕 实务界对待认罪认罚从宽的态度,参见郭烁:《在自愿与真实之间:美国阿尔弗德答辩的启示》,载《当代法学》2020年第4期。

的任务是如何在司法实践中严格执行现行法之规定，逐步化解非法证据排除程序启动难、排除难、排除效果差的痼疾，发挥其应有的防范刑讯逼供，倒逼侦查人员规范取证的作用。

（二）检察监督

人民检察院对侦查活动是否合法进行监督，并通过纠正意见或者纠正违法通知书以及检察建议等方式纠错、震慑侦查人员，对防范刑讯逼供具有一定积极作用，但也存在缺陷：

其一，人民检察院承担追诉职能，不具备中立性。面对犯罪嫌疑人、被告人"刑讯逼供"的申诉控告，有些检察机关"根本未进行实质、有效调查，而是对口供笔录照单全收"[1]。法庭之上的一句"没有证据证明存在刑讯逼供"，可能会让刑讯逼供受害人伸冤的希望破灭。由于法官对侦查活动的了解，几乎全部来自公诉机关，当公诉机关不作为时，刑讯真相恐无法查明。

其二，复合型检警关系及实践异化使检察监督面临效能衰减的困境。一方面，检察机关与公安机关分工负责、互相配合、互相制约的关系已经得到了《宪法》和《刑事诉讼法》的认可；另一方面，作为对刑事诉讼实行法律监督的检察机关，又与公安机关形成了"监督者—被监督者"的权力格局。然而，这种复合型权力关系并非遵循同一种控权逻辑。有学者认为，"制约是一种过程性分权，旨在通过权力主体之间的相互钳制，以防止任何一方滥用权力，使事项在妥协和协商中完成"[2]，相比于互动性与对称性更强的制约关系而言，监督则是一种"在一个多层次、网络般的组织体系中，人们运用权威使其他人员服从固定法律和制度"[3]的权力关系，其更具单向性和非对称性。此种迥异的行权逻辑使检察监督所蕴含的刚性权能在运行中逐步被互相配合、互相制约的关

[1] 刘计划：《侦查监督制度的中国模式及其改革》，载《中国法学》2014年第1期。

[2] 陈国权、周鲁耀：《制约与监督：两种不同的权力逻辑》，载《浙江大学学报（人文社会科学版）》2013年第6期。

[3] 黄百炼：《权力裂变——监察·监督与中国政治》，吉林教育出版社1989年版，第2页。

系消解。更为重要的是，“互相配合、互相制约”的检警关系在实践中逐步显露出“配合有余而制约不足”的问题，2021年出台的《最高人民检察院、公安部关于健全完善侦查监督与协作配合机制的意见》在总体要求部分[1]开宗明义地指出，人民检察院与公安机关要加强协作配合，坚持科学务实的执法司法理念，互相理解、支持，统一认识、消除分歧、形成合力。可见，在以追诉犯罪为共同目标的侦诉关系格局中，互相配合已成为检警关系的主旋律，因此，以控制和规范侦查权力运行为功能的检察监督在实践中的效能衰减也在意料之中。

其三，检察监督依赖于刑讯逼供受害人和侦查人员以外的第三人，即检察人员予以落实。作为第三人的检察人员，基于中国刑事诉讼侦查环节的封闭性，了解讯问过程的途径相当有限。具体而言，检察人员主要通过以下三种方式对侦查活动的合法性进行监督：审查批准逮捕和审查起诉；参与公安机关重大案件讨论；受理控告。[2] 显然，通过以上途径试图发现非法取证行为都具有一定的偶然性。如果检察人员在审查卷宗的时候，不加审慎，或者卷宗中的记载根本就未反映出实际存在的刑讯逼供的相关情况，检察监督制度就难免流于形式，无法震慑侦查人员，更无法为刑讯逼供受害人提供充分的法律救济。概括来说，人民检察院对侦查活动进行监督的途径有限，主要是通过审批逮捕、审查起诉以及提前介入来监督侦查活动，通过这些途径发现刑讯事实具有一定偶然性，而且审查批准逮捕、审查起诉实行事后审查机制，对侦查讯问几乎没有建立起任何监督机制，更无实时监督机制。

其四，检察监督制度中的纠错措施对侦查人员威慑有限。即使人民检察院发现侦查活动中存在刑讯逼供，其所采取的纠错手段也往往是提出纠正意见或发出纠正违法通知书，难以震慑侦查人员。虽然检察人员在审查过程中，针对侦查人员的违法行为，可提出纠正违法意见或者发出纠正违法通知书，但这既不会使证据被排除，也不会使侦查人员承担

---

[1] 《最高人民检察院、公安部关于健全完善侦查监督与协作配合机制的意见》第2条。

[2] 参见易延友：《刑事诉讼法：规则 原理 应用》（第5版），法律出版社2019年版，第109~110页。

相应责任，未必能够使违法行为得到纠正，对侦查人员的震慑也十分有限，难以保护公民的人格尊严以及人身自由不受侵害的权利。[1]

（三）追究刑事责任

《刑法》虽然规定了刑讯逼供罪、暴力取证罪、非法搜查罪、非法侵入住宅罪等罪名，但是由于刑法固有的谦抑性，往往只有在刑讯逼供造成了严重后果的情况下，才会追究侦查人员的刑事责任。而且，由于刑讯逼供主要发生在讯问过程中，而讯问场所处于侦查人员的控制之下，在事后追究侦查人员刑事责任时，取证变得极其困难。将追究刑事责任的制裁方式与非法证据排除对比，不难得出以下结论：认定侦查人员存有违法取证行为并借以排除相关证据尚显困难，遑论追究其刑事责任。总而言之，这些弊端使追究刑事责任的方式无法成为有效预防刑讯逼供等非法取证行为的手段。

（四）纪律制裁

纪律制裁制度与追究刑事责任的方式在对抗刑讯逼供等违法取证行为方面，具有同样的弊端：刑讯逼供主要发生在讯问过程中，而讯问场所往往处于侦查人员控制之下，所以在事后追究侦查人员责任时，取证极其困难。

此外，国务院颁布的《行政机关公务员处分条例》第 39 条第 1 款第 6 项规定："任免机关应当将处分决定以书面形式通知受处分的公务员本人，并在一定范围内宣布。"根据该款之规定，我国对警察的纪律制裁结果，只是"在一定范围内宣布"，而并非绝对公开。相比于公职人员民事侵权责任制度，纪律制裁制度还具有一个突出的特点，即纪律制裁程序并不公开，社会公众的信任度有限。[2] 然而刑讯逼供案件发生后，往往会受到各大媒体的重点关注，如佘祥林案、赵作海案、念斌案等。在媒

---

[1] 参见郑旭：《非法证据排除规则》，中国法制出版社 2009 年版，第 195~196 页。
[2] 参见郑旭：《非法证据排除规则》，中国法制出版社 2009 年版，第 196~197 页。

体将刑讯逼供受害人的遭遇转达给社会公众以后，往往会激起社会公众广泛的正义感，更加关注对司法公正制度保障的执着追求。舆论将会更加关注相关的刑讯逼供案件，尤其是实施了刑讯逼供行为的司法工作人员将会受到怎样的制裁。如果仅仅在形式上公布了有关机关已经对司法工作人员进行了纪律制裁，却不公开纪律制裁程序诸如启动、讨论、实施的具体流程，确会影响社会公众的信任。

《公务员法》第 61 条规定公务员因违纪违法应当承担纪律责任的，依照《公务员法》给予处分或者由监察机关依法给予政务处分；违纪违法行为情节轻微，经批评教育后改正的，可以免予处分。解读该条文之规定可知，进行了刑讯逼供的司法工作人员可能被给予政务处分，亦有被免予处分的可能性。纪律制裁程序不完全公开，公职人员所受到的处分，会不会只是“批评教育”，令人不得而知。这样的规定，难免会使社会公众质疑系统内部纪律制裁制度在对抗刑讯逼供行为方面的实际效用。

（五）国家赔偿

《国家赔偿法》第 21 条第 1 款规定，行使侦查、检察、审判职权的机关以及看守所、监狱管理机关及其工作人员在行使职权时侵犯公民、法人和其他组织的合法权益造成损害的，该机关为赔偿义务机关。依据该规定，刑讯逼供受害人如果要启用国家赔偿制度寻求损害赔偿，那么所能索求赔偿的对象，并非对自己实施了刑讯逼供行为的侦查人员，而是侦查机关。

从责任主体的偿付能力来看，相比于个人承担赔偿责任，赔偿义务机关承担赔偿责任的偿付能力更强，这似乎是为了更充分切实地保护刑讯逼供受害人，填补其因刑讯逼供而遭受的损害。但从赔偿范围来看，国家赔偿责任反而更窄，这似乎不正当地限制了刑讯逼供受害人获得完全赔偿。在“造成公民身体伤害或者死亡”的限制条件下，国家赔偿制度对没有受到身体伤害或者无法证明自己受到了身体伤害的公民无法提供救济。如前文所述，从刑讯逼供受害人依据《国家赔偿法》第 17 条申请国家赔偿的实践来看，司法认定标准苛刻。

从防范刑讯逼供来看，由于责任主体是赔偿义务机关即侦查机关，而非参与刑讯的人员，反而有助长刑讯逼供的可能。很显然，即使侦查人员进行了刑讯逼供，按照现有规定事后刑讯逼供受害人寻求损害赔偿救济的对象也并非侦查人员本人，而是其所属侦查机关，所以侦查人员容易产生"事不关己，有人托底"的侥幸心理，即认为自己违法行为所引发的法律责任，都将由所属机关承担，何谈对自己行为加以约束？因此，无论是从制度抑或实践层面，《国家赔偿法》的这一规定并不能充分震慑侦查人员。

《国家赔偿法》第 31 条第 1 款规定："赔偿义务机关赔偿后，应当向有下列情形之一的工作人员追偿部分或者全部赔偿费用：（一）有本法第十七条第四项、第五项规定情形的；（二）在处理案件中有贪污受贿，徇私舞弊，枉法裁判行为的。"其中涵盖了刑讯逼供，但从司法实践来看，"国家赔偿费用支出数额巨大，但追偿追责的适用状况并不理想"，而且"在刑事冤错案件的纠正中，存在以追责替代追偿的倾向"[1]。如果追偿制度无法有效运行，那么国家赔偿责任便丧失了惩罚刑讯逼供施暴者的功能，甚至有学者认为，"从本质上说，国家赔偿制度的重点在于对国家机关的职务行为所造成的损害给予救济，其主要用意并不是针对侵权国家机关的惩罚与责任追究"[2]。

综上，现行国家赔偿制度虽然在一定程度上加强了责任主体的偿付能力，但是由于其严苛的认定标准，刑讯逼供受害人申请国家赔偿的成功率不足一半，因此国家赔偿很难真正周延地填补受害人损失，切实有效地弥补受害人利益。国家赔偿制度亟须其他治理工具弥补其不足。

三、小结

对于我国现行法所供给的防范刑讯逼供的各项工具，可以依据其作

---

〔1〕 李颖丽、贾丽英：《论国家赔偿追偿追责在司法实践中的适用》，载《法律适用》2019 年第 5 期。

〔2〕 马怀德、孔祥稳：《我国国家赔偿制度的发展历程、现状与未来》，载《北京行政学院学报》2018 年第 6 期。

用阶段，将其划分为预防性治理工具与制裁性治理工具。预防性治理工具往往因缺乏制裁措施，无法对侦查人员施加足够威慑，故难以预防刑讯逼供等非法取证行为。制裁性治理工具之“制裁”，又可划分为程序性制裁与实体性制裁。程序性制裁，如非法证据排除、检察监督，无法直接制裁违法人员、科之以法律责任，更无法填补刑讯逼供受害人之损失，其主要发挥着遏制刑讯逼供危害结果继续扩大的功能。实体性制裁，主要为行政责任与刑事责任，由于其证明标准较高，而讯问场所又往往处于侦查机关控制之下，取证极其困难，恐难以实际发挥制裁效果。而且行政责任与刑事责任仅能制裁或惩罚刑讯逼供施暴者，并不能为刑讯逼供受害人提供救济，填补其因刑讯逼供所遭受的损失。勉强能填补刑讯逼供受害人损失的，唯有国家赔偿制度。不过，一方面，国家赔偿制度中行为主体与责任主体相分离，如果国家赔偿制度中的追偿机制不能有效运行，不仅不能震慑侦查人员，反而会因为有赔偿义务机关兜底而令其有任性妄为之可能，此与国家赔偿制度之设置初衷相去甚远。实践中，国家赔偿制度中的追偿机制被戏称为“僵尸条款”或“休眠条款”。[1]另一方面，国家赔偿制度虽然能填补刑讯逼供受害人一部分损失，但无论是就赔偿标准还是就赔偿范围来说，都难以和民事侵权责任相比。概言之，现行法所供给的刑讯逼供治理制度并没有为刑讯逼供受害人提供周延的权利治理工具，也没有建立全面的对刑讯逼供施暴者追责的责任体系。

---

〔1〕 李颖丽、贾丽英：《论国家赔偿追偿追责在司法实践中的适用》，载《法律适用》2019 年第 5 期。

第二章　公职人员民事侵权责任制度的独特价值

既然现行法所供给的刑讯逼供治理工具无法为刑讯逼供受害人提供周延的权利救济，无法实现对刑讯逼供施暴者的追责，就应该寻找新的治理工具来填补受害人权利救济的制度缺口，完善公职人员的追责体系。公职人员民事侵权责任或许可以完成此项任务。以下详细说明公职人员民事侵权责任制度的运作机制，以展现其独特价值。

第一节　填补受害人权利救济的制度缺口

前已述及，在现行法所供给的刑讯逼供治理工具中真正能够填补刑讯逼供受害人损失的只有国家赔偿制度。但国家赔偿采用的是限制赔偿原则而非完全赔偿原则，这导致我国现行法所供给的刑讯逼供治理工具存在权利救济的制度缺口，无法完全填补刑讯逼供受害人的损失。

一、封闭式列举立法例形成的制度缺口

理论上一般认为，我国《国家赔偿法》对国家赔偿范围的规定采用的是列举式规定和概括式规定相结合的混合模式。[1] 所谓列举式规

〔1〕参见皮纯协、冯军主编：《国家赔偿法释论》（第3版），中国法制出版社2010年版，第92页；房绍坤、丁乐超、苗生明：《国家赔偿法原理与实务》，北京大学出版社1998年版，第101页。

定,即在立法上逐一列举出应当由国家承担赔偿责任的损害事件和排除国家赔偿责任的损害事件。列举应当由国家赔偿的范围,通常被称为肯定性列举;列举排除国家赔偿的范围,通常被称为否定性列举。所谓概括式规定,即在立法中对国家赔偿范围作出一个原则性的规定,该规定为厘定国家赔偿范围提供了一些基本标准,但不对哪些损害事件应予国家赔偿进行逐一、详细的列举。

具体来说,列举式规定主要体现在《国家赔偿法》第3条、第4条、第5条、第17条、第18条、第19条及第38条。其中第3条、第4条、第5条分别列举了行政赔偿中人身权损害的赔偿范围、财产权损害的赔偿范围以及排除行政赔偿的范围。第17条、第18条、第19条分别列举了刑事赔偿中人身权损害的赔偿范围、财产权损害的赔偿范围以及排除刑事赔偿的范围。第38条特别强调了在民事诉讼和行政诉讼过程中,若存在违法采取对妨害诉讼的强制措施、保全措施或者对生效法律文书执行错误,造成损害时,同样适用《国家赔偿法》刑事赔偿程序的规定。

刑事赔偿中人身权损害的赔偿范围包括:第一,违反刑事诉讼法的规定对公民采取拘留措施的,或者依照刑事诉讼法规定的条件和程序对公民采取拘留措施,但是拘留时间超过刑事诉讼法规定的时限,其后决定撤销案件、不起诉或者判决宣告无罪终止追究刑事责任的;第二,对公民采取逮捕措施后,决定撤销案件、不起诉或者判决宣告无罪终止追究刑事责任的;第三,依照审判监督程序再审改判无罪,原判刑罚已经执行的;第四,刑讯逼供或者以殴打、虐待等行为或者唆使、放纵他人以殴打、虐待等行为造成公民身体伤害或者死亡的;第五,违法使用武器、警械造成公民身体伤害或者死亡的。概言之,错误拘留或超期拘留、错误逮捕、错误判决并执行以及其他造成公民身体伤害或者死亡的行为都属于获得刑事赔偿的范围。

刑事赔偿中财产权损害的赔偿范围包括:第一,违法对财产采取查封、扣押、冻结、追缴等措施的;第二,依照审判监督程序再审改判无罪,原判罚金、没收财产已经执行的。

排除刑事赔偿的范围包括:第一,因公民自己故意作虚伪供述,或者伪造其他有罪证据被羁押或者被判处刑罚的;第二,依照《刑法》第 17 条、第 18 条规定不负刑事责任的人被羁押的;第三,依照《刑事诉讼法》第 16 条、第 177 条第 2 款[1]、第 284 条第 2 款[2]、第 290 条[3]规定不追究刑事责任的人被羁押的;第四,行使侦查、检察、审判职权的机关以及看守所、监狱管理机关的工作人员与行使职权无关的个人行为;第五,因公民自伤、自残等故意行为致使损害发生的;第六,法律规定的其他情形。《国家赔偿法》第 38 条列举了非刑事司法赔偿的范围:第一,违法采取对妨害诉讼的强制措施;第二,违法采取保全措施;第三,对判决、裁定及其他生效法律文书执行错误。这些情形是在司法(民事诉讼、行政诉讼)过程中发生的,但并不属于刑事赔偿的范围,故可以认为其是国家赔偿法以肯定性列举方式承认的其他刑事司法赔偿范围。

本节重点关注刑事赔偿中人身权损害的《国家赔偿法》第 3 条第 4 项、第 5 项以殴打、虐待等行为或者唆使、放纵他人以殴打、虐待等行为造成公民身体伤害或者死亡的情形;违法使用武器、警械造成公民身体伤害或者死亡的情形以及排除刑事赔偿中的第 4 项行使侦查、检察、审判职权的机关以及看守所、监狱管理机关的工作人员与行使职权无关的个人行为。

刑事赔偿中人身权损害赔偿范围的《国家赔偿法》第 3 条第 4 项、第 5 项对于损害结果和行为类型两个方面采取的是封闭式列举的立法例,甚至不如行政赔偿中人身权损害赔偿范围,因为后者在《国家赔偿法》第 3 条第 5 项中规定了兜底条款"造成公民身体伤害或者死亡的其他违法行为"。也就是说第 4 项、第 5 项不但把损害结果限于身体伤害或者

---

[1] 《刑事诉讼法》第 177 条第 2 款规定,对于犯罪情节轻微,依照刑法规定不需要判处刑罚或者免除刑罚的,人民检察院可以作出不起诉决定。

[2] 《刑事诉讼法》第 284 条第 2 款规定,被附条件不起诉的未成年犯罪嫌疑人,在考验期内没有上述情形,考验期满的,人民检察院应当作出不起诉的决定。

[3] 《刑事诉讼法》第 290 条规定,对于达成和解协议的案件,公安机关可以向人民检察院提出从宽处理的建议。人民检察院可以向人民法院提出从宽处罚的建议;对于犯罪情节轻微,不需要判处刑罚的,可以作出不起诉的决定。人民法院可以依法对被告人从宽处罚。

死亡,没有触及其他合法权利的损害,而且没有兜底条款。因而,虽然在形式上看,列举穷尽了造成损害的行为形式,但是如果现实中出现第 17 条未予明确的侵权行为,就难以通过法律解释的技术,将其纳入国家赔偿的范围。

更为重要的是,《国家赔偿法》第 2 条不同于《民法典》侵权责任编第 1165 条第 1 款,后者可以单独作为过错侵权的请求权基础,只要是法律所保护的权利或利益受损害,且属于过错侵权行为,均可依据该条要求侵权人承担赔偿责任。《国家赔偿法》则不然,其并未采取《民法典》侵权责任编第 1164 条对于所有受法律所保护的权利或利益的损害都提供救济的抽象概括式立法例。相反,《国家赔偿法》采取的是赔偿范围法定的具体列举式立法例,要想申请国家赔偿,并不能单纯依据《国家赔偿法》第 2 条的规定,而是应当符合行政赔偿、刑事赔偿或者非刑事司法赔偿所规定的具体情形,只有在法定的国家赔偿范围之内,国家赔偿申请才能得到支持。因此,《国家赔偿法》第 2 条并不是国家赔偿责任独立的请求权基础,其并不能发挥国家赔偿责任一般条款的作用。在此意义上,《国家赔偿法》第 2 条只具有宣示性的意义。

二、民事侵权责任制度可以填补受害人权利救济的制度缺口

与《国家赔偿法》封闭式列举赔偿范围的立法例相比,《民法典》侵权责任编第 1164 条显然更具有开放性。第 1164 条规定,本编(侵权责任编)调整因侵害民事权益产生的民事关系。据此,只要属于民事权益,就在侵权责任编所保护的范围之内。民事权益即民事权利与民事利益之统称。民事权利相对容易理解,而所谓民事利益,是指虽未被法律明文规定或未被司法实践认定为一种权利,但受到私法一定程度保护的利益,既包括人格利益(如死者的名誉、隐私等人格利益,特定纪念物品上的精神利益等),也包括占有、商业秘密、纯粹经济损失等财产利益。[1]《民法典》第 126 条规定:"民事主体享有法律规定的其他民事

[1] 参见程啸:《侵权责任法》(第 3 版),法律出版社 2021 年版,第 140 页。

权利和利益。”该条中所谓的“利益”就是指民事利益。《国家赔偿法》赔偿范围局限于人身权与财产权受损害的情形,且只限制在民事权利范围内,法律承认的利益受损害并不在国家赔偿范围内,这明显阻碍了刑讯逼供受害人获得侵权救济。

这在一般人格权受损害的情形中体现尤为突出,《民法典》人格权编在典型的具体人格权如生命权、身体权、健康权、姓名权、名称权、肖像权、名誉权、荣誉权、隐私权等权利之外,还规定了一般人格权,即《民法典》第990条第2款所规定的“自然人享有基于人身自由、人格尊严产生的其他人格权益”,这意味着一般人格权属于《民法典》侵权责任编第1164条所规定的“民事权益”,一般人格权受损害当然可以依据《民法典》第1165条第1款主张损害赔偿。在刑讯逼供等公务侵权案件中,受害人不仅生命权、身体权与健康权遭受了损害,而且一般人格权尤其是人格尊严也遭受了损害,受害人不堪受辱而自杀的情形比比皆是。但是《国家赔偿法》刑事赔偿范围局限于人身权与财产权受损害的情形,而且《国家赔偿法》第2条也不能如同《民法典》第1165条第1款一样发挥一般条款的作用,这就导致本来通过《民法典》侵权责任编可以获得救济的权利在《国家赔偿法》中却无法获得救济,本来旨在加强责任主体偿付能力的《国家赔偿法》事实上却成了受害人获得权利救济的最大障碍,实在令人遗憾。

《国家赔偿法》采取赔偿范围法定的立法例在一定程度上造成了受害人获得权利救济的制度缺口。为填补该制度缺口,确有必要允许受害人依据《民法典》第1165条第1款的规定向公职人员主张民事侵权责任。这是在不修改《国家赔偿法》的前提下最为简便的填补制度缺口的办法。

第二节 完善公职人员的追责体系

《刑法》规定了刑讯逼供罪、暴力取证罪、非法搜查罪、非法侵入住宅罪等罪名来追究实施刑讯逼供行为的公职人员的刑事责任，纪律制裁通过侦查机关的内部惩罚追究实施刑讯逼供行为的公职人员的行政责任，但唯独缺少追究实施刑讯逼供行为的公职人员的民事责任的制度。有人或许会说，赔偿义务机关承担赔偿责任后向实施刑讯逼供行为的公职人员追偿即是追究其民事侵权责任的制度。理论上来说，的确如此，不过在司法实践中赔偿义务机关向公职人员追偿的情形少之又少，不少学者将追偿条款戏称为“休眠条款”或“僵尸条款”，可见一斑。在此种情形下，追究公职人员侵权民事责任的制度实际上仍然付之阙如。因此，构建公职人员民事侵权责任制度可以完善公职人员的责任体系。

更为重要的是，民事责任具有刑事责任与行政责任无法比拟的优势，民事责任是融合惩罚功能和救济功能于一身的制度，刑事责任与行政责任只具备惩罚参与刑讯人员或其他非法取证人员的功能，而民事责任在惩罚公职人员的同时实现了对于受害人的救济，一举两得。而且根据法秩序统一原理，承担民事责任是承担刑事责任和行政责任的前提，相比于刑事责任和行政责任比较高的入罪门槛或处罚标准，民事责任显然适用范围更广。现行法承认公职人员的刑事责任和行政责任，却不承认其民事责任，无论如何是说不过去的。

一、民事侵权责任制度相对于非法证据排除规则的优越性

非法证据排除规则至少存有以下四项弊端：

其一，非法证据排除规则运行的副作用极为明显，就制度功用而言，是一把典型的“双刃剑”。该规则的适用既可能还事实上无罪之人以清白，也可能会造成因为侦查人员的违法行为排除了关键证据，致使真正有罪之人逍遥法外的局面。质疑者尖锐的批评即为“警察犯错，全社会承担后果”。《刑事诉讼法》第56条第2款规定：“在侦查、审查起诉、审判时发现有应当排除的证据的，应当依法予以排除，不得作为起诉意见、起诉决定和判决的依据。”如果关键性的证据被排除，极有可能错失给事实上有罪之人定罪的机会。尤其是在侦查人员没有进行违法行为，但被排除的证据也有极大的可能会被侦查人员收集到的情况下，通过非法

证据排除规则排除侦查人员已经收集到的证据，无异于阻断了查明案件真相的机会，让真正的有罪之人无法受到法律的制裁，“这无疑使作为公共侵权行为之‘受害者’的被告人获得了额外的利益，而这种利益似乎缺乏必要的正当性”〔1〕。

其二，非法证据排除规则无法对事实上的无罪之人提供充足的保护。尽管非法证据排除规则能够排除侦查人员借由非法方法所收集到的证据，保护公民的人格尊严以及人身自由不受侵害的权利，但对于已经经受了刑讯逼供而实际上却并未犯罪的人，非法证据排除规则几乎无法向其提供任何物质方面的救助，只不过是承认了其无罪的事实。反之，如前所述，真正的有罪之人却完全有可能因为关键性的证据已经被排除而无法受到法律的有罪评价以及制裁，最终获得了不应享有的自由。

其三，非法证据排除规则的适用会增加司法成本。作为解决刑事诉讼程序争议的司法裁判活动，“程序性裁判”依附于实体性裁判而存在，因而又被称为“审判之中的审判”〔2〕或“实体裁判的派生裁判”〔3〕，但因其独立的诉讼客体和区别于实体裁判的制度功能，程序性裁判的运行中又表现出完备的基本程序要素，从而带有“复合型诉讼”的特征。〔4〕在庭审实质化和法院案件审理压力巨大的背景下，以非法证据排除程序为代表的程序性裁判，将在事实上增加司法体系的运转负荷。举例说明，就程序的启动而言，2021年《最高人民法院关于适用〈中华人民共和国刑事诉讼法〉的解释》（以下简称2021年《高法解释》）第127条将“提供涉嫌非法取证的人员、时间、地点、方式、内容等相关线索或者材料”作为当事人及其辩护人、诉讼代理人申请排除非法证据的前提，但普遍处于审前羁押状态的当事人和权利难以得到充分保障的辩护人则面临

〔1〕陈瑞华：《刑事诉讼法》，北京大学出版社2021年版，第120页。

〔2〕Michael Zander, *The Police and Criminal Evidence Act* 1984, revised second edition, Sweet & Maxwell, 1990, p. 196.

〔3〕陈瑞华：《刑事诉讼法》，北京大学出版社2021年版，第125页。

〔4〕参见陈瑞华：《程序性制裁理论》（第3版），中国法制出版社2017年版，第255页。

明显的取证困难，即对当事人一方而言，申请启动非法证据排除程序具有较为高昂的成本。就程序的运行而言，2021 年《高法解释》第 135 条第 1 款将公诉人宣读调查、侦查笔录以及出示提讯登记等笔录类证据，有针对性地播放讯问录音录像以及侦查人员出庭说明情况等方式作为非法证据排除的调查方式，因而大体上呈现出与实体裁判别无二致的诉讼构造，同时第 137 条又规定公诉方对侦查行为合法性的证明应达到“确认”或“不能排除”的标准，即应达到与定罪标准相同的不能排除合理怀疑的程度。可见，非法证据排除程序的启动意味着公诉方和审判方在原有的工作之外还要承担新的诉讼任务，对司法体系的运转增加了不小的负荷。

其四，非法证据排除规则的适用有可能会破坏社会公众对司法程序的信心，尤其是在因为关键性的证据被排除，无法给事实上的有罪之人定罪，使其重新进入社会甚至再次犯罪的情况下，这一弊端会表现得尤其突出。[1]

在非法证据排除规则所存有的上述四项弊端中，最为根本的还是第一项弊端，即非法证据排除规则的适用可能会放过事实上的有罪之人。如果非法证据排除规则的适用达到了“理想状态”，即排除了侦查人员通过非法途径收集的证据以后，根据其他的证据仍然可以对事实上的有罪之人进行定罪，或者只是无法给事实上的无罪之人定罪，那么对于司法资源的利用率就达到了饱和，也就不存在司法资源浪费的问题，也因为有罪之人得到了应有制裁，无罪之人得到了公正对待，社会公众对司法程序的信心非但不会被破坏，甚至会大大增强。

相反，在公职人员民事侵权责任制度适用过程中，不会产生“放过有罪之人”的问题。

首先，非法证据排除规则其实不关注“真不真”，重点在于取证过程的“善不善”——不区分有罪之人与无罪之人，仅因取证行为违法，就基于维护人之尊严，将获得的证据一并予以排除。同样地，公职人员民事

---

〔1〕 参见郑旭：《非法证据排除规则》，中国法制出版社 2009 年版，第 158~163 页。

侵权责任制度,也不区分有罪之人与无罪之人,仅因取证行为不当,就向刑讯逼供受害人一并提供救济。然而,后者并不存有放过事实上有罪之人的问题,其仅提供了人身损害赔偿救济,这恰恰体现了公民基本权利不受侵害这一根本性原则——即使其有罪,亦需平等保护。

其次,公职人员民事侵权责任制度属于民事责任制度,刑讯逼供受害人有罪与否不影响公职人员侵权责任的认定以及承担,赔偿义务人承担赔偿责任与否也并不影响刑讯逼供受害人是否有罪的认定。尤其与非法证据排除规则不同的是,即使认为公职人员应当向刑讯逼供受害人承担人身损害赔偿责任,也并不影响刑讯逼供受害人有罪与否的认定。然而非法证据排除规则一旦适用,就会在认定刑讯逼供受害人有罪与否的问题上发挥重大影响。

最后,非法证据排除规则的适用也并不会影响公职人员民事侵权责任制度的适用,因为被排除的证据是用以证明侦查人员有罪的证据,而并非证明侦查人员应该承担损害赔偿责任的证据。因此,公职人员民事侵权责任制度并不会放过事实上的有罪之人,也能给事实上无罪之人提供物质层面的救济。而且,公职人员民事侵权责任制度的适用,也不会导致司法资源浪费以及破坏社会公众对司法程序的信心。

二、民事侵权责任制度相对于检察监督制度的优越性

检察监督制度的不足主要体现在三个方面:第一,违法行为的发现具有偶然性;第二,纠正措施的震慑能力有限;第三,“自己人制约(监督)自己”的悖论。以上缺陷在公职人员民事侵权责任制度的适用过程中,都可以得到相对妥善的解决。

在刑讯逼供的发现方面,适用公职人员民事侵权责任制度的主体,一般是刑讯逼供受害人。刑讯逼供受害人因为遭受了刑讯逼供等不公平对待,受到了侦查人员的违法行为的逼迫,甚至可能因为侦查人员的逼迫作出了虚假的供述而亟待澄清,所以其有充分动力去启用该制度,为自己伸张正义。无论是基于单纯的损害赔偿需求,还是为了证明自己并未进行犯罪,甚至是为了满足自己对侦查人员怀有的报复心理,都可

以促使刑讯逼供受害人启动该制度,向侦查人员追究责任,进而起到震慑侦查人员的效果。因此,公职人员民事侵权责任制度充分发挥了刑讯逼供受害人寻求救济的主动性,更为可取。

至于检察监督制度所具有的纠正措施的震慑能力有限问题,由于公职人员民事侵权责任制度能够将侦查活动的合法性与侦查人员所有的责任财产紧密相连,从而充分发挥震慑作用,使其加强自我约束的意识,因而这一问题在公职人员民事侵权责任制度中并不存在。同时,相较于检察机关和侦查机关同为刑事追诉格局组成部分而具有的协作配合关系,公职人员民事侵权责任制度中的公职人员与受害者既不存在隶属或协同关系,又具有截然相反的诉讼请求,属于平等对抗的两造当事人,因而可以打破“自己人制约(监督)自己人”的逻辑困境,提升刑讯治理的制度效能。

综合以上论述,公职人员民事侵权责任制度相比于检察监督制度,具有能够发挥刑讯逼供受害人寻求救济主动性的重要优势,而且能够将侦查活动的合法性与侦查人员所有的责任财产紧密相连,能够更为充分地防范刑讯逼供行为的发生,为刑讯逼供受害人提供更为充分的权利保障。

三、民事侵权责任制度相对于刑事责任制度的优越性

民事侵权责任制度的优越性主要体现在两个方面:

其一,相比于追究刑事责任,追究公职人员民事侵权责任更具有可实现性。鉴于刑讯逼供罪是刑讯逼供行为的主要对应罪名,本部分主要围绕《刑法》第 247 条的规定进行分析。

刑讯逼供罪所保护的法益,“首先是犯罪嫌疑人、被告人的人身权利,其次是司法活动的正当性”[1]。可以看出,刑讯逼供罪的成立,不以冤假错案的发生为必要。该罪名之设立,更多是为了惩罚司法工作人员侵犯公民人身权利的行为。根据《刑法》第 247 条之规定,判处司法

[1] 张明楷:《刑法学》(第 6 版),法律出版社 2021 年版,第 1184 页。

工作人员以刑讯逼供罪，未必要满足“致人伤残、死亡”的限制条件；并且根据该条文之规定，甚至“情节严重”也并非刑讯逼供罪的构成要件。有学者认为，即使认定刑讯逼供罪不以致人伤残、死亡为限制条件，即使“情节严重”也并非刑讯逼供罪的构成要件，也不能将情节显著轻微、危害不大的刑讯逼供行为认定为刑讯逼供罪。[1] 这意味着，侦查人员虽然实施了刑讯逼供行为，但也在很大程度上不会受刑罚制裁。然而在该种情况下，刑讯逼供受害人的人身权利因为刑讯逼供行为而受到了损害，却缺乏任何救济的可能——其实即使追究侦查人员的刑事责任也并不等于完全满足刑讯逼供受害人的权利救济需求，但至少满足刑讯逼供受害人的权利维护需求。所以追究侦查人员刑事责任的方式自身不具有周延性，欲借助这种方式对侦查人员施加威慑，使其加强自我约束的意识更是难上加难。

除造成一定危害结果的限制外，取证方面的困难，更增加了通过追究刑事责任维护公民基本权利的难度。在以涉嫌实施刑讯逼供的侦查人员为犯罪嫌疑人、被告人的刑事诉讼进程中，无论由哪一国家机关负责立案侦查，都摆脱不了如下弊端：讯问场所处于侦查机关的控制之下，讯问过程又是刑讯逼供行为最有可能发生的时间，取证的难度可想而知。[2] 加之刑事诉讼严格的证明标准，使刑讯逼供案件的取证负担更加沉重。总体可以想见，凭借追究刑事责任的方式，实难对侦查人员的非法取证冲动产生足够震慑。

与追究公职人员刑事责任制度不同，公职人员民事侵权责任制度并不存在上述限制条件严格、证明标准过高的问题。在限制条件方面，民事侵权损害赔偿责任具有填补损害的功能，即与追究刑事责任制度不同，无论刑讯逼供受害人遭受损害的程度如何，只要其遭受了损害，就应该予以救济，使其权益尽可能恢复到受害前的状况。[3] 所以，刑讯逼供受害人如要依据公职人员民事侵权责任制度向侦查人员寻求赔偿，并不

---

〔1〕 参见张明楷：《刑法学》（第6版），法律出版社2021年版，第1185页。
〔2〕 参见郑旭：《非法证据排除规则》，中国法制出版社2009年版，第193页。
〔3〕 参见张新宝：《侵权责任法》（第5版），中国人民大学出版社2020年版，第6页。

以损害结果严重为要件，而是以具有损害结果为要件。

在取证程序方面，由于讯问场所处于侦查人员的控制之下，并且讯问过程并不公开，人民检察院立案侦查尚且难以取证，更遑论由刑讯逼供受害人自己收集证据、提出证据。所以在不对证明责任负担规则进行调整的情况下，无论是追究公职人员刑事责任，还是向其主张民事侵权损害赔偿责任，都存在取证困难的弊端。但至少从证明标准的严格程度来看，民事诉讼的证明标准与刑事诉讼的证明标准相比，显然后者更为严格。[1] 也就是说，在公职人员民事侵权责任制度的适用过程中，刑讯逼供受害人的证明难度在理论上更低。

另外近年来，中国刑事诉讼广泛建立了同步录音录像制度，其首要制度功能即在于证明侦查讯问活动之合法性。虽然说利用其证明“刑讯逼供罪”的成立尚属困难，但根据录音录像展示的画面、声音证明侵权行为之存在，则容易得多。

据此，公职人员民事侵权责任制度，能够在一定程度上避免限制条件严格、举证负担过于沉重的问题，能够向未构成刑讯逼供罪情形下的刑讯逼供受害人提供更为周延之救济，在对抗刑讯逼供行为的制度中，相比于追究刑事责任的制度，应该优先考虑公职人员民事侵权责任制度。

其二，公职人员民事侵权责任制度更有助于满足被害人的需求，促进恢复性司法的实现。传统刑事司法理念将犯罪视为一种侵犯国家利益和社会公共利益的行为，因而让检察机关代表国家对涉嫌犯罪的被告人提起公诉，通过惩罚犯罪人的方式维护法益秩序。然而，作为犯罪直接侵害对象的被害人，其个性化的利益需求却似乎被淹没在公共利益之中。对此，恢复性司法的倡导者认为，“被害人有着区别于社区中间接受到犯罪影响其他公众的独特需求，二者甚至可能是冲突的”[2]，从而应当更为“关注被害人遭受损失的恢复程序，强调犯罪人对其造成的损

---

〔1〕 参见张卫平：《民事诉讼法》（第5版），法律出版社2019年版，第254~256页。

〔2〕 [英]格里·约翰斯通：《恢复性司法：理念、价值与争议》，郝方昉译，中国人民公安大学出版社2011年版，第81~82页。

害承担责任”[1]。此外，相比于具有象征意义的经济补偿，被害人心理情感创伤的弥合也得到了恢复性司法理念拥趸的重视，他们“强调了犯罪人向被害人真诚悔罪、赔礼道歉的重要性”。

追究刑事责任会长时间剥夺刑讯逼供实施者的自由，从而使其降低对自己未来的期待，并将自己的境遇归咎于被害者，因而很难再向被害人表达歉意或真诚悔罪，所以难以抚平被害人的心理创伤。根据 2021 年《最高人民法院、最高人民检察院关于常见犯罪的量刑指导意见（试行）》第 3 条第 11 项的规定，对于积极赔偿被害人经济损失并取得谅解的，综合考虑犯罪性质、赔偿数额、赔偿能力以及认罪悔罪表现等情况，可以减少基准刑的 40%以下。这意味着，通过公职人员民事侵权责任之诉，刑讯逼供的实施者可以充分与被害人协商赔偿金额，通过沟通交流，真诚向被害人道歉，积极取得被害人的谅解，以换取宽大处理。同时量刑优惠的激励机制，反过来也有助于促使被告人积极向被害人赔礼道歉、真诚表达悔罪，从而有效抚平被害人在心理情感上的创伤，进而重建破损的社会关系。

四、民事侵权责任制度相对于纪律制裁制度的优越性

纪律制裁制度与追究公职人员刑事责任的制度具有相同之处，二者均通过明示侦查人员进行刑讯逼供将承担法律责任的方式，指引侦查人员严格依照法律开展侦查活动，保证取证行为之合法性。另外，二者还具有共同的弊端：由于讯问场所处于侦查人员的控制之下，要适用纪律制裁制度，就无法避免取证过程过于困难的问题出现。相比之下，该问题却可以在一定程度上被民事侵权责任制度克服，已如前述。

另外，针对纪律制裁程序不公开、惩戒力度有限的问题，公职人员民事侵权责任制度归属于民事救济制度，而民事诉讼在绝大多数情况下因庭审公开，不存在纪律制裁制度的上述弊端。这样不仅能够充分回应社会公众对于刑讯逼供案件的关切，还可以借由判决文书中充分的说理、

---

[1] 宋英辉、许身健：《恢复性司法程序之思考》，载《现代法学》2004 年第 3 期。

公正的处理过程获取社会公众对案件处理结果之信任。

五、民事侵权责任制度相对于国家赔偿制度的优越性

首先，国家赔偿制度因为赔偿义务主体并非侦查人员个人，很难对侦查人员施加足够威慑，而公职人员民事侵权责任制度则不具有这一缺陷。在民事侵权责任制度的适用过程中，侦查人员个人为赔偿义务人。通过这样的方式，公职人员民事侵权责任制度将侦查活动的合法性与侦查人员所有的责任财产紧密相连，一旦侦查人员进行了违法活动，违法活动所引发的法律责任，都将由侦查人员自己承担。〔1〕 这样的方式相比于国家赔偿制度，显然能够更为直接、充分地震慑侦查人员，使其加强自我约束意识。

其次，还应该看到，"'赔偿义务机关'制度的存在，造成国家赔偿变成事实上的'部门赔偿'，法院一旦作出无罪判决，将会直接带来公安机关、检察机关承担一定的国家赔偿责任，甚至就连负责办案的警察、检察官也会受到'责任倒查'和'错案责任追究'"〔2〕。这使案件的处理结果与公检法机关发生利益纠缠，责任认定的门槛也随之提高。

最后，《国家赔偿法》第 31 条第 1 款规定："赔偿义务机关赔偿后，应当向有下列情形之一的工作人员追偿部分或者全部赔偿费用：(一)有本法第十七条第四项、第五项规定情形的；(二)在处理案件中有贪污受贿，徇私舞弊，枉法裁判行为的。"该法第 17 条第 4 项规定："刑讯逼供或者以殴打、虐待等行为或者唆使、放纵他人以殴打、虐待等行为造成公民身体伤害或者死亡的。"根据上述规定，侦查机关作为赔偿义务人，在完成向刑讯逼供受害人的赔偿后，可以向实施刑讯逼供的侦查人员个人进行追偿。这在一定程度上弥补了国家赔偿制度不能充分震慑参与刑讯人员的漏洞。但此种追偿制度可能在实践中面临两方面的困

〔1〕 关于民法上行为与责任的相关论述，参见王利明主编：《中国民法典释评·合同编·通则》，中国人民大学出版社 2020 年版，第 564~566 页。

〔2〕 陈瑞华：《留有余地的判决——一种值得反思的司法裁判方式》，载《法学论坛》2010 年第 4 期。

境:一方面,追偿制度受困于繁杂的程序链条。在历经司法审判而向赔偿请求人支付国家赔偿金后,赔偿义务机关的追偿还可能面临公职人员的行政复议或行政诉讼,延长了追偿的程序链条。另一方面,追偿制度的"悬而不用"还源于追偿对象的模糊。以刑事赔偿为例,在诉讼构造中,刑事案件的追诉和审判要经历公检法三机关,在处理"重大、疑难、复杂"或者具有影响性的"公案"时,还往往需要通过检委会或审委会集体讨论甚至政法委协调才能决定,从而在事实上形成了刑事案件的集体责任制度,这使被追偿人"湮没于"集体讨论的制度当中。公职人员民事侵权制度则可以使被害人直接向侵权者请求损害赔偿,因而国家机关就无须启动追偿程序,简化了程序链条,也让国家免受无端的经济损失。

第三节　小　　结

公职人员民事侵权责任制度,在前文所提出的刑讯逼供治理工具的分类中,应该被定位于制裁性治理工具,而非预防性治理工具。有学者明确提及,该制度的施行目的是在刑讯逼供行为确实发生后,阻碍刑讯逼供行为危害结果的继续扩大、及时向刑讯逼供受害人提供财产救济以弥补其所蒙受的精神创伤以及间接性的财产损失,如刑讯逼供受害人为了治疗刑讯逼供行为所造成的人身伤害,而付出的医疗费。[1]

不过,虽然公职人员民事侵权责任制度在我国防范刑讯逼供的制度供给中属于制裁性治理工具,但该制度本身对于刑讯逼供行为也有极佳的预防作用,这种预防作用体现在两方面:一方面为一般预防,即公职人员民事侵权责任制度的存在具有引导讯问人员合法讯问的作用,国家设立公职人员民事侵权责任制度即向讯问人员警示,如果讯问人员实施了刑讯逼供行为,可能要面对以自己所拥有的财产承担法律责任的后果。

---

〔1〕 参见郑旭:《非法证据排除规则》,中国法制出版社 2009 年版,第 172~176 页。

换言之，公职人员民事侵权责任制度，将侦查活动的合法性与侦查人员的个人财产紧密联系在一起，从而起到对侦查人员的威慑作用。另一方面为特别预防，即追究公职人员的民事侵权责任，具有预防特定的公职人员日后再进行刑讯逼供的作用。只要该公职人员被追究民事侵权责任，当其下一次试图刑讯逼供时就必然会有所忌惮，被科以民事侵权责任的经验相比于抽象的制度能起到更好的预防作用。

概言之，公职人员民事侵权责任制度在事前对于所有的讯问人员具有一般预防的作用，在事后对于特定的参与刑讯人员具有特殊预防的作用。当然，追究公职人员刑事责任与行政责任的制度也有一定程度的预防作用，不过由于其适用比率和威慑力度相对较小，公职人员民事侵权责任制度的预防效果更为有效。

公职人员民事侵权责任制度作为一项直接针对参与刑讯人员个人的制裁性治理工具，可以弥补预防性治理工具的固有缺陷，即预防性治理工具只在事前发挥作用，刑讯逼供一旦已经发生，预防性治理工具本身是束手无策的，而只能寄希望于制裁性治理工具。相比于其他制裁性治理工具，公职人员民事侵权责任制度的制裁效果更为直接，因为其是直接针对参与刑讯人员个人的制裁性治理工具。由此可见，公职人员民事侵权责任制度具有独特价值：一方面，相比于预防性治理工具，其不仅具有一般预防作用，还具有特殊预防作用。而且，公职人员民事侵权责任制度不只是在事前发挥预防作用，在事后还可制裁参与刑讯人员，实现惩罚功能。另一方面，相比于其他制裁性治理工具，其制裁效果更为直接。概言之，公职人员民事侵权责任制度是一项兼具预防作用与惩罚作用的制度，相比于其他防范刑讯逼供的制度，有其不可替代的优越性。此外，公职人员民事侵权责任制度在惩罚刑讯人员的同时实现了对刑讯逼供受害人的救济，此种一举两得的制度优势显然并非其他制度所能比及。追究公职人员刑事责任或行政责任的制度只能实现惩罚刑讯人员的功能，国家赔偿制度只能实现为刑讯逼供受害人提供救济的功能，只有公职人员民事侵权责任制度才兼具惩罚性与救济性，这也是公职人员民事侵权责任制度另一不可替代的优越性。

总之,我国现行法所供给的刑讯逼供治理工具中,无论是预防性治理工具还是制裁性治理工具,均未能构建立起完善的权利救济体系和追责体系,而引入公职人员民事侵权责任制度既能填补现行刑讯逼供治理体系中权利救济的制度缺口,又能解决公职人员民事侵权责任实质缺失的困境,进而完善权利救济体系和追责体系,使刑讯逼供治理体系更为完整有效。

第三章 公职人员民事侵权责任制度的正当性证成

行文至此,可以得出以下初步结论:第一,就公民基本权利保护而言,我国现行法所供给的刑讯逼供治理工具存有一定的缺陷,不足以实现其预设目标,而这些缺陷恰好又可以由公职人员民事侵权责任制度弥补。也就是说,公职人员民事侵权责任制度,能够为刑讯逼供受害人提供相对更加周延的救济。第二,就限制侦查权与对公职人员追责而言,公职人员民事侵权责任制度能够充分地震慑侦查人员,使其加强自我约束的意识,避免侵犯公民的基本权利,尤其是人身自由权与人格尊严权。

不过,要在我国法律体系中构建公职人员民事侵权责任制度,仅靠上述理由仍显不足,需要进一步论证该制度的正当性。虽然公职人员民事侵权责任制度可能解决我国现行法所供给的刑讯逼供治理工具无法解决但又现实存在的问题,但这并不意味着该制度能够直接融入我国的法律体系当中。需要继续考察该制度与我国现行法律体系之间的兼容性,分析构建该制度可能会面临的阻力以及相应的配套改革方案。[1]

一个国家的全部现行法构成了一套系统,任何想要嵌入其中的崭新的法律制度,都应该满足体系强制的要求,要能够融入法律制度的整体脉络中。[2] 所谓体系强制,是指法律制度的构造应力求保持一致性和

---

〔1〕 关于法律改革、法律移植的兼容性问题,参见[德]茨威格特、[德]克茨:《比较法总论》(上册),潘汉典等译,中国法制出版社 2017 年版,第 30 页。

〔2〕 对于这一问题的示例性分析,可参见孙新强:《我国法律移植中的败笔——优先权》,载《中国法学》2011 年第 1 期。

连贯性，除非有正当且足够充分的理由，否则不得在法律的一般原则之外，再设置任何的例外。[1] “任何法律规范都不是独立存在的，任何具体规范都是‘整个法律秩序’（Gesamtrechtsordnung）之一部分，换言之，它在一部法律内部或与其他法律的许多法律规范都存在内部与外部的紧密联系。”[2]在引入一项新的法律制度时，立法者不应仅关注这一新制度的积极作用，更要关注这一新的法律制度是否会和现有法律制度体系相互冲突。

公职人员民事侵权责任制度不仅是民事法律制度，同时也是刑事法律制度；申言之，该制度不仅要解决民事法上的问题，即刑讯逼供受害人与公职人员之间的侵权行为损害赔偿责任的问题，还要实现刑事法上的目的，即震慑侦查人员、限制侦查权的行使、预防刑讯逼供行为的发生、保护公民基本权利等。所以，要将该制度引入我国法律制度体系当中，就需要兼顾民事法律与刑事法律的体系强制要求。只有在该制度同时满足民事法律与刑事法律的体系强制要求的前提下，才能够将其引入我国法律体系中。这就决定了在讨论构建公职人员民事侵权责任制度的正当性问题时，要明确有待解决的问题，界定这些问题具体属于什么类型，寻求解决方案时应该遵循怎样的讨论规则，实现怎样的目的，达到怎样的程度。本章首先从民事法律的角度对参与刑讯人员民事侵权责任制度进行检测，考察该制度能否满足我国现行民事法律制度的体系强制要求；其次再从刑事法律的角度考察该制度能否满足我国现行刑事法律制度的体系强制要求。

第一节　价值判断与法教义学二分的论证方法

讨论构建公职人员民事侵权责任制度的正当性，既要在价值判断层

---

〔1〕 参见王轶：《对中国民法学学术路向的初步思考——过分侧重制度性研究的缺陷及其克服》，载《法制与社会发展》2006年第1期。

〔2〕 [德]伯恩·魏德士：《法理学》，丁晓春、吴越译，法律出版社2013年版，第65页。

面展开，也要在法教义学层面展开。所谓价值判断层面的可行性，即构建公职人员民事侵权责任制度，允许刑讯逼供受害人向公职人员主张民事侵权责任基于某些特定的实质理由是正当的，符合民事法与刑事法的价值追求。所谓法教义学层面的可行性，即公职人员民事侵权责任制度遵循民事法与刑事法体系的形式逻辑，在既有的法律体系下可以得到合理解释。本章聚焦于公职人员民事侵权责任制度在价值判断层面与法教义学层面的正当性，在具体展开之前，有必要对价值判断与法教义学二分的论证方法略作阐述，以便读者更清晰地把握本章论证思路。

有学者区分了民法问题与民法学问题，民法问题的讨论最终都要落脚在民法规则的设计上。但民法学问题，则没有这一限制，只要讨论的对象与民法有关都属民法学问题。民法问题肯定都是民法学问题，但民法学问题未必都是民法问题。例如，中国民法学学说继受的特点是什么？中国民法学发展的源流如何？中国民法学应发生什么样的学术转向？诸如此类的问题，是民法学问题，但并非民法问题。[1] 刑事法亦然，同样存在刑法问题与刑法学问题的区分。民法问题是民法学问题的核心，同样刑法问题也是刑法学问题的核心，而价值判断问题是民法问题与刑法问题共同的核心。民事法律与刑事法律作为社会治理的工具，通过对特定类型冲突的利益关系设置相应的协调规则，来维护社会秩序的和谐。所谓“特定类型冲突的利益关系”，就民法而言，首先是指不同民事主体之间的冲突关系，其次是指民事主体的利益与国家利益和社会公共利益之间的冲突关系。作为私法核心的民法，同样承担着积极推动国家利益和社会公共利益实现的使命。就刑法而言，首先是指犯罪嫌疑人/被告人与被害人之间的冲突关系，其次是犯罪嫌疑人/被告人及其辩护人与侦查机关、公诉机关、审判机关之间的打击犯罪与保障人权的冲突关系。相比于民法，刑法推动国家利益和社会公共利益实现的意义更甚，不过两者均是通过规范配置避免民事/刑事主体的活动损害国家利

[1] 参见王轶：《民法价值判断问题的实体性论证规则——以中国民法学的学术实践为背景》，载《中国社会科学》2004 年第 6 期。

益和社会公共利益实现的。价值判断问题的中心就是如何进行规范配置,如何设置特定类型冲突的利益关系的协调规则。民事法律/刑事法律依据特定的价值取向对各自领域冲突的利益关系作出取舍,或安排利益实现的先后序位的过程,就是一个作出价值判断的过程。[1] 因此,在价值判断层面论证构建公职人员民事侵权责任制度的正当性,就是论证在侦查人员与刑讯逼供受害人的利益冲突关系中,将刑讯逼供受害人的民事权益置于侦查人员的行为自由之上,将犯罪嫌疑人、被告人的人权置于侦查人员的讯问权之上的正当性。

法教义学主要是从德国法律文化传统中成长起来的,它在历史法学时期成为独立学科,并由概念法学和制定法实证主义孕育成熟。经过利益法学与自由法运动的冲击,以评价法学为主导的法学理论对于法教义学观念进行了持续的"现代转型",呈现出开放和包容的趋势。[2] 雷磊教授梳理法教义学的发展史后,指出:"尽管不同阶段各个学说对法教义和法教义学的理解各有不同、评价褒贬不一,但却可以从中提取出'最大公约数':法教义是围绕现行实在法展开的一般性权威命题或原理,与此相应的法教义学则具有双重含义,即知识与方法的统一。作为知识的法教义学是围绕一国现行实在法构造的'概念—命题'体系,而作为方法的法教义学是一种受一般权威拘束的思维形式('教义法学')。"[3]此定义或许略显抽象,许德风教授对于法教义学的把握或许更为通俗,他认为法教义学"在立法和司法两方面均有所体现,本质上指运用法律自身的原理,按照逻辑的要求,以原则、规则、概念等基本要素制定、编纂与发展法律以及通过适当的解释规则运用和阐释法律的做法"[4]。在法教义学层面论证构建公职人员民事侵权责任制度的正当

[1] 参见王轶:《民法价值判断问题的实体性论证规则——以中国民法学的学术实践为背景》,载《中国社会科学》2004 年第 6 期。

[2] 参见雷磊:《什么是法教义学?——基于 19 世纪以后德国学说史的简要考察》,载《法制与社会发展》2018 年第 4 期。

[3] 雷磊:《什么是法教义学?——基于 19 世纪以后德国学说史的简要考察》,载《法制与社会发展》2018 年第 4 期。

[4] 许德风:《论法教义学与价值判断　以民法方法为重点》,载《中外法学》2008 年第 2 期。

性，就是论证上述价值判断在既有的法律体系中可以得到合理解释，与其他制度并无抵触。

以下分别从价值判断层面和法教义学层面论证构建公职人员民事侵权责任制度的正当性。

第二节 价值判断层面的正当性

公职人员民事侵权责任制度具有公私交融、刑民交叉的特性，因此论证其价值判断层面的正当性，既要论证其在民事法价值判断层面的正当性，也要论证其在刑事法价值判断层面的正当性。需要说明的是，民事法与刑事法的价值判断可能并不同一。

一、民事法价值判断层面的正当性

仅凭借刑讯逼供这一事实并不足以在刑讯逼供受害人与侦查人员之间建立起以侵权损害赔偿权利义务为内容的法律关系。因为构建公职人员民事侵权责任制度意味着，只有讯问人员在讯问活动中对犯罪嫌疑人进行了刑讯逼供，造成了损害结果，并且也同时满足其他侵权责任构成要件，才会在刑讯逼供受害人与侦查人员之间发生以侵权损害赔偿权利义务为内容的法律关系。

这样的法律关系使侦查人员承受了额外的负担，其原本具有的“行为自由”也相应受到限制。当事人之间是否可能在特定情形下建立起一项以侵权损害赔偿权利义务为内容的法律关系，直接影响到当事人之间的利益与不利益的分配，因此就需要在进行价值判断后得出结论，即需要判断在既有刑讯逼供治理工具外，是否有必要进一步限制侦查人员的“行为自由”，而同时为刑讯逼供受害人“增添利益”。需要说明的是，要求侦查人员承担侵权损害赔偿责任，实际上只是要求侦查人员填补刑讯逼供受害人所遭受的损失，从这个角度上来看，刑讯逼供受害人并未获得新的利益；但未建立该制度时，刑讯逼供受害人无法要求侵权损害赔偿,建立该制度后刑讯逼供受害人则可以要求侵权损害赔偿,从这一角度看,也确实是一种利益的增加。

无论是人身损害还是财产损害,原则上都应由人身或者财产受到损害的本人承担相应的危害后果。在一般情况下,任何人都不负有照顾他人,使他人的生命、身体、财产不受威胁的义务,除非行为人对于他人所受到的损害的发生或者对于他人所面临的危险的形成具有过错,或者存在其他不以过错为必要的事由,即无过错责任下的相应的归责事由。在以过错或者其他事由作为归责要件的前提下,个人受到的损害,才能够转嫁给他人,由他人进行损害赔偿。有学者曾援引美国大法官霍姆斯(Holmes)的经典论述对这一问题加以说明:“良好的政策应让损失停留于其所发生之处,除非有特别干预的理由存在。”[1]

在权利受到损害时,损害应当由受害人自己承担,还是由加害人对受害人之损失承担赔偿责任?各国法律多主张被害人自担损害,仅在例外情形下,转由他人承担。转嫁的要件之一,就是归责事由。损害的转嫁要以归责事由为要件,本身就是一种价值判断,要论证这一价值判断的合理性,可以从以下角度出发。

首先,从法和经济分析的视角来看,让受害人自己承担损失,有利于避免损失的增加。比较而言,如果选择另一路径,即让加害人对受害人的损失承担赔偿责任,那么“无论在法律规范或实际执行上,势必耗费资源或产生交易成本”[2]。

其次,从先验伦理的视角来看,法律赋予某一个体以人身权、财产权,权利人除了享有利益以外,也承担着权利减损的风险,这在柴米油盐类消费品中表现得尤为明显。当某一选择关涉一人的利益时,利益衡量的最好决策者就是自己。在法律允许的范围内,权利人有充分享受权益的自由,这是“权利硬币”的一面;而“权利硬币”的另一面,就体现为权利人应当承受权利减损的风险。否则,人人自危最大限度地限制人们进

[1] 王泽鉴:《侵权行为》(第3版),北京大学出版社2016年版,第11页。

[2] 王泽鉴:《侵权行为》(第3版),北京大学出版社2016年版,第11页。

行社会活动的自由。[1]

总之，只有在例外的情况下，在有足够充分且正当的理由作为前提时，受害人才能够将损害转嫁给他人承担。这就要求立法者明确损害转嫁的构成要件，如果不明确损害转嫁的构成要件，同样也会造成人人自危的局面，最大限度地限制人们进行社会活动的自由，引起社会的不稳定。

具体而言，损害转嫁的构成要件一般有四项：行为、损害结果、行为与损害结果之间的因果关系、归责事由。每一项损害转嫁构成要件都应该予以明确，否则就会引发消极后果。

如果不明确作为损害转嫁的构成要件的行为要件，就无法明确损害转嫁的对象是谁，即无法明确谁应当承担损害赔偿责任，形成人人自危的局面，谁也无法预测自己的何种行为会使自己陷入损害赔偿责任的约束之中。[2]

如果不明确作为损害转嫁的构成要件的损害结果要件，就无法明确被转嫁的客体的范围，即无法明确损害的范围，这就导致在追究行为人损害赔偿责任时无法明确行为人应当承担多大范围的损害赔偿责任，究竟被侵权人在哪些方面的不利益应当由行为人承担，如果没有一个能够明确的方法或者标准，将造成司法判决不确定的局面。实际上，并不排除从外观上看起来同样严重的不利益，侵权人最终承担的责任范围却不尽相同的情况产生。在这样的情形下，一定要以相同的明确的方法或者标准作为论证的基础，进行充分地说理，解释为何会有这样的差异，否则就会破坏社会公众对司法程序的信任。[3]

如果不明确作为损害转嫁的构成要件的因果关系要件，就无法解决在数个原因导致同一损害结果时的责任分配问题。事物是普遍联系的，如果不予以必要的限制，对于一项损害的追责就可能永远也无法停歇。

---

〔1〕 参见许德风：《论法教义学与价值判断 以民法方法为重点》，载《中外法学》2008 年第 2 期。

〔2〕 参见王泽鉴：《侵权行为》（第 3 版），北京大学出版社 2016 年版，第 105~106 页。

〔3〕 参见王泽鉴：《侵权行为》（第 3 版），北京大学出版社 2016 年版，第 222~224 页。

损害赔偿法上传统的限制学说，就是相当因果关系说。该学说主张，能够满足损害转嫁的构成要件的因果关系，应为“相当因果关系”。相当因果关系，由“条件”关系及相当性所构成；并且必须先有“条件”关系存在，然后才须要（同时也是“才能够”）判断该“条件”关系是否具有相当性。

换言之，相当因果关系说的逻辑结构如下：引发某一损害的所有“原因”，要先通过条件理论的筛选，从“原因”中取出一部分，这一部分即为“条件”；之后，“条件”又要经过相当性的审查，“条件”中具有相当性的，即构成“因果关系”。条件理论，又称等价理论，它是指在发生某一特定事件的所有“原因”中，那些在事件发生的时点上，不可想象其不存在的，即为所谓的“条件”；反之，若无此“条件”，那么事件就不会发生，或者至少不会在同一时点发生。〔1〕根据条件理论，就可以从引发某一损害的所有“原因”中筛选出一部分，构成“条件”。如前文所述，在构成了“条件”后，还要判断其是否具有相当性，其中确实具有相当性的，才可以构成“因果关系”。

传统理论认为，仅仅依靠条件理论加强因果关系对损害赔偿责任构成的限制，仍然是不够的，还应该运用相当性理论对损害赔偿责任的构成进行二次限制。所谓相当性，是指依据经验法则，综合行为当时所存在的一切事实，在进行客观的事后审查后，如果认为在一般情形下，在同样的环境下，有造成该特定事件的同一“条件”的，就会导致同一结果的发生，那么这一“条件”就具有相当性，构成“因果关系”；反之，在经过客观的事后审查后，如果认为在一般情形下，在同样的环境下，即使有造成该特定事件的同一“条件”的，也不必然发生该特定事件，那么这样的“条件”就不过只是偶然的事实。〔2〕

如果不明确作为损害转嫁的构成要件的归责事由，则会涉及对传统

---

〔1〕参见陈自强：《违约责任与契约解消》（第2版），台北，元照出版有限公司2018年版，第106页。

〔2〕参见陈自强：《违约责任与契约解消》（第2版），台北，元照出版有限公司2018年版，第106~107页。

理论所坚持的“损害原则上由受害人自己承担”这一价值判断之悖反。这一价值判断有着充足的理论基础:如前文所述,从法和经济分析的视角来看,让被害人自己承担损失有利于避免损失的增加。相比于其他三项构成要件,归责事由这一构成要件更为重要。可以这样评价:行为要件、损害要件、因果关系要件只是解决了责任转嫁的对象(行为人)确定的问题、转嫁客体(损害)的范围确定的问题、是否是转嫁对象(行为人)造成了转嫁客体(损害)的问题。以上三要素,更加生活化,往往凭借个人的生活经验,就足以判断其重要性。然而,归责事由则必须由法律明确规定。由法律规定归责事由的重要性,在无过错责任的情况下,表现得尤为突出。法律正是借助归责事由的媒介,论证转嫁客体(损害)为什么要转嫁给他人。[1]

通过以上对于损害转嫁的构成要件的相关论述,进一步证明了能否建立公职人员民事侵权责任制度这一问题属于价值判断问题。该制度的建立将在刑讯逼供受害人与侦查人员之间建立起损害赔偿责任关系,客观而言这为刑讯逼供受害人“增添”了利益,同时也限制了侦查人员的“行为自由”。换句话说,回答能否建立该制度的问题,实际上是在回答于中国现行法之基础上,能否进一步限制侦查人员的“行为自由”这一价值判断问题。

尽管根据一般生活经验,伤人后赔偿医药费及精神损失费或许天经地义。但在法律上,因现行法并未确立公职人员民事侵权责任制度,所以刑讯逼供受害人并不能向其直接请求损害赔偿。反之,如果中国法律确立了该制度,在刑讯逼供受害人与侦查人员之间建立起损害赔偿责任关系,既为侦查人员施加了以往并不存在的行为约束——通过对侦查人员的行为进行否定性评价的方式来限制侦查人员的不恰当的行为,也为刑讯逼供受害人提供了以往并不存在的救济途径。所以,要回答在法律上是否应建立该制度的问题,需要在衡量利弊、进行价值取舍之后,审慎

[1] 参见杨佳元:《侵权行为损害赔偿责任》(第2版),台北,元照出版有限公司2009年版,第5~6页。

得出结论，即是否能够在现行法的基础上，进一步地限制侦查人员“行为自由”的结论。

价值判断问题通常没有标准答案，关于如何解决此类问题的回答往往也因人而异。但正如罗尔斯（Rawls）所言：“当人们对具有较低普遍性认识的原则失去共识时，抽象化就是一种继续公共讨论的方式。我们应当认识到，冲突愈深，抽象化的层次就应当愈高；我们必须通过提升抽象化的层次，来获得一种对于冲突根源的清晰而完整的认识。”〔1〕如果在具体的问题上，无法通过讨论得出共识，那么讨论者可以各退一步，对具体问题进行逐层抽象化，直至获得共同结论为止。从这个角度来看，价值判断问题也并非一种言人人殊的玄学。

具体而言，针对能否建立公职人员民事侵权责任制度这一问题，作出肯定性的回答具有来自刑事法律的正当且充分的理由：刑事法律已经对刑讯逼供/非法取证行为作出了彻底的否定性评价。《刑法》第247条规定了刑讯逼供罪以及若干司法解释、司法政策性文件对于以刑讯逼供为代表的非法取证的严厉禁止即为明证。应当认识到，“现行法是到目前为止人们在价值判断问题上所能达成的最大妥协和共识”〔2〕。《刑法》对刑讯逼供行为的否定态度，已经成为一种法的内在价值判断，那么就应该为整个中国法律制度体系所共同支撑。此外通过“举重以明轻”的法律解释方法，也能够得到同样的结论：在法律责任追究上，刑事责任比民事责任的惩罚程度更重，这点毋庸置疑。甚至有学者认为，民事责任不应当具有惩罚性。〔3〕既然《刑法》规定了刑讯逼供罪，意味着进行了刑讯逼供的侦查人员应当承担刑事责任，那么进行了刑讯逼供的侦查人员，承担比刑事责任惩罚程度更轻的民事责任就变得顺理成章。

当然，刑事法律否定了刑讯逼供行为，不意味着民事法律就必然要

〔1〕 John Rawls, *Political Liberalism*, Columbia University Press, 1993, p. 46. 转引自王轶：《民法价值判断问题的实体性论证规则——以中国民法学的学术实践为背景》，载《中国社会科学》2004年第6期。

〔2〕 许德风：《论法教义学与价值判断 以民法方法为重点》，载《中外法学》2008年第2期。

〔3〕 参见王泽鉴：《侵权行为》（第3版），北京大学出版社2016年版，第8页。

明确否定该行为。但至少,刑事法律否定刑讯逼供行为的理由,同样也可以作为民事法律否定刑讯逼供行为的正当性基础。刑事法律之所以禁止刑讯逼供行为,是因为刑讯逼供行为直接危害了公民的基本权利,尤其是至关重要的人格尊严以及人身自由不受非法侵犯的权利,为现代民主法治国家所不容。同时,侦查人员对犯罪嫌疑人进行刑讯逼供,已经不能简单看作行使侦查权的行为,而是侦查人员对侦查权的滥用。刑事法律否定刑讯逼供行为的这两项理由,同样也可以作为民事法律否定刑讯逼供行为的正当性基础:民事法律不仅调整财产关系,也调整人身关系,宪法上抽象的公民基本权利,即人格尊严权、人身自由权,经过民事法律的具体化,成为具体的人格权。[1] 在人格权益被特别关照的今天,民事法律当然也应当为公民的人格尊严以及人身自由不受非法侵犯的权利提供必要的救济,建立公职人员民事侵权责任制度,就有助于这一目的的实现。

二、刑事法价值判断层面的正当性

尽管在一国法律中有无公职人员民事侵权责任制度,与刑法关系不大,但却与刑事诉讼法紧密相关——盖因该制度实际上是对侦查权的一种限制。刑事诉讼法的任务之一,就是准确界定侦查人员的侦查权作用范围之边界,明确侦查权之行使所必须遵从的适当限制。与此相关,在实践中侦查权缺乏有效规制,具体有两个方面:其一,侦查权的行使过于随意,侦查手段容易被滥用;其二,对于违法的侦查行为缺乏制裁手段,使违法的侦查行为所造成的损害,难以得到救济。[2]

一方面,建立公职人员民事侵权责任制度,能够有效制裁违法的侦查行为。承担民事侵权责任的主体并非侦查人员所供职的侦查机关,而是侦查人员本人,这使刑讯逼供后果和个人利益直接相联系,可以更为有效遏制刑讯逼供现象的再次发生。另一方面,公职人员民事侵权责任

---

[1] 参见王利明主编:《民法》(第8版),中国人民大学出版社2020年版,第355~357页。

[2] 参见《刑事诉讼法学》编写组编:《刑事诉讼法学》(第3版),高等教育出版社2019年版,第245页。

制度的有无，势必对侦查权的限制起到不同方向的影响——扩大或者限缩。

公职人员民事侵权责任制度在刑事法价值判断层面是否具有正当性主要取决于犯罪嫌疑人人权与侦查人员侦查权之间的利益衡量和价值取舍。例如，公职人员民事侵权责任制度的建立，虽然能够起到保障人权的作用，但也势必会扩大对侦查权的限制，这就要求立法者必须考虑建立该制度后可能造成的消极后果。例如，是否会过度震慑侦查人员，使其怯于行使侦查权，反而不利于案件真相的发现；是否应该加强适用该制度的限制条件，实现人权与侦查权之间的相对平衡，如考虑是否应要求刑讯逼供受害人只有在无法寻求任何法律救济的情况下，才可以援用该制度。

关于侦查权与公民的人格尊严以及人身自由权之间，何者应当优先予以实现的问题，仅以简单口号式的“公民基本权利重于一切”作为依据显然并不充分。要说明这一问题，应当立足于对严禁刑讯逼供立法理由的变迁历程及其结果的考察，即“冤假错案论”与“个体自由论”之间的对立。[1]

在“冤假错案论”占据主流地位时，解释者认为法律之所以要规定严禁刑讯逼供行为的发生，盖因侦查权的行使不应该导致冤假错案的产生。在此基础上，对公民基本权利的保护，只是在预防冤假错案产生的同时附带产生的效果。反之，作为其推论，如果在确保不会产生冤假错案的情况下，侦查人员就能够进行刑讯逼供。“冤假错案论”对严禁刑讯逼供原则立法理由的解读，实际上给公民基本权利带来了潜在的危险。

“个体自由论”后来居上，解释者认为之所以要严禁刑讯逼供行为的发生，就是因为侦查权的行使无论如何也不应该侵犯公民基本权利。侦查人员要在确保公民基本权利不受威胁的前提下进行侦查活动。由

---

〔1〕 对于该问题的具体梳理，可参见易延友：《刑事诉讼法：规则 原理 应用》（第5版），法律出版社2019年版，第361～362页。

此可见，公民基本权利相比于侦查权，随着严禁刑讯逼供原则立法理由的变迁，受到的关注与保护也更加充分。

据此，可以得出如下价值判断结论：公民基本权利保护原则上应当优先于侦查权的行使。在建立公职人员民事侵权责任制度后，法律对于公民基本权利的保护水平势必有所提升，而对于侦查人员行使侦查权的限制程度也毋庸置疑地有所加强，这与公民基本权利原则上应当优先于侦查权的价值判断结论相一致。

第三节　法教义学层面的正当性

构建公职人员民事侵权责任制度在民事法和刑事法价值判断层面均具有正当性，但还应该探究构建该制度能否满足民事与刑事法律各自体系强制方面的要求。换言之，要想构建公职人员民事侵权责任制度，不仅要满足现行法律“内在体系”的要求，还要满足其“外在体系”的要求。[1]

所谓法律的“内在体系”，“无论是价值导向的法学还是致力于体系性构建的法学都明确要求将‘开放的原则’以及原则中彰显的价值基础作为该体系核心的基准点”。所谓法律的“外在体系”，则立基于如下方法：“从调整对象的事实构成中分离出某些确定要素(Element)并将其普遍化。再基于这些要素形成类概念，然后通过增添或剔减若干种差特征(Merkmale)，就可以形成一些抽象程度不一的概念。进而通过将那些抽象程度较低的‘下位’概念涵摄到若干抽象程度较高的‘上位’概念之下，最终实现将大量的法律素材归结到少量的‘最高’概念上。”[2]

法律之所以会具有体系强制的要求，盖因任一部门法都并非法条的

---

〔1〕 参见[德]卡尔·拉伦茨：《法学方法论》(全本·第6版)，黄家镇译，商务印书馆2020年版，第548~551页。

〔2〕 [德]卡尔·拉伦茨：《法学方法论》(全本·第6版)，黄家镇译，商务印书馆2020年版，第549页。

简单罗列,法条与法条之间并非完全隔离的孤立关系。实际情况是,各法律规范共同发挥作用、相互支撑,形成一套逻辑连贯的意义脉络整体,才使法律问题能够得到解决。“您不能满足于阅读某个单独的法律规定,即使该规定已经安排了所预期的法律后果。”“您应当阅读某一规范领域内能够产生预期法律后果的一切条文。”“您应当回忆有关类似问题领域的,或者产生竞合的(konkurrierende)法律后果的一切规定,并试着从对这些规定的比较中认识所适用规范的特殊目的。”[1]以下对有关物之损害赔偿责任的归责原则,予以说明。

《民法典》第238条规定:“侵害物权,造成权利人损害的,权利人可以依法请求损害赔偿,也可以依法请求承担其他民事责任。”该条并未明确侵害物权的损害赔偿责任属于过错责任还是无过错责任,即该条并未规定物之损害赔偿责任的归责原则。但《民法典》第1165条第1款规定:“行为人因过错侵害他人民事权益造成损害的,应当承担侵权责任。”《民法典》第2款规定:“依照法律规定推定行为人有过错,其不能证明自己没有过错的,应当承担侵权责任。”《民法典》第1166条规定:“行为人造成他人民事权益损害,不论行为人有无过错,法律规定应当承担侵权责任的,依照其规定。”根据《民法典》之上述规定,不难看出侵权损害赔偿责任以过错责任为一般表现形态,而在法律有特别规定的情况下,以无过错责任为例外。

在法律并未明确规定,并且也不具有其他正当且足够充分理由之情形下,侵害物权的侵权损害赔偿责任也应当以过错责任为一般表现形态。在法律另有规定,或者具有其他正当且足够充分理由之情形下,侵害物权的损害赔偿责任才可能是无过错责任。《民法典》第238条既不需要规定侵害物权的损害赔偿责任的归责原则,也不可能规定侵害物权的损害赔偿责任以无过错责任为一般原则,否则就会引起法律规范之间的冲突。换言之,法律的体系强制要求也就是指法律规范之间如果没有正当且足够充分之理由,内部逻辑应该保持连贯一致。就反面而言,法

[1] [德]伯恩·魏德士:《法理学》,丁晓春、吴越译,法律出版社2013年版,第67页。

律的体系强制要求也是指立法者在增添一项新的法律规范时,如果没有正当且足够充分之理由,该法律规范的内在逻辑不得与已有的法律规范的内在逻辑相互冲突。

概言之,在论证构建公职人员民事侵权责任制度的正当性时,除了从价值层面判断即法律对价值的选择以及先后序位排列外,还应该关注该制度是否符合法律的体系强制的要求,或者说该制度能否成为一种体系强制要求之“例外”。构建公职人员民事侵权责任制度是否符合法律的体系强制的要求,主要涉及两个判断:其一,公职人员与受害人之间是公权力享有者与公权力行使之相对人之间的不平等的关系,而非平等民事主体的关系,将其纳入民事侵权责任制度是否符合民法是调整平等主体之间人身与财产关系的定位?其二,受害人可以通过国家赔偿获得救济,国家赔偿责任是否排斥民事侵权责任,此二者之间是何种关系?以下围绕上述两个判断分别展开。

一、民法调整对象不限于平等主体的人身关系与财产关系

《民法典》第2条规定:“民法调整平等主体的自然人、法人和非法人组织之间的人身关系和财产关系。”据此,可能会有质疑意见认为,侦查人员与刑讯逼供受害人之间的关系并不属于平等主体之间的人身关系和财产关系,据此拒斥公职人员民事侵权责任制度。这样的质疑在一定程度上是可以理解的,因为平等原则被认为是民法的首要原则,没有平等原则作为前提,就没有民法最为重要的意思自治原则。隐藏在此种认识背后的其实是自罗马法以来的公法与私法二分的理念,平等主体之间的人身关系和财产关系属于私法的调整范围,不平等主体之间的关系属于公法的调整范围,据此将侦查人员与刑讯逼供受害人的关系划入公法的调整范围。对此,有如下三点回应:其一,公法与私法的区分如果没有实质理由支撑,便会沦为纯粹形式意义上的地盘之争,在法律效果无甚差别的情形下,公法与私法的区分毫无必要;其二,在我国民法立法沿革中,平等原则具有不同于其他国家的价值宣示的意义;其三,在我国国家赔偿责任的立法沿革中,国家赔偿责任一度在民事法中规定,将国家

赔偿责任认定为私法责任具有历史合理性。

(一)公法与私法的区分日渐衰微

公法与私法的区分源于古罗马法,例如,盖尤斯在《法学阶梯》第1卷就对公法与私法作了区分,"法律学习分为两部分,即公法与私法。公法涉及罗马帝国政体,私法则涉及个人利益"〔1〕。自此之后,公法与私法的区分逐渐深入人心,并且直接影响到继受罗马法的大陆法系国家,如德国、法国等国家。在这些国家,公私法的区分构成了法律体系构建的砥柱。凡属于国家机关组织或国家公权力运作等具有公共性质的事项就必须划归到公法调整,与此相对的属于私人之间利益或事项规范的就划归到私法。在早期,这种划分被绝对化为公、私法完全对立,如在法国十七八世纪时,私法止步于公权力"之门",无论是公共行政还是公务员,只要是从事公务的,就一概排除民法典的适用。〔2〕公法与私法形成各自独立的系统,不能互相僭越。〔3〕

不过,必须强调公法与私法的区分源自罗马法,由大陆法系所承继,而英美法系并无所谓公法与私法的区分。近代以来,英国议会在与王权的斗争中越来越强调"法治"原则,依据"法治"原则,国王、公共权力机构(public authorities)、政府官员在侵权法上及合同法上都要受制于与适用私人之间同样的规则。〔4〕"法治"原则除了宣称"法律面前人人平等"的理念外,更重要的是揭示了一个法律适用原则——政府官员或公共权力机构在行使职权的过程中侵犯了个人的权利时,将依据普通法上

---

〔1〕[美]艾伦·沃森:《民法法系的演变及形成》,李静冰、姚新华译,中国政法大学出版社1992年版,第206页。

〔2〕See Samuel, G. H. Rinkes & Jac, *Law of Obligations and Legal Remedies*, Cavendish Pub, 1996, p. 199.

〔3〕参见黄芬:《职务侵权赔偿责任研究:从侵权法与〈国家赔偿法〉的关系切入》,法律出版社2009年版,第55页。

〔4〕参见[英]威廉·韦德:《行政法》,徐炳等译,中国大百科全书出版社1997年版,第511页。

发展起来的侵权规则承担侵权责任。[1] “如果有人建议，普通法不适用于国家或公共机构，英国的法律家将会震惊，他们的头脑中立即会闪出一种观念，即认为这是企图将这些机构置于法律之上和之外，违反了废除王室特权和全部公职官员的活动必须遵守‘法治’原则的光荣传统。”[2]

英美法系的学者对于公法与私法的二分要么不以为意，要么尖锐批判，如凯尔森就坚决否定公法和私法的区别。其指出，“通说认为国家与其他主体之间的关系为法律上的统治关系，因之对私法和公法加以区别，但我却相反，把这两者的区别概行抛弃”[3]。“这种理论显然是不能令人满意的。在所有现代法律秩序中，国家和任何其他法人一样，可以具有对物（in rem）权和对人（in personam）权，具有由‘私法’所规定的任何权利和义务。在有一个民法典时，该法典的规范同等地适用于私人与国家。有关国家的这些权利和义务的争端，通常就用解决私人间争端的那种方式加以处理。一个法律关系以国家为其当事人一方的事实，并不一定要将国家从私法领域中移出。区分公法与私法之间的困难正好在于国家及其国民间的关系不仅具有‘公的’而且还有‘私的’性质。”“私法与公法之间的区分，根据人们所希望同私法划分开来的是刑法还是行政法，在意义上就有不同。作为法律的一般体系化的一个共同基础来说，这种区分是没有用的。”[4]

由此可见，公法与私法的区分并非“放之四海而皆准”的普适性分类，暂且无论公法与私法的区分究竟有何实质意义，仅单纯就公法与私法的区分标准来说，彼时的区分标准已经远远不同于古罗马法时代盖尤斯所提出的“公法涉及罗马帝国政体，私法则涉及个人利益”的标准了。

---

〔1〕 参见黄芬：《职务侵权赔偿责任研究：从侵权法与〈国家赔偿法〉的关系切入》，法律出版社 2009 年版，第 56 页。

〔2〕 [法]勒内·达维：《英国法与法国法：一种实质性比较》，潘华仿等译，清华大学出版社 2002 年版，第 100 页。

〔3〕 [奥]凯尔森：《国家法的主要问题》（*Hauptprobleme der Staatsrechtslehre*，Jübingen：J. C. B. Mohr，1911.）。转引自[日]美浓部达吉：《公法与私法》，黄冯明译，中国政法大学出版社 2003 年版，第 7 页。

〔4〕 [奥]凯尔森：《法与国家的一般理论》，沈宗灵译，中国大百科全书出版社 1996 年版，第 227、232 页。

曾经有学者专门统计了公法与私法的区分标准，不下10余种。[1] 择其要者来说，主要包括主体说、新主体说、意思说与利益说四种。

主体说即指法律关系双方都是私主体的为私法，法律关系双方或至少有一方是国家或公法人的是公法。该标准的缺陷是明显的，因为国家或公法人所进行的行为并非全是公权力行使行为，国家或公权力为维持其有效运转，当然也会成为民法上的主体进而参与私经济法律关系，如政府采购商品的活动与私主体之间的交易活动并没有任何区别，在这种情形下，应当适用民法调整。在此情形下，并无实质理由区别对待公法人与私主体。

为解决主体说之不足，修正的主体说即新主体说产生了。新主体说认为，国家具有双重面向，一面是行使公权力活动，另一面是参与私经济活动，只有国家在行使公权力时国家与相对人形成的法律关系才属于公法的调整范围，其余一概由私法调整。新主体说其实是将公法与私法的区分转化为了是否属于行使公权力活动的判断，本质上仍然没有彻底解决问题。如何界定何为行使公权力的行为成为重中之重，各国均通过不同学说界定，限于本节主题，不再展开。

意思说并不是从法律关系主体的身份着手，而是从法律关系的效果出发。在私法中，最为重要的原则是意思自治原则，法律关系的发生与否、以何种形式发生、以何种内容发生、在何时发生原则上都由当事人自己决定；在公法中，法律关系并非双方自愿协商的关系，而是一方命令另一方服从的关系。这种观点与前述质疑的立场是相同的。不过，必须说明的是，意思自治从来不是没有边界的：首先，意思自治要在法律的框架内进行，私主体之间违背效力性强制性规定的法律行为是会归于无效的；其次，意思自治还要在公序良俗的框架内进行，即使法律没有效力性强制性规定，法律行为的内容也不得违背公共秩序与善良风俗，否则同样会被评价为无效；最后，强制缔约义务的兴起早已将意思自治笼罩于

---

〔1〕 参见梅夏英：《当代财产权的公法与私法定位分析》，载中国人民大学法学院《人大法律评论》编辑委员会编：《人大法律评论》第1辑，中国人民大学出版社2001年版，第231页。

民法全领域的浪漫幻想粉碎,私主体对于是否缔结法律关系并不一定拥有决定权。在消费者保护领域和劳动者保护领域更是如此,集体合同中的标准条款的设定绝非自愿协商所达成的。另外,普遍认可的意思自治原则在很大程度上只是契约法的基本原则,在诸如侵权法、不当得利法与无因管理法等其他制度中未必能得到合理解释。

利益说则是从法律关系的内容的视角来区分公法与私法,以公共利益为内容的为公法,以私人利益为目的为私法。该种区分标准与新主体说类似,实质上是将公法与私法的区分转化为了公共利益与私人利益的区分,并没有彻底地解决问题。公共利益与私人利益的区分本就是一团乱麻,更不用说一方以公共利益为目的,一方以私人利益为目的的情形。以政府采购为例,政府为维持国家机关的有效运转可以视为以公共利益为目的,而相对人只是想出售商品以获利,应该算是以个人利益为目的,在此种情形下,如何界定其应该由公法调整还是应该由私法调整存有疑问。

由此可知,并不存在一项非常明确的标准来区分公法与私法,仅凭借法律关系主体是否平等这一标准并不足以判断某一法律是属于公法还是私法。更为重要的是,与其执着于区分公法与私法,莫不如问一问此种区分在法律效果上究竟有何区别。对于上述因侦查人员与刑讯逼供受害人不属于平等主体因此不得适用《民法典》侵权责任编的质疑,同样如此,与其纠缠其属于公法还是私法,不如比较一下是否允许适用《民法典》侵权责任编的规定在法律效果上究竟有何差别。

具体来说,如果不允许适用《民法典》侵权责任编的规定,那么刑讯逼供受害人只能申请国家赔偿,前文已经指出国家赔偿对于刑讯逼供受害人权利救济的不足,即国家赔偿不仅门槛高、获赔率低、赔偿标准低,而且赔偿范围法定,一定程度上妨碍了刑讯逼供受害人获得权利救济。根据前文结论,允许刑讯逼供受害人向侦查人员追究民事侵权责任是符合民事法与刑事法的价值判断的,价值判断上具有正当性的制度难道仅仅因为其公法抑或私法的属性就被否定了吗?

以损害赔偿视角观之,公职人员侵害他人权益与私主体侵害他人权益并没有什么差别，两者之间只是在造成损害的加害行为上有一定差别，前者发生在执行公务过程中，后者发生在私人交往过程中，但这并不影响损害赔偿关系。例如，《日本国家赔偿法》第4条明确规定，“国家或公共团体的损害赔偿责任，除前3条规定的外，依民法的规定”。换言之，《日本国家赔偿法》被视为民法的特别法，所谓主体是否平等根本不影响其受民法调整。

总而言之，在公法与私法的区分日渐衰微的时代趋势下，公法私法化与私法公法化日益常见，事实上已经无法完全区分开公法与私法，因此单纯以并非平等主体之事由否定民法对于侦查人员与刑讯逼供受害人的调整是非常武断的，其结果只能导致刑讯逼供受害人权利无法得到救济。公法与私法的划分如果没有更为实质性的理由支持，即公法与私法在法律效果上的差别，而只是单纯区分调整范围，那么只会增加受害人的救济成本，这在价值判断上是难以接受的。

（二）平等原则在我国民法中的特殊含义

民法调整平等主体之间的人身关系与财产关系实际上是近几十年的提法，其源于20世纪民法与经济法调整范围的论战。1979年至1986年，《民法通则》颁布之前的7年，中国民法学界与经济法学界围绕民法与经济法的调整对象、经济法是否为部门法等问题展开了一场中国法学史上罕见的大论战。经济法学界以苏联的“纵横统一”理论为利器，立志在中国建立一个庞大的经济法体系，横跨传统行政法、民法与商法，并加上社会主义特有的计划法和价格法。“奄奄一息”的民法学界则以民商合一的理念为坐标全力收复自己的版图，全力恢复应有的地位和尊严。二者都志向远大，雄心勃勃，因此，一场旷日持久的大论战就不可避免了。[1]

在计划经济体制之下，民法长期处于受抑状态和边缘地位。列宁在给德·伊·库尔斯基的信中写道，“我们不承认任何‘私人’性质的东

〔1〕 参见孙沛成：《中国民法经济法论战初考》，载《国际关系学院学报》2009年第4期。

西，在我们看来，经济领域中的一切都属于公法领域，而不是什么私人性质的东西。我们容许的资本主义只是国家资本主义，而国家，如上所述，就是我们。因此必须对'私法'关系更广泛地运用国家干预；扩大国家废除'私人'契约的权力；不是把罗马法典，而是把我们的革命的法律意识运用到'民事法律关系'上去"。正是在这样的思想观念之下，苏联将调整财产关系的法律命名为经济法。斯图契卡所提出的"两成分法"理论是典型代表，其认为民法调整以自由竞争和无政府性为特征的私有经济关系，经济行政法（经济法）调整以计划性为特征的公有经济关系，在社会主义经济下，随着经济—行政法的出现，民法调整的范围将渐趋缩小并逐步消亡。他毫不掩饰地宣称，社会主义不承认买卖，只承认直接的供应，"在民法和经济—行政法之间进行着对抗性的斗争，因为在这些部门中出现了不可调和的阶级矛盾……它宣称私有制是民法的基础，从而否定了苏维埃民法等的社会主义本质"[1]。

改革开放前我国多有参考苏联法制模式。党的十一届三中全会提出了改革开放的任务，将工作重心转移到经济建设上来，在立法领域最先发展起来的是经济法而非民法。当时民法所面临的最重要的理论困难就是其调整对象不明确——没有独立的调整对象就难以被称为一个独立的法律部门。当时经济法支持者普遍认为经济法既调整纵向的经济管理关系，也调整横向的交换关系，因此并无民法的生存空间。在此种背景下，民法不得不从大经济法的调整对象中"抢地盘"，以保证民法之独立性。正是在这样的实践需求之下，民法调整"平等主体关系"的观点（以佟柔教授的商品经济说为典型）应运而生，并最终获得论战胜利，被原《民法通则》所接受。在立法者看来，民法应调整平等主体之间的横向经济关系，包括买卖、租赁、运输等各种经济合同关系。用通俗的话说，在横向的经济关系中，当事人的法律地位是平等的。[2] 通过强调"民法主要调整平等主体之间的财产关系，即横向关系、经济关系"，使

---

〔1〕 孙沛成：《中国民法经济法论战初考》，载《国际关系学院学报》2009 年第 4 期。

〔2〕 参见顾昂然：《新中国民事法律概述》，法律出版社 2000 年版，第 13 页。

民法超越了亲属关系法，提供了市民生活的基本规则，实现了民法内部的统一，从法律思想方面承认了中国民法社会的存在，为中国经济的市场化改革和人的独立性提供了最为基础、也最为有效的法律保障。[1]

概言之，民法调整对象为平等主体之间的人身关系与财产关系这一观点的形成是为了取得民法与经济法论战的胜利而不得已所采取的权宜之计。而且，由于当时的论战主要集中在经济关系即财产关系领域，所谓民法调整对象不如说是财产法调整对象。彼时的观点放在今时今日可能已经不甚恰当，暂且不论其他，人身关系中的监护关系，尤其是父母对未成年子女的监护关系，就很难称得上是平等主体之间的人身关系。对此，徐国栋教授就明确指出，"平等原则之设，是我国老一辈民法学者把民事关系缩略成商品交换关系的产物，假设平等是实现交换的前提成立，这样的平等原则的效力范围也只及于买卖，顶多可扩及于互易，而民事关系远远不限于买卖和互易关系。所以，把平等原则定为民法的基本原则，犯了以偏概全的错误"[2]。

进入21世纪以来，社会主义市场经济体制已经是中国经济和社会转型的既定选择，市场在资源配置上的决定性作用已经得到认可并逐步落实，相应地，民法与经济法调整对象之争也早已成为尘封的历史，民法的独立性不再成为问题。[3] 因此，已经有不少学者开始检讨和反思民法的调整对象问题，有学者认为，"《民法通则》采纳'平等主体关系说'厘定民法的调整对象，混淆了事实与规范，将本是规范状态的平等视为调整对象事实层面的规定性，不仅存在因果倒置的逻辑错误，淡化民法对平等的追求，而且不能完成对民法调整对象的界定，并蜕变为法院逃避裁判责任的规范基础"，并为《民法典》调整对象条款提供了立法建议，"由于民法调整范围极其广泛，及于人们经济生活和社会生活的全

---

[1] 参见蔡立东：《"平等主体关系说"的弃与留——未来〈民法典〉调整对象条款之抉择》，载《法学论坛》2015年第2期。

[2] 王利明总主编，徐国栋：《中国民法典争鸣：徐国栋卷》，厦门大学出版社2018年版，第250页。

[3] 参见蔡立东：《"平等主体关系说"的弃与留——未来〈民法典〉调整对象条款之抉择》，载《法学论坛》2015年第2期。

部，调整对象之间又存在无法通约的分殊，立法无法通过确定形式化的标准来完成民法调整对象的最终划定。因此，随着国家权力在经济和社会生活中的逐渐淡出，对于我国未来《民法典》而言，以‘平等主体关系说’厘定调整对象实为立法选择的下策，因此必须被排除在《民法典》立法的选项之外。以此为前提，上策是打破部门法对调整对象的先期忠诚，采取确立其他法部门调整对象之负面清单的立法模式《民法典》不再设置调整对象条款，敞开民法的作用空间，落实民法的本位法地位；中策则是对民法调整对象作空洞化处理，从中抽离平等主体等实质内涵，《民法典》仅规定‘中华人民共和国民法调整自然人之间、法人之间、自然人和法人之间的财产关系和人身关系’”〔1〕。

此外，还有学者对于平等原则是否应该作为一项民法基本原则进行了探讨。韩光明认为，平等原则不具有规范性，无法进入司法程序，并没有实质意义。〔2〕丁晓东也认为平等原则是18~19世纪人类对自己认识有误的产物，过于相信理性的力量。在我国，平等原则是商品经济的民法观的产物，而现在这些认识和条件都已改变，让人得出“地基已崩，建物何存”的推论。现代民法一些规范设计的基点就是不平等，如监护人责任、机动车责任、产品责任、高度危险来源责任等。劳动法、消费者保护法都以不平等为基础打造，个人信息保护法也是如此。所以，现代民法面临的是如何调整不平等关系的问题。孙文祯更是旗帜鲜明地指出：按照新的私法观，私法不仅可以调整平等主体之间的关系，也完全可以调整不平等主体之间的关系。〔3〕

由此可见，平等原则在我国民法中有其特有的历史渊源，其在《民法典》中的延续只是一种历史的惯性使然。严格意义上，除了财产关系（尤其是在合同关系中），民法所调整的其他社会关系并不是绝对平等

〔1〕蔡立东：《“平等主体关系说”的弃与留——未来〈民法典〉调整对象条款之抉择》，载《法学论坛》2015年第2期。

〔2〕参见韩光明、丁利：《对话二：立法追求、法律技术与民法典编纂》，载《交大法学》2016年第4期。

〔3〕徐国栋：《〈民法总则〉后我国民法基本原则理论研究述评》，载《法治研究》2022年第1期。

主体之间的社会关系。实际上，我国民法上的平等原则主要是指自愿原则。更重要的是，自愿原则本就是只适用于合同关系的原则，将其扩展适用至其他社会关系并不适当，尤其是在因侵权行为而形成的社会关系中，侵权行为人与受害人之间的关系不可能是自愿形成的社会关系，因此在此种关系中，所谓平等关系意义不大。

（三）公务侵权责任与民法的历史渊源

其实，只要熟悉我国国家赔偿责任的立法沿革，或许就不会产生前述质疑。因为国家赔偿责任一开始就规定在我国民法中，1994 年制定《国家赔偿法》时才将其单列出去。既然国家赔偿责任一开始就是规定在民法中的，国家与赔偿请求权人的关系就可以为民法所调整，更何况侦查人员与刑讯逼供受害人之间的关系呢？以下简单介绍一下我国国家赔偿责任的立法沿革。

我国第一部宪法即 1954 年《宪法》第 97 条规定："中华人民共和国公民对于任何违法失职的国家机关工作人员，有向各级国家机关提出书面控告或者口头控告的权利。由于国家机关工作人员侵犯公民权利而受到损失的人，有取得赔偿的权利。"虽然该条并未明确赔偿义务人为国家机关工作人员还是国家机关或国家，不过如果认为该条第一句和第二句之间存在递进关系，那么便可将其解释为只承认因国家机关工作人员侵犯公民权利而受到损失的人对于该国家机关工作人员的求偿权。[1] 这符合文义解释，是从认为国家无责任到逐渐承认国家赔偿责任的制度发展路径。不过，需要注意的是，虽然该条未明确承认国家赔偿责任的性质，但依据该条，部分法律法规和政策对冤狱赔偿作出了相

---

〔1〕 学者对于该条文含义有不同的解读：有学者认为该条只承认公民对公务人员的赔偿请求权。参见周雷：《国家赔偿中民法规范的适用》，载《法学论坛》2020 年第 7 期。有学者认为该条在根本法的层面对国家赔偿责任予以确认，并为《国家赔偿法》的立法提供宪法的基础。参见肖登辉、黄聪：《国家赔偿制度的演进：从"分离"到"回归"》，载《理论月刊》2020 年第 4 期。不过该文对于 1954 年第 97 条条文引用有误，在句尾"有取得赔偿的权利"中添加了"国家"二字，即"有取得国家赔偿的权利"，或许正是因此失误，该文作者产生了误读。笔者支持前一种观点。

应规定。例如，1956 年颁布的《司法部关于冤狱补助费开支问题的答复》、1963 年颁布的《劳动部关于被甄别平反人员的补发工资问题》等，这些规范性文件都在一定程度上带有国家赔偿责任的性质。[1]

1975 年《宪法》与 1978 年《宪法》均将该条删除，长期以来，未能及时制定一部基本法律集中对国家赔偿作出更细致、更具体的规定，在"文化大革命"以前，国家赔偿基本上没有实行过。[2] 在"文化大革命"以后，国家制定了一些政策，并相应地采取了一些措施对损害加以补救。平反工作系统展开，通过恢复职务、补发工资、支付医疗费、死亡赔偿金等形式，国家在一定程度上承担了责任，[3]此类实践对国家赔偿提出了制度化要求，从而成为我国国家赔偿立法的一个重要动因。

直到 1982 年《宪法》第 41 条才重新对此加以规定，内容基本没有变化。不过该内容虽然在《宪法》上重新进行了规定，但更多的是理论宣示之意义，将其具象化为部门法之规定，才能更具体地维护因国家机关或国家机关工作人员侵犯公民权利而受到损失的人的利益。1986 年《民法通则》第 121 条完成了此项任务，该条规定："国家机关或者国家机关工作人员在执行职务中，侵犯公民、法人的合法权益造成损害的，应当承担民事责任。"相比于 1982 年《宪法》第 41 条与 1954 年《宪法》第 97 条，1986 年《民法通则》第 121 条明确了赔偿义务主体系国家机关或者国家机关工作人员。不过，究竟由国家机关还是由国家机关工作人员承担赔偿责任还是存在争议。好在 1988 年《最高人民法院关于贯彻执行〈中华人民共和国民法通则〉若干问题的意见（试行）》（已失效，以下简称《民通意见》）第 152 条很快便澄清该项争议，该条规定："国家机关工作人员在执行职务中，给公民、法人的合法权益造成损害的，国家机关应当承担民事责任。"也就是说，《民通意见》第 152 条否定了国家机关工作人员的公务侵权责任，仅承认国家赔偿责任。

---

[1] 参见江必新、梁凤云、梁清：《国家赔偿法理论与实务》，中国社会科学出版社 2010 年版，第 94 页。

[2] 参见江必新：《国家赔偿法原理》，中国人民公安大学出版社 1994 年版，第 18~19 页。

[3] 参见高家伟：《国家赔偿法》，商务印书馆 2004 年版，第 51~52 页。

至此,1982年《宪法》第41条、1986年《民法通则》第121条、《民通意见》第152条初步构建起我国国家赔偿责任的雏形,虽然说对国家赔偿责任的构成要件、赔偿范围、赔偿额的计算标准、提出赔偿请求的程序、赔偿费用的负担以及赔偿请求权的诉讼时效等事项均未规定,但至少为受害人提供了救济渠道。

此后,1989年《行政诉讼法》在第9章"侵权赔偿责任"中用三个条文即第67条、第68条、第69条规定了行政赔偿制度。具体而言,第67条承认具体行政行为受害人有权请求赔偿、行政赔偿可以调解、赔偿程序行政前置、对行政机关的处理不服再通过行政诉讼解决。第68条明确行政赔偿责任主体系行政机关而非行政机关工作人员,并赋予行政机关对故意或者重大过失的行政机关工作人员追偿权。该条延续《民通意见》第152条之立场,不再承认行政机关工作人员的赔偿责任,只承认行政机关的赔偿责任。第69条规定赔偿费用列入各级财政预算。

有学者认为,1989年《行政诉讼法》的这两条〔1〕规定标志着我国首次通过专门法律明确设定了国家的行政赔偿责任,即国家行政机关或者行政工作人员对其行政侵权行为,应当承担有别于民事侵权责任的、公法性质的赔偿责任。1989年《行政诉讼法》的规定可以视为中国行政赔偿制度的开端〔2〕。所谓应当承担有别于民事侵权责任的、公法性质的赔偿责任是指行政赔偿责任性质的改变,而非责任人在1986年《民法通则》第121条国家赔偿责任外还需要承担行政赔偿责任。

1989年《行政诉讼法》施行后,1986年《民法通则》第121条与1989年《行政诉讼法》实际上形成一定分工,1989年《行政诉讼法》负责调整行政赔偿的国家赔偿责任,而1986年《民法通则》第121条负责调整除行政赔偿外的其他国家赔偿责任,主要是司法赔偿责任,〔3〕直到1994年《国家赔偿法》才将两者统一,这也意味着国家赔偿责任从民事侵权

〔1〕"这两条"指1989年《行政诉讼法》第67条、第68条。——笔者注

〔2〕杨寅:《我国行政赔偿制度的演变与新近发展》,载《法学评论》2013年第1期。

〔3〕关于1986年《民法通则》第121条与1989年《行政诉讼法》关系的梳理,参见周雷:《国家赔偿中民法规范的适用》,载《法律适用》2020年第7期。

责任领域退场。

从我国国家赔偿责任的立法沿革不难看出,国家赔偿责任在1986年《民法通则》中无非就是一种特殊的民事侵权责任,这表明构建公职人员民事侵权责任制度是有其历史合理性的。而且,这种由民法规定国家公法责任的制度设计并非个案,在域外立法例中也得到体现。例如,《德国民法典》第839条规定了违反职务行为的侵权责任。[1]

(四)小结

法律关系主体是否平等已经不是公法与私法划分的合适标准,更何况公法与私法之区分日渐衰微,相比于法律部门的划分,更为重要的是法律效果的差别。从刑讯逼供受害人权利救济视角来看,任何法律部门的划分都不能成为阻止刑讯逼供受害人获得权利救济的理由,仅仅因为侦查人员与刑讯逼供受害人是不平等主体,便将之划入公法范畴,其结果只会导致刑讯逼供受害人无法获得其本应该获得的救济。相反,将之划入私法范畴,便可以使刑讯逼供受害人权利获得充分的救济。

平等原则在我国民法发展史中有其特殊含义,其是民法与经济法论战中的权宜之计,于当下来看,则不免以偏概全。严格意义上来说,平等原则只是合同关系的基本原则,而非全部民法关系的基本原则。换言之,民法的调整范围不限于平等主体之间的人身关系与财产关系。

国家赔偿责任一度规定在我国民法中,说明国家赔偿责任作为一种私法责任有其历史合理性,而且从1994年国家赔偿责任脱离民法以来的司法实践来看,将之视为公法责任并排斥参与刑讯人员民事侵权责任

---

[1] 《德国民法典》第839条规定:"1.(1)公务员故意或过失违背其对第三人所负之公务上义务者,应赔偿该第三人因此所生之损害。(2)公务员仅为过失者,仅于被害人不能依其他方法请求赔偿时,始应受赔偿之请求。2.(1)公务员于法律案件之裁判违背其公务上义务者,于其义务之违背构成刑事犯罪行为时,就因此所生之损害负其责任。(2)本项规定不适用于违反义务之拒绝或迟延执行公务。3.被害人故意或过失不采取法律救济方法而除去损害者,不生赔偿义务。"如无特别说明,本书《德国民法典》相关条文都来自台湾大学法律学院、台大法学基金会编译:《德国民法典》,北京大学出版社2017年版。

的结果是刑讯逼供受害人难以获得充分救济。就此而言，重新回到私法责任的定位或许更为合理。

上述理由足以回应不平等主体不得适用《民法典》侵权责任编的质疑。

二、国家赔偿责任与公职人员民事侵权责任的互补关系

国家赔偿责任并不排斥民事侵权责任，除非在法律效果上出现同一损害重复填补的情形，抑或在构成要件上承认《国家赔偿法》已全面吸收了《民法典》的责任构成逻辑，后者不必再重复评价。[1] 以下分析表明，国家赔偿责任与民事侵权责任并不完全重合，前者的适用范围远不及后者周延，其间的“真空地带”有待以民事侵权责任的形式填补。

《国家赔偿法》与《民法典》的责任构成逻辑确有高度重合。面对侦查人员在讯问过程中滥用职权，造成被讯问人损害，被讯问人欲寻求赔偿的案件事实，以民法视角观之，容易联想到的法律依据是《民法典》第1191条第1款，该款规定：“用人单位的工作人员因执行工作任务造成他人损害的，由用人单位承担侵权责任。用人单位承担侵权责任后，可以向有故意或者重大过失的工作人员追偿。”据此，侦查人员作为侦查机关这一“用人单位”的“工作人员”，在执行侦查任务的过程中造成犯罪嫌疑人损害，应由侦查机关承担责任。侦查机关在承担责任后，可向侦查人员追偿，犯罪嫌疑人不得直接向侦查人员个人主张侵权责任。《民法典》第1191条第1款之规定，在侵权责任体系中的特殊性表现为“侵权行为实施主体和侵权责任承担主体的分离”。这一区分的正当性又在于，行为人与责任人之间存在监督和管理的关系，行为人之所以有机会实施侵权行为，正是因为监管义务人未能充分尽到监督、管理的注意义务。[2]

《国家赔偿法》的内在逻辑与上述推理几乎完全一致。申言之，在

---

〔1〕 类似观点，参见周江洪：《侵权赔偿与社会保险并行给付的困境与出路》，载《中国社会科学》2011年第4期。

〔2〕 参见王利明：《论我国侵权责任法分则的体系及其完善》，载《清华法学》2016年第1期。

责任构成上，侦查人员在行使职权时刑讯逼供或者以殴打、虐待等行为或者唆使、放纵他人以殴打、虐待等行为造成被讯问人身体伤害或者死亡的，刑讯逼供受害人有权取得国家赔偿（第17条）；侦查机关为赔偿义务机关（第21条），其承担责任后应当向侦查人员个人追偿（第31条）。就责任转嫁的正当性而言，侦查人员之所以能够进行刑讯逼供，是因为其承担侦查职责，侦查机关当然对侦查人员的履职行为负有监督和管理的义务。在此意义上，刑讯逼供受害人不得向侦查人员个人主张赔偿的推论，亦完全符合《民法典》的体系与逻辑。

对《国家赔偿法》与《民法典》的这一高度重合有两种可能的解释：其一，《国家赔偿法》有独特的责任构成逻辑，只是恰好与《民法典》相似，且之所以规定在刑讯逼供受害人能够主张国家赔偿时，不允许其主张个人赔偿，是为了避免同一损害被重复填补。其二，《国家赔偿法》完全沿用了《民法典》的责任构成逻辑，作为《民法典》的转译而存在，故不必再援引后者以防止重复评价。

以上两种解释皆可自洽，也均可说明在刑讯逼供受害人得主张国家赔偿责任的前提下，不必再为其提供民事侵权救济。但问题在于，《国家赔偿法》上述规定的适用门槛显著高于《民法典》关于用人单位责任的规定，由此，国家赔偿的周延性也远不及后者。换言之，仍存有非重复填补或非重复评价的地带，留待民事侵权制度填补。仅从《国家赔偿法》第17条的文义来看，为刑讯逼供受害人提供国家赔偿不以审判监督程序的启动或者再审改判为前提。然而，在冤狱案件中，刑讯逼供受害人如果不首先通过审判监督程序推翻有罪判决，恐怕连“自证清白”都无法实现，遑论引起国家机关或社会公众对冤狱成因（刑讯逼供）的关注，更难以期待法院判处相关人员刑讯逼供罪。刑讯逼供的事实无法认定，国家赔偿自然无从获取。如此一来，经由再审改判无罪在一定程度上成了国家赔偿事实上的前提条件。一方面这极有可能导致办案机关为逃避赔偿义务，尽量不启动审判监督程序；[1]另一方面其加重了刑讯

---

〔1〕 参见陈永生：《冤案为何难以获得救济》，载《政法论坛》2017年第1期。

逼供受害人寻求国家赔偿的“举证”负担。

公职人员民事侵权责任制度存在的必要性，正在于国家赔偿相对于民法上用人单位赔偿更为严格的适用前提。借用构成要件（Tatbestand，T）及构成要件要素（Tatbestandsmerkmale，M）的概念，或许能更为形象地予以说明。欲援引《民法典》第1191条第1款的规定，须具备以下要素：侵权行为的存在（M1）、损害的发生（M2）、行为与损害间有因果关系（M3）、损害在工作人员执行工作任务时造成（M4），此后即可主张侵权责任，即T1＝M1+M2+M3+M4。如果要主张国家赔偿，除了行为本身要符合侵权责任的构成要件，受害人还必须同时具有因刑讯逼供而导致的有罪判决，因此，需要同时满足M1～M5这五个构成要件要素，才能主张国家赔偿，即T2＝M1+M2+M3+M4+M5。其中，M5为刑讯逼供受害人的有罪判决。然而，仅满足前四项要素虽不能主张国家赔偿，却可在民法上构成一项用人单位责任（T1＝M1+M2+M3+M4），丝毫不予救济，势必形成法律评价的“真空地带”，失之偏颇。[1] 如果不予救济的原因，在于由国家机关承担责任的严格性，那么也不应当“一刀切”地阻断刑讯逼供受害人寻求赔偿的所有途径，允许其向侦查人员个人主张赔偿，既不会造成重复填补，也不会构成重复评价，毕竟《国家赔偿法》在此已选择了沉默，不失为可取之道。

在《民法典》侵权责任编第一章的“一般规定”中，已经规定了一般侵权行为的构成，以及行为人应当承担侵权损害赔偿责任的其他构成要件的情况下，探讨是否需要构建公职人员民事侵权责任制度，就要研究这一制度与一般民事侵权责任制度之间的差异是什么，以及这些差异是否使该制度无法满足民事法律的体系强制之要求。这一区别主要在于公职人员民事侵权责任制度调整的是刑讯逼供受害人与侦查人员之间的关系，即行为主体的差别上。这里需要重点关注公职人员民事侵权责任制度，即以侦查人员和刑讯逼供受害人为侵权损害赔偿责任关系主体

---

〔1〕 此处借鉴了许德风教授关于请求权基础的一般性说明。参见许德风：《法教义学的应用》，载《中外法学》2013年第5期。

的这种模式,是否能够满足主体适格的要求。[1]

《民法典》侵权责任编第三章的规定是关于侵权责任主体的特殊规定,其中第 1191 条第 1 款规定:"用人单位的工作人员因执行工作任务造成他人损害的,由用人单位承担侵权责任。用人单位承担侵权责任后,可以向有故意或者重大过失的工作人员追偿。"要确定侦查人员进行侦查活动时的侦查行为是否能够被《民法典》第 1191 条第 1 款所涵摄,首先应当明确侦查人员与侦查机关的关系是不是工作人员与用人单位的关系。《劳动法》第 2 条规定:"在中华人民共和国境内的企业、个体经济组织(以下统称用人单位)和与之形成劳动关系的劳动者,适用本法。国家机关、事业组织、社会团体和与之建立劳动合同关系的劳动者,依照本法执行。"依据《劳动法》第 2 条之规定,国家机关并非用人单位,《劳动法》也仅仅调整国家机关和与国家机关建立了劳动合同关系的劳动者之间的关系。如果依据本条规定推演,可以得出侦查机关与侦查人员之间的关系,并非用人单位与工作人员之间的关系的结论。因此,如果用《劳动法》中"用人单位"的定义,来解读《民法典》第 1191 条第 1 款中的"用人单位",那么结果是侦查机关与侦查人员之间的关系,并非用人单位与工作人员之间的关系,从而不得适用《民法典》第 1191 条第 1 款的规定处理侦查机关与侦查人员之间的侵权纠纷。

以上是从文义解释的角度理解《民法典》第 1191 条第 1 款的规定,但如果从目的解释的角度对该条文进行解读,会有不同的解释结果。依据传统理论,侵权法的立法目的,旨在权衡行为自由与权益保护、填补损害以及预防损害的发生。[2]《劳动法》的立法目的则是区分一般的民事关系与作为特殊的民事关系的劳动关系,并为后者提供特殊的保护。[3] 侵权法强调受损人的权利保护,令用人单位代替工作人员承担损害赔偿责任,目的正是在于为受损人提供充分的法律救济。《劳动

---

[1] 参见王泽鉴:《侵权行为》(第 3 版),北京大学出版社 2016 年版,第 501~502 页。

[2] 参见王泽鉴:《侵权行为》(第 3 版),北京大学出版社 2016 年版,第 7~11 页。

[3] 参见郑尚元、王艺非:《用人单位劳动规章制度形成理性及法制重构》,载《现代法学》2013 年第 6 期。

法》则有所不同:如果说侵权法调整的是组织体与外部人员的关系,那么《劳动法》调整的则是组织体内部的关系。因此,从侵权法与劳动法各自的立法目的来看,通过前述文义解释的方式来处理问题未必妥当。

申言之,《民法典》第1191条第1款确认的是工作人员在执行工作任务的过程中,因为执行工作任务而给他人造成了损害,对应的侵权责任就应当由分配工作任务的用人单位进行承担的规则。其具体立法理由可以从以下两个方面展开:

其一,工作人员执行用人单位分配的任务,实际上是受用人单位的指示,处理用人单位的事务。这种指示包括工作人员从事一定劳务的时间、地点及方式,得为概括或者具体指示。因工作任务的内容由用人单位确定,所以工作任务的实行是否会给他人造成损害,也应由工作单位予以判断。如果法律令工作人员为自己在执行工作任务过程中造成的损害承担侵权责任,不啻要求工作人员自己判断自己被分配的工作任务是否妥当。在这样的语境下,用人单位与工作人员之间,无论是在法律上还是经济上,都并非平等的关系。工作人员往往在技术、经济等方面的实力,均不及于用人单位,用人单位才是判断工作任务之妥当与否的最佳主体,所以也应当是责任承担主体。[1]

其二,工作任务处理完成的直接受益人也并非工作人员自己,而是用人单位。他人委托用人单位办理事务,通常基于委托合同等合同关系,合同关系具有相对性,所以他人只需要向用人单位支付对价,而不需要向工作人员支付酬劳。工作人员获得薪酬,是基于其与用人单位之间的劳务合同或者劳动合同等。因此,工作任务完成的直接受益人是用人单位,而非工作人员。所以用人单位应当对该他人承担注意义务。

综上所述,应当要求用人单位充当工作任务是否妥当的判断者,并且为自己的判断承担责任。当然,工作人员如果是因为自己的重大过失或者故意,在执行工作任务时造成了他人的损害则另当别论。实际上,在这种情况下,工作人员已经远远脱离了用人单位的指示,而是基于自

---

〔1〕 参见王泽鉴:《侵权行为》(第3版),北京大学出版社2016年版,第502~503页。

己的故意或者重大过失，当然应当承担责任。

具体到能否建立公职人员民事侵权责任制度的问题上，一种可能的观点是：侦查机关指示侦查人员进行非法取证的情形，即使不能直接适用《民法典》第1191条第1款的规定，也应当参照适用。原因在于，当非法取证是侦查机关指示侦查人员进行的情形下，侦查人员受制于侦查机关的约束，应当恪尽职守，遵守侦查机关的指示，执行被分配的取证任务，并不需要也不能够对侦查任务是否妥当进行判断，这就与《民法典》第1191条第1款之规定的立法理由基本取得了一致。并且即便参照适用该条文规定，对应的法律效果从民法上来看，也并无不妥：刑讯逼供受害人事后依然能够寻求损害赔偿救济，只不过责任主体并非进行了刑讯逼供的侦查人员个人，而是侦查机关。

或许正是基于这样的理由，《国家赔偿法》第21条第1款明确了刑讯逼供下的赔偿义务主体为机关而非个人，该款规定："行使侦查、检察、审判职权的机关以及看守所、监狱管理机关及其工作人员在行使职权时侵犯公民、法人和其他组织的合法权益造成损害的，该机关为赔偿义务机关。"再结合该法第17条以及第31条第1款之规定[1]，不难看出依据《国家赔偿法》之规定，侦查机关在向刑讯逼供受害人进行了损害赔偿以后，可以向实施了刑讯逼供的侦查人员进行追偿。可见在《国家赔偿法》中，无论是关于赔偿义务主体的规定，还是赔偿义务主体在进行赔偿后，向具体行为人追偿的规定都与《民法典》第1191条第1款之规定保持了逻辑上的一致。

尽管上述推理结果同时满足了刑讯逼供受害人的求偿需求以及法律逻辑之周延，但需要注意的是，这样的法条规定及立法逻辑很少真正发挥其制度功用。所以可以说，如果要真正建立"有效的"公职人员民

---

[1] 《国家赔偿法》第17条规定："行使侦查、检察、审判职权的机关以及看守所、监狱管理机关及其工作人员在行使职权时有下列侵犯人身权情形之一的，受害人有取得赔偿的权利：……（四）刑讯逼供或者以殴打、虐待等行为或者唆使、放纵他人以殴打、虐待等行为造成公民身体伤害或者死亡的；（五）违法使用武器、警械造成公民身体伤害或者死亡的。"第31条第1款规定："赔偿义务机关赔偿后，应当向有下列情形之一的工作人员追偿部分或者全部赔偿费用：（一）有本法第十七条第四项、第五项规定情形的……"

事侵权责任制度,还须进一步探讨是否有充足的理由说明该制度不需要时时满足这一体系强制的要求,而可以被当作与现行法所规定的例外情形对待。

立法者在制定《民法典》第 1191 条第 1 款时,所设想的情形与公职人员民事侵权责任制度的适用情形并不相同。《民法典》第 1191 条第 1 款之所以要求用人单位而非工作人员承担损害赔偿责任,盖因用人单位在技术、经济等方面处于优势地位,更易于判断工作任务是否妥当,同时工作任务完成的直接受益人也并非工作人员个人,而是用人单位。因此,判断工作任务是否妥当,就应该是用人单位分内之事。

但是,侦查机关与进行刑讯逼供/非法取证的侦查人员并没有类似关系,仅就侦查任务是否妥当的判断而言,需要作出的技术性判断是非法取证行为是否会侵犯公民的基本权利,或者由公民的基本权利具体化而成的民事权利。即使是侦查人员个人,也完全能够进行这项判断。毕竟,侦查人员只有在通过了严格专业训练以及长期积累实务经验以后才能够任职。同时,公民的基本权利,尤其是人格尊严权以及人身自由权,也具有较强的辨识度。

另外,侦查任务完成的直接受益人并非侦查机关,或者说在这种情形下,根本不存在所谓的直接受益人。侦查任务的完成,以案件查明为标志。案件的查明能够回应社会公众对案件的关注,有利于社会安全的维持。可以说人人皆为间接受益人,并不存在直接受益人。即使是被讯问人自己,如果其被证实与侦查机关所怀疑的犯罪无关,也只是被澄清了本来的真相,而无任何额外的获益。所以在用人单位直接获益而工作人员并无直接获益这一点上,《民法典》第 1191 条第 1 款规定的情形,也与公职人员民事侵权责任制度下的情形截然不同。综合以上两点,《民法典》第 1191 条第 1 款规定的情形与公职人员民事侵权责任制度下的情形有根本性差别。这种差别足以使公职人员民事侵权责任制度不受《民法典》第 1191 条第 1 款规定的一般情形之约束,而被当作特殊情形对待。

进言之,如果发生侦查机关“指示”侦查人员对被讯问人进行刑讯逼供的情况,则无论是这种"指示"的作出还是执行,都完全不应看作正常行使侦查权的行为——该权力之运行需要严格遵守《刑事诉讼法》及相关法律及司法解释之规定,自不待言。质言之,可以说此时的侦查人员与一般"公民"无异。这样的情形与《民法典》第 1191 条第 1 款规定的情形截然不同,而与一般侵权行为发生的情形不具有实质性的差别。

综合以上论述可以得出结论:公职人员民事侵权责任制度符合主体适格的要求,能够通过民事法律之体系强制要求的检验。从民事法律上看,建立公职人员民事侵权责任制度是可行的。

第四节 小 结

构建公职人员民事侵权责任制度在价值判断层面是正当的。一方面,在民事法价值判断层面,刑讯逼供受害人之权利保护优先于侦查人员之行为自由符合民事法通常的价值判断标准,因为任何人的行为自由都以不侵害他人合法权益为前提。另一方面,在刑事法价值判断层面,刑讯逼供受害人之权利保护优先于侦查权之行使符合刑事法通常的价值判断标准,因为自白任意性规则要求侦查权之行使不得侵犯被讯问人员的基本权利。

构建公职人员民事侵权责任制度在法教义学层面是正当的。一方面,民法的调整范围并不限于平等主体之间的人身关系与财产关系,因此公职人员与刑讯逼供受害人之间的关系当然为《民法典》侵权责任编所调整。只要能在更大程度上实现对刑讯逼供受害人的救济,无论认定为公法责任还是私法责任都无关紧要。在现行《国家赔偿法》具有一定弊端的前提之下,将国家赔偿责任界定为私法责任是更为合理的。另一方面,在国家赔偿责任与公职人员民事侵权责任均为私法责任的前提下,二者并非互斥关系,而是互补关系。

第四章　公职人员民事侵权责任制度的域外实践

本章将目光转向域外规定，以美国联邦官员和州官员的公务侵权民事侵权责任制度为例，予以详细记述。具体而言，本章第一节介绍美国联邦官员的民事侵权责任，第二节介绍美国州官员民事侵权责任。

第一节　美国联邦官员民事侵权责任

美国1946年《联邦侵权索赔法》(Federal Tort Claims Act, FTCA)与1988年《联邦雇员责任改革和侵权赔偿法》(Federal Employees Liability Reform and Tort Compensation Act，也被称为Westfall Act，以下简称WA)对美国联邦官员的公务侵权追责模式影响甚大。简单来说，1946年FTCA颁布前，公务侵权受害人只能根据普通法追究联邦官员民事侵权责任，而不能起诉联邦政府追究联邦政府的国家赔偿责任，最多可以通过请愿(petition)请求国会颁布一项私人法案(private bill)补偿其损失。1946年FTCA颁布后，在不重复赔偿的前提下，公务侵权受害人既可以根据普通法追究联邦官员民事侵权责任，又可以根据FTCA追究联邦政府的国家赔偿责任。当然，由于联邦政府的偿付能力更强，因此联邦政府成为联邦官员公务侵权责任的主要承担者。1988年WA颁布后，公务侵权受害人不得再根据普通法追究联邦官员普通法侵权行为的民事侵权责任,只能根据 1946 年 FTCA 起诉联邦政府追究联邦政府的国家赔偿责任,联邦政府成为联邦官员普通法侵权行为的唯一可诉被告。不过,公务侵权受害人还可以根据宪法追究联邦官员宪法侵权行为的责任。因此,本节将美国联邦官员民事侵权责任分为三个阶段:FTCA 颁布前的联邦官员民事侵权责任、FTCA 颁布后 WA 颁布前的联邦官员民事侵权责任、WA 颁布后的联邦官员民事侵权责任。

一、FTCA 颁布前的联邦官员民事侵权责任

美国早期的联邦官员民事侵权责任,源于英国普通法。英国普通法认为政府官员并没有任何特权,官员与普通民众地位相同。“在英国,法律平等观念,或一切阶级普遍服从由普通法院执行的同一法律的观念,推进到最大的限度。对我们来说,一切官员,从首相开始直到一个警察或一个征税员在内,对没有法律根据的行为,负担和其他公民一样的责任。”[1]因此,官员执行公务时的违法行为被认为是私人的行为,不能享受官员豁免的待遇,必须和私人一样接受普通法院的审判。1703 年,在英国高等法院的一个判决中,首席法官霍尔特甚至认为:“假如官员侵犯群众的权利,他应当比一般人负担更大的赔偿责任,以威慑和制止其他官员发生同样的行为。”[2]

在 FTCA 颁布之前,公务侵权受害人根据普通法追究美国联邦官员民事侵权责任最具代表性的案例莫过于利特尔诉巴雷梅案[3]。

乔治·利特尔是马萨诸塞州人,在 1798~1801 年美法准战争期间担任美国海军上尉。美法准战争源于长期的紧张局势,而这种紧张局势根植于法国和英国之间的冲突。美国试图保持中立,但法国官员认为 1778 年美法签订的条约使法国有权得到美国的支持。另外,法国还认为 1794 年的《杰伊条约》(Jay's Treaty)使美国在该冲突中与英国结盟。到 1798 年,法国拒绝尊重美国的中立,再加上法国侮辱美国外交官,多

---

〔1〕 王名扬:《美国行政法》,中国法制出版社 2005 年版,第 810 页。

〔2〕 王名扬:《美国行政法》,中国法制出版社 2005 年版,第 810 页。

〔3〕 Little v. Barreme,6 U. S. (2 Cranch) 170 (1804).

重因素叠加，亚当斯总统宣布美国进入战争状态。美国国会后续还通过了一系列反制法案，其中包括中止1778年美法条约的法案、授权扣押法国船只的法案、驱逐外国人的法案以及禁止美国商船与法国港口进行商业往来的法案。乔治·利特尔作为美国海军"波士顿"号护卫舰的指挥官，受命执行美国1798年颁布的《禁止往来法案》(Non-Intercourse Act)，限制美国商船与西印度群岛上的法国港口进行贸易。该法案规定："凡是被抓到驶往法国港口的美国船只，一律予以没收。"在执行任务前，美国海军部长指示指挥官们要避免伤害美国与其他国家的正常贸易，但他也警告说，美国商船可能冒充丹麦或其他外国船只。[1]

1799年12月初，带着这些指示，乔治·利特尔拦截了从法国港口杰拉米(Jeremie)驶往丹麦殖民地圣托马斯(St. Thomas)的"飞鱼"(Flying Fish)号商船。"飞鱼"号的主人表现得很可疑，在追捕过程中，他把船上的日志和文件扔到了海里，而且在接受审问时，他用带着美国口音的地道英语声称丹麦对"飞鱼"号拥有所有权。乔治·利特尔由此很自然地断定"飞鱼"号是一艘冒充丹麦船的美国船，于是他命令"波士顿"号的一部分船员将"飞鱼"号开至波士顿港，在那里联邦法院将根据海事程序规则进行没收诉讼。如果裁定没收"飞鱼"号，销售"飞鱼"号和货物所得的资金将由美国政府和"波士顿"号的船员平分，乔治·利特尔和"波士顿"号的船员们希望能通过分享这些资金来增加他们的收入。"波士顿"号船员的年薪可能在1000美元到1800美元，但从销售"飞鱼"号和货物所得的资金中获得的收入可能超过1200美元，也就是说扣押一艘与法国港口进行贸易的美国商船几乎可以使年薪翻倍。

事与愿违，波士顿联邦法院根据相关证据认定，"飞鱼"号是由居住在丹麦殖民地的一名德国公民所拥有的，并不是美国商船，因此不能根据《禁止往来法案》没收。于是，船主对乔治·利特尔非法扣押船只提出了反诉。尽管地方法院以"飞鱼"号的可疑行为和乔治·利特尔的合

[1] See James E. Pfander & Jonathan L. Hunt, *Public Wrongs and Private Bills: Indemnification and Government Accountability in the Early Republic*, New York University Law Review, Vol. 85, p. 1862, 1878-1880 (2010).

理怀疑为由驳回了船主的索赔请求,但上诉法院推翻了这一判决,支持了船主的索赔请求,要求乔治·利特尔赔偿船主8000美元。上诉法院的理由是,《禁止往来法案》只授权拦截"驶往"法国港口的船只,但对"驶离"法国港口的船只只字未提。由于"飞鱼"号即将"驶离"法国港口,因此不得依据《禁止往来法案》扣押"飞鱼"号。而且即使"飞鱼"号是一艘美国商船,也不得在其驶离法国港口时扣押它。随后,乔治·利特尔又向联邦最高法院提出上诉,对损害赔偿金质疑。首席大法官马歇尔代表联邦最高法院发表了一项以坦率和严格适用海事侵权法著称的意见,确认了上诉法院的判决。

相比于上诉法院,马歇尔大法官注意到了更多的信息。的确,《禁止往来法案》只授权拦截"驶往"法国港口的船只,并未授权拦截"驶离"法国港口的船只。但海军部长将该法案的副本转交给各武装船只的指挥官时,其信里还附有额外的指示,该指示不仅要求指挥官们拦截"驶往"法国港口的船只,而且还要求拦截"驶离"法国港口的船只。那么联邦官员是否应该对执行该指示而造成的损害负责呢?海军部长的指示能使联邦官员的行为正当化吗?马歇尔大法官对该问题进行了深刻分析:[1]

> 我承认,我心中的偏见使我非常强烈地赞成这样一种观点,即尽管行政部门的指示不能赋予指挥官一种(将其行为正当化的)权利,但它仍然可以免除指挥官的赔偿责任。我倾向于认为,应当区分民事行为和军事行为,应当区分国内诉讼和公海诉讼。军人对上级命令的绝对服从,对每一种军事制度来说都是不可或缺的。在我看来,这种服从强烈地暗示着这样一种原则:这些命令如果不是为了执行被禁止的行为,那么那些依此命令行事的军人就是正当的,而且法律常常规定军人原则上必须服从这些命令。我强烈倾向于认为,如果指挥官只是单

[1] See Little v. Barreme, 6 U. S. (2 Cranch) 170 (1804).

> 纯服从合法当局的命令而扣押了船只，那么受害方应该针对发出命令的政府索赔。但我已经确信我错了，我已经放弃了最初的观点。我同意我的同事们的观点，即指示/命令不能改变行为本身的性质，也不能使一项行为合法化，如果没有这些指示，这将是一种明显的非法侵入(trespass)行为。因此没有必要调查“飞鱼”号的行为是否可疑以致乔治·利特尔有合理理由怀疑这是一艘美国船只，即使乔治·利特尔有合理理由怀疑这是一艘美国船只，其扣押“驶离”法国港口船只的行为就不违法了吗？甚至于即使“飞鱼”号真的是一艘美国船只，其扣押“驶离”法国港口船只的行为就不违法了吗？因此，乔治·利特尔船长必须对这艘中立船只的船主承担损害赔偿责任。

马歇尔大法官在该意见中放弃了“上级命令抗辩”(superior-orders defense)这一理由，认为即使存在“上级命令”也不能改变行为本身的性质，乔治·利特尔确实违法扣押了非美国商船，因此应当对船主承担损害赔偿责任。不过，必须提醒的是，乔治·利特尔并非责任的最终承担者，因为其承担赔偿责任后，可以请求国会颁布一项私人法案补偿其损失。[1] 事实上，乔治·利特尔也的确获得了补偿。

利特尔诉巴雷梅案并非个案，在美法准战争期间，美国海军军官扣押中立国家船只的案件频发，他们误以为被扣押商船是美国船，但事后查明并非如此。马歇尔大法官在联邦最高法院就任之前、尚任国务卿时，便接触过类似案件。1800年前后，其参与了与理查德·索德斯特罗姆的外交通信。理查德·索德斯特罗姆是丹麦船主保罗·保利的外交代表，而保罗·保利的商船在美法准战争中被威廉·马利船长错误扣押。与利特尔诉巴雷梅案如出一辙，联邦法院认定保罗·保利的商船不是美国商船，威廉·马利船长无权扣押。随后保罗·保利起诉威廉·马

---

〔1〕 See Paul Figley, *Ethical Intersection & the Federal Tort Claims Act: An Approach for Government Attorneys*, University of St. Thomas Law Journal, Vol. 8, p. 347, 348 (2011).

利船长要求赔偿损失,在巡回法院判决威廉·马利船长向保罗·保利赔偿7000美元后,威廉·马利船长不知所终。保罗·保利无法从威廉·马利船长处取得损害赔偿,只得委托理查德·索德斯特罗姆通过外交途径向美国政府请求赔偿。但时任国务卿詹姆斯·麦迪逊坚持任何赔偿都要等待最终的司法判决,认为威廉·马利船长尚有可能上诉,需等待三审终审结束后再讨论赔偿事宜。彼时威廉·马利船长不知所踪,詹姆斯·麦迪逊便指示宾夕法尼亚州联邦地区检察官亚历山大·达拉斯代表威廉·马利船长出庭。在终审判决宣布后,詹姆斯·麦迪逊敦促国会通过了一项私人法案,赔偿了保罗·保利的损失。[1] 保利诉马利案基本塑造了美国早期联邦官员公务侵权的赔偿模式,即先由受害人起诉联邦官员请求损害赔偿,然后由联邦官员请求国会颁布私人法案补偿其损失。当然,国会并非总是补偿联邦官员,只有在联邦官员善意服从上级命令或者善意履行职务时这一补偿才得以实现。

更重要的是,在FTCA颁布之前,美国法只允许公务侵权受害人起诉联邦官员,而禁止起诉联邦政府或美国本身。美国法之所以如此规定,主要系利益衡量的结果。"当一个人向美国或联邦政府提出金钱索赔时,涉及两项基本利益:(1)该个人获得公平对待和及时获得救济方面的利益;(2)联邦政府在相互竞争的公共需求中分配有限的公共预算进而保持民主控制的利益。基于这两种相互竞争的利益,一个基本的责任分配问题就产生了。"[2]那么在美国的分权体制下应该由哪一个部门处理这一问题呢?哪一个部门拥有平衡个人索赔利益和以有限预算实现公共福利利益的最终决定权呢?是拥有财政权的国会还是拥有裁判权的联邦法院?换句话说,对美国的索赔最终应该被视为国会的财政

---

[1] See James E. Pfander & Jonathan L. Hunt, *Public Wrongs and Private Bills: Indemnification and Government Accountability in the Early Republic*, New York University Law Review, Vol. 85, p. 1862, 1897-1902(2010).

[2] Floyd D. Shimomura, *The History of Claims against the United States: The Evolution from a Legislative Toward a Judicial Model of Payment*, Louisiana Law Review, Vol. 45:3, p. 625 (1985).

问题,还是法院的法律问题,又或者介于两者之间?[1] 乍看上去,这显然属于纠纷解决的法律问题,应该由联邦法院处理。但是,如果由联邦法院解决该问题,那么联邦法院便可以强制执行公共财产,而《美国联邦宪法》第1条明确规定只有国会才有拨款权,因此存在联邦法院篡夺国会拨款权的嫌疑。最终,为捍卫分权原则在美国宪法中的基石地位,美国法将该问题识别为国会的财政问题,而非法院的法律问题,交由国会处理。这意味着任何对美国或联邦政府的金钱索赔都不能通过起诉美国的方式实现,只能通过起诉联邦官员或向国会请愿请求颁布私人法案的方式实现。

国会颁布私人法案实现权利救济的方式是非常灵活的:私人法案可以通过放弃诉讼时效来消除对索赔的法定限制;可以为某一特定索赔增加或完全取消赔偿上限;可以授权政府官员审理、裁定和解决特定事件引起的索赔;可以指示向请愿人支付一笔确定的款项以清偿索赔;还可以将索赔提交美国索赔法院进行司法调查,并向国会报告,如果不存在此类管辖权,则可授予联邦法院审理和裁定索赔的管辖权。

通过私人法案实现权利救济的具体程序分为三步:第一,请求国会议员提出法案;第二,法案提交至众议院与参议院司法委员会审议;第三,法案提交至白宫由总统决定批准或否决。具体而言,索赔人在联系国会议员提出索赔法案前,需要仔细准备索赔的各种材料,并确定该项索赔没有其他可用的行政或司法补救措施。如果该项索赔存在行政或司法补救措施,而且索赔人尚未通过这些措施寻求救济,那么国会几乎不会通过私人法案。众议院规则也明确禁止众议院接收或审议此类私人法案,因为此类索赔尚未用尽补救措施。也就是说,国会一般仅接受穷尽其他补救措施仍无法获得救济的索赔。索赔法案应将损害赔偿逐项列出并提供合理理由支持,且不应过度夸大赔偿数额。索赔法案应当

---

〔1〕 Floyd D. Shimomura, *The History of Claims against the United States: The Evolution from a Legislative Toward a Judicial Model of Payment*, Louisiana Law Review, Vol. 45:3, p. 625 (1985).

清楚地表明索赔人的公正性或索赔人自身不存在过错。国会议员在提出索赔法案时，应当同时提供适当证据支持该项索赔。在索赔法案被提出后，先到达众议院司法委员会第二小组委员会，即索赔委员会。索赔委员会秘书在收到索赔法案后会向案涉政府机构索取相关案件事实调查报告，以听取双方意见。案涉政府机构需要于60日至90日内提交调查报告，政府机构的报告通常会对索赔的是非曲直以及索赔法案的条款进行评论，并可能对索赔提出有利或不利的建议。政府机构提交的报告会反馈给提出索赔法案的国会议员，在此期间，索赔人及其律师可以就政府机构报告所载事实和抗辩提交另外的证据和理由完善索赔法案。在收到索赔人和政府机构的所有文件后，委员会主席会将该索赔案件交由一名或多名成员组成的特别小组委员会调查。一般情况下他们每周都会召开会议反馈调查情况，有时可能需要举行简短的口头证据听证会。特别小组委员会在调查结束后将所有材料提交索赔委员会，由索赔委员会出具报告交由众议院审议，众议院审议后再交由参议院审议，参众两院均审议通过则交由白宫，由总统决定批准或否决该索赔法案。

可以预见，索赔法案成功率不会太高。从获得国会议员支持开始，到参众两院调查并审议，再到将其提交白宫批准或否决，其间存在无数不确定性。最终能否获得救济取决于各种因素，如索赔是否真正有价值、索赔人是否有确切的权益或是否值得同情、索赔人能否提供有说服力的证据支持其索赔、案涉政府机构是否会反对该法案等。根据1848年美国国会报告，1838～1848年这10年间向众议院提交的16，573份私人索赔请愿书和3436份私人法案报告中，只有1796份在众议院获得通过，只有910份在参众两院都获得通过，成功率不足5%。[1]

从美国法早期联邦官员公务侵权的赔偿模式可以看出，在无法直接起诉联邦政府主张损害赔偿的情况下，起诉联邦官员并由国会补偿联邦官员成为受害人的替代性救济方式。这种方式既不会篡夺国会的拨款

---

〔1〕 See H. R. Rep. No. 730, 25th Cong., 2d Sess. 4(1838).

权,又可以避免联邦官员因善意服从命令或履行职务而承担个人责任,实现了政府追责与权利救济的平衡。

结合我国《国家赔偿法》的现行规定,允许受害人追究公职人员的民事侵权责任,再由赔偿义务机关补偿公职人员,或者由赔偿义务机关与公职人员分担责任,不失为一种可行的路径。当然,赔偿义务机关究竟是否应该补偿公职人员值得进一步研究,但在受害人权利救济与公职人员追责的价值取舍中,应当优先保障受害人权利救济,在充分保障受害人权利救济的情况下讨论公职人员追责的有效性。换言之,短期内可以允许赔偿义务机关补偿公职人员以充分保障受害人权利得到救济,相信公职人员民事侵权责任制度的构建足以引发赔偿义务机关与公职人员的博弈。如果赔偿义务机关所面临的财政压力足够大,势必会倒逼公职人员规范执法,彼时赔偿义务机关便不必再补偿公职人员。

二、FTCA 颁布后 WA 颁布前的联邦官员民事侵权责任

(一)FTCA 的立法背景、立法目的与基本内容

1. FTCA 的立法背景

随着美国联邦政府机构的扩张,要求联邦政府索赔的案件也不可避免地急剧增多。在美国建国后不久,私人法案的救济申请就变得非常多,以至于国会发现其在裁决私人法案方面承受着巨大的负担,甚至妨碍了国会议员履行立法职责。1789～1795 年提交的公共和私人请愿书共计 2317 份,但在 1832～1837 年,公共和私人请愿书暴增到 14,602 份。[1]立法部门以司法身份行事,其所作裁决的不一致性及在裁决私人法案时面临的实际困难,成为立法者和其他相关人士不断批评和辩论的主题。

具体而言:一方面,国会不堪重负。1942 年提交至国会的一份备忘录指出,早在 1 个多世纪前,即 1832 年 2 月 23 日,约翰 · 昆西 · 亚当斯

---

[1] See H. R. Rep. No. 730,25th Cong. ,2d Sess. 4 (1838).

总统就抱怨说:"立法机构不适宜解决司法问题,国会不应该有任何私人事务。我们的体制有一个很大的缺陷,那就是缺少一个财政法庭。这是司法事务,立法会议与之无关。国会的一半时间都被它消耗掉了。"[1]索赔委员会每周需要花费2天,接近1/3的工作时间,审议私人法案和报告。另一方面,审理质量堪忧。索赔案件数量如此之大,了解索赔真相如此之难,以至于很少有索赔得到有效处理,许多索赔从未举行过听证会。索赔委员会并非审理索赔案件的法庭,议员们无法搁置他们在国会其他悬而未决的重大问题上的职责,从而为索赔案件分出必要的时间与精力。他们无法有效地审查索赔人的证人,而且对争议事项不够熟悉,无法为联邦政府争取证人。1850年,米勒德·菲尔莫尔总统抱怨道:"国会在解决私人索赔方面遇到的困难和拖延在许多情况下构成了拒绝司法。有理由相信,许多不幸的联邦政府债权人因此不可避免地破产了。国会有如此多的公共事务,以至于不可能仅仅关注私人索赔,而这些索赔案件现在如此之多,以至于许多索赔人对能够获得听证感到绝望。有理由怀疑,从组织性质来看,国会是否有权决定此类案件。每个国会议员都不可能审查他被迫投票的每一项索赔主张的是非曲直,要求'法官'裁决他从未调查过的案件是荒谬的。这样的决定可能而且经常会对索赔人或政府造成不公正,我认为没有什么比在此类索赔中设立法庭更好的补救办法了。"[2]简言之,国会无力对私人索赔给予更多关注,如果要切实保障索赔人的权利,就要设立一个单独的法院来审理这些案件。

米勒德·菲尔莫尔总统的意见在国会获得越来越多议员的支持,经过数轮博弈与争论后,国会最终于1855年正式通过了《索赔法院法》(The Court of Claims Act),并根据该法案成立了索赔法院。根据《索赔法院法》,索赔法院对所有基于国会法案、行政部门条例或与联邦政府

---

[1] Hearings before the House Judiciary Committee on H. R. 5373 and H. R. 6463, Serial No. 13, 77th Cong., 2d Sess, p. 49 (1942).

[2] James D. Richardson, *Messages and Papers of the Presidents*, Vol. 4, Washington Government Printing Office, 1897, p. 2627-2628.

签订的任何明示或默示合同的所有索赔案件具有管辖权。这些索赔可能系索赔人通过请愿书向索赔法院提出，也可能系由国会参众两院移送而来。不过，值得注意的是，索赔法院的职责仅限定于审理索赔案件，向国会提交案件记录、调查结果、处理意见和当事人的摘要，并在处理意见对索赔人有利时，提交一份私人法案草案。换句话说，索赔法院并非纯粹的司法机构，而是国会所设的"咨询法庭"，其只负责调查案件事实和出具咨询意见，最终是否决定给予赔偿、是否颁布私人法案仍由国会决定。索赔委员会认为，他们仍然有责任审查索赔法院转交的全部记录，评估相关证据，并审查和研究联邦政府机构和索赔人的案情摘要。正如理查德森法官所说："如果索赔法院所做的工作在索赔委员会中被再次审议，那么建立索赔法院就没有什么意义了。事实上，这对索赔人来说是一种积极的损失和伤害，因为他们的案件被迫审理两次。对索赔人有利的处理意见往往没有得到索赔委员会同意，最终还是以败诉收场。即使索赔法院支持索赔人，索赔委员会仍然有可能拒绝赔偿索赔人，拒绝颁布私人法案。"[1]当然，在实践中，索赔委员会否定索赔法院处理意见的情况终究属于例外，索赔法院所作大多数决定基本都能得到索赔委员会支持。

相比于索赔委员会对索赔法院的干预，更为重要的是，《索赔法院法》并未赋予索赔法院侵权索赔案件管辖权。《索赔法院报告》第1卷就包括两起侵权索赔案件，两起案件都被驳回，理由是索赔法院无侵权索赔案件管辖权。在皮彻案[2]中，联邦监狱的监狱长为囚犯提供了6台独特的扫把机供他们在监狱使用，而皮彻就此种扫把机拥有专利权。皮彻认为，他有权因联邦监狱未经授权使用他的发明专利而向联邦政府索赔。但索赔法院认为，在普通法中类似诉讼系针对专利的侵权诉讼，但索赔法院无侵权索赔案件管辖权，因此索赔法院驳回了皮彻的索赔。同理，在斯派塞案[3]中，斯派塞与联邦政府签订了为联邦政府运送

[1] Richardson, History of Court of Claims, 17 Ct. Cl. 3, 8-9 (1881).

[2] Pitcher v. United States, 1 Ct. Cl. 7(1863) U. S. Ct. Cl. LEXIS 31.

[3] Spicer v. United States, 1 Ct. Cl. 316(1865) U. S. Ct. Cl. LEXIS 69.

2900 匹军马的合同,但后来联邦政府改变了检查程序,使其更加严格,斯派塞便拒绝继续履行运送合同,随后其被捕入狱。斯派塞以错误逮捕或错误监禁为由向联邦政府索赔,索赔法院同样以无侵权索赔案件管辖权为由驳回索赔。

美国 1982 年《联邦法院改进法案》(The Federal Courts Improvement Act)与 1992 年《联邦索赔法院技术和程序改进法案》(The Court of Federal Claims Technical and Procedural Improvements Act)也未能改变这种情况。1885 年《塔克法案》(The Tucker Act)草案虽然曾经提议将索赔法院的管辖权从合同索赔扩大到包括侵权索赔在内的所有种类索赔,而且还建议同时授予联邦地区法院和联邦巡回法院与索赔法院相同的管辖权,赔偿限额为 10,000 美元。但是,参议院索赔委员会对该草案进行了实质性修改,取消了赋予索赔法院侵权管辖权的提议,而且增加了将索赔法院管辖权限制在“听起来不属于侵权索赔的案件”(not sounding in tort)的规定。1887 年 3 月 3 日,《塔克法案》正式颁布时该规定成为正式条款,仍然将侵权索赔案件排除在索赔法院管辖权之外。

侵权索赔案件被排除在索赔法院管辖权之外,索赔人便只能继续通过向国会请愿实现权利救济。因此,国会仍然需要审理私人索赔案件,根据 19 世纪 80 年代众议院索赔委员会成员的估计,每届国会会议仍然有 1000 份至 2000 份索赔法案提交给他们审议。[1]从 19 世纪 90 年代中期到 1946 年 FTCA 颁布,私人救济法案数量仍然很多,对国会议员和索赔委员会施加的负担仍然非常沉重。在此期间,两次世界大战与 1929~1933 年大危机使美国政府从“小政府”逐步走向“大政府”,联邦政府职能不断扩大,人员数量大幅增加。因此,国会再度被私人法案淹没,国会议员叫苦不迭。

几十年来,国会议员一直在呼吁扩大索赔法院管辖范围,虽然无法直接将侵权索赔案件纳入索赔法院管辖范围,但国会通过了诸多特殊法来逐步允许索赔法院管辖特殊类型侵权案件。例如,1910 年,国会允许

---

〔1〕 See 17 Cong. Rec 2498-2499.

索赔法院管辖专利侵权案件。[1] 1920 年,国会颁布了《海事诉讼法》(The Suits in Admiralty Act),该法允许索赔法院对于美国因其商船或其全资公司的船只造成的损害而被起诉的海事侵权案件享有管辖权。[2] 此外,国会还通过授权联邦政府机构提供行政救济的方式分流私人索赔案件。例如,1885 年,国会授权财政部为陆军人员造成的财产损失索赔提供行政救济;1910 年,国会授权海军部长为军舰碰撞造成的损失索赔提供行政救济;1914 年,国会授权农业部长为马匹和其他设备损坏索赔提供行政救济;1915 年,国会授权内政部长为灌溉项目造成的损害提供行政救济……诸如此类扩大索赔法院管辖权与授权联邦行政机构提供行政救济以分流私人索赔案件的法案尚有很多,不再一一列举。可以肯定的是,在 FTCA 颁布前的几十年内,索赔法院管辖权在逐渐扩大,国会也逐渐将私人索赔案件分配给各联邦行政机构以行政救济的方式处理。

在国会不堪重负,私人法案审议质量堪忧、成功率低,国会不得不扩大索赔法院管辖权以及将私人索赔案件分配给各联邦行政机构以行政救济的方式处理的同时,联邦官员享有的豁免权(official immunity)的范围逐渐扩大。在美国,联邦立法与司法官员享有公务侵权的绝对豁免权(absolutely immunity)。就立法官员的绝对豁免权而言,基尔伯恩诉汤普森案[3]最为典型。1881 年美国众议院通过了一项调查联邦政府的一个破产债务人的财产问题的决议,并为之成立了一个专门委员会。哈雷特·基尔伯恩作为证人被传唤至众议院,但其拒绝回答该委员会的任何问题。于是约翰·G. 汤普森等议员以基尔伯恩藐视国会权威为由,指示一位陆军中士逮捕并监禁了他。事后基尔伯恩起诉了汤普森等议员与该陆军中士,对其违法逮捕并监禁的行为主张侵权索赔救济。

该案争议焦点主要有两个:第一,美国国会众议院议员是否有权以

---

[1] See Act of June 25, 1910, 36 Stat 851; now in 28 U. S. C. § (1498).
[2] See Act of March 9, 1920, 41 Stat 525; now in 46 U. S. C. § § 30901-30918.
[3] See Kilbourn v. Thompson, 103 U. S. 168 (1881).

藐视国会权威为由逮捕并监禁美国公民，换言之，汤普森等议员系合法逮捕还是违法逮捕、系合法监禁还是违法监禁；第二，即使美国国会众议院议员无权以藐视国会权威为由逮捕并监禁美国公民，汤普森等议员系违法逮捕、违法监禁，汤普森等议员作为美国国会众议院议员是否具有豁免权。

针对第一个争议焦点，联邦最高法院认为美国国会众议院无权以藐视国会权威为由逮捕并监禁美国公民，因此汤普森等议员系违法逮捕、违法监禁。理由主要有二：其一，联邦最高法院经过烦琐的考证后发现，根据美国议会上下议院的历史和美国普通法先例，美国国会众议院都无权以藐视国会权威为由逮捕并监禁美国公民；其二，联邦最高法院认为以藐视国会权威为由逮捕并监禁美国公民是一项司法权，而非立法权，美国国会众议院不得僭越司法权。

针对第二个争议焦点，联邦最高法院认为汤普森等议员作为美国国会众议院议员可以享有绝对豁免权，但陆军中士并非众议院议员，不享有绝对豁免权。具体而言，联邦最高法院认为判断汤普森等议员是否具有绝对豁免权的关键在于如何解释《美国联邦宪法》关于国会众议院议员豁免权的相关规定。《美国联邦宪法》规定："在除叛国罪、重罪或破坏和平外的其他任何情况下，众议院议员在出席众议院会议期间以及往返众议院会议期间，都享有免于逮捕的特权；在众议院的任何演讲或辩论，都享有免于在其他任何地方接受质询的特权。"就此而言，汤普森等议员投票决定以藐视国会权威为由逮捕并监禁基尔伯恩是否属于"在众议院的演讲或辩论"呢？联邦最高法院认为将联邦宪法上述规定限制为在"演讲或辩论中使用的词语"是对宪法条款的狭隘理解。事实上，众议院委员会提交的书面报告或作出的决议，以及众议院议员的投票等均属于"在众议院的演讲或辩论"。因为虽然报告或决议是书面的，但必须在演讲中再次阐述，而投票是一种行为或肢体语言，与"演讲或辩论中使用的词语"在本质上是相同的。基于这些原因，联邦最高法院进一步认为众议院议员"在众议院的演讲或辩论"中享有的免于在其他任何地方接受质询的特权，尤其是免于司法审查的特权，不仅涵盖"演讲或辩论中使用的词语"，而且包括众议院议员在众议院会议上就其面前的事务所做的任何事情。[1]

在论证众议院议员等立法人员享有绝对豁免权时，美国联邦最高法院引用了1808年马萨诸塞州最高法院首席大法官帕森斯在柯芬诉柯芬案[2]中发表的意见。帕森斯大法官认为：

> 赋予立法人员绝对豁免权，并不是为了保护立法人员的个人利益而使其免于承担个人责任，而是为了保护人民的权利，使他们的代表能够履行其职责，而不用担心受到民事或刑事起诉。因此，我认为不应严格解释，相反，应该自由解释该条。[3]我不会将其局限于发表意见、发表演讲或在辩论中长篇大论，而会将其扩展到投票、撰写书面报告，以及因该职位的性质在执行过程中产生的所有其他行为。我将该条定义为，确保每位议员在行使该职位职能时，因其作为代表所说或所做的一切免于承担个人责任，而无须考虑根据相关规则议员的行为是否正常。我认为不应该将立法人员绝对豁免权的适用范围限制在立法人员在参议院或众议院内进行的行为，在某些情况下，即使立法人员的行为不发生在参议院或众议院内，也应该享有绝对豁免权。

就美国联邦司法官员的绝对豁免而言，布拉德利诉费舍尔案[4]最具代表性。原告约瑟夫·H.布拉德利是哥伦比亚特区最高法院律师协会的会员，而被告乔治·P.费舍尔是哥伦比亚特区最高法院的一位法官。布拉德利在1867年6月至1868年8月担任约翰·H.苏拉特的辩护人，约翰·H.苏拉特即著名的亚伯拉罕·林肯总统谋杀案[5]的犯罪

[1] See Kilbourn v. Thompson, 103 U. S. 168(1881).

[2] See Coffin v. Coffin, 4 Mass. 1 (1808).

[3] 该条系指马萨诸塞州宪法中类似美国宪法，参议院或众议院议员享有"演讲或辩论"免于在其他任何地方接受质询的特权的相关规定。

[4] Bradley v. Fisher, 80 U. S. (13 Wall.) 335 (1871).

[5] 约翰·H.苏拉特最终因陪审团无法达成一致意见而被无罪释放。

嫌疑人。1868 年 7 月 2 日,在林肯总统谋杀案的审理过程中,当主审法官费舍尔从法官席上下来时,布拉德利以粗鲁和侮辱的方式与其进行了交流,声称费舍尔法官从审判开始就在法官席上对他进行了一系列侮辱。费舍尔法官认为其没有任何侮辱的意图,并向布拉德利保证,除尊重他之外,没有其他任何意图。但布拉德利并没有接受这一解释,反而威胁要追究费舍尔法官的责任。在林肯总统谋杀案的陪审团解散后,哥伦比亚特区刑事法院(the Criminal Court)[1]立即指示将布拉德利的名字从该法院执业的律师名册中删除,这意味着布拉德利在该法院的执业资格被剥夺。事后布拉德利起诉了费舍尔法官,就其指示哥伦比亚特区刑事法院剥夺其执业资格提出索赔。

该案的主要争议焦点与基尔伯恩诉汤普森案基本相同:第一,费舍尔法官是否有权剥夺布拉德利在哥伦比亚特区刑事法院的执业资格;第二,即使费舍尔法官无权剥夺布拉德利在哥伦比亚特区刑事法院的执业资格,其是否具有绝对豁免权。针对第一个争议焦点,联邦最高法院认为,哥伦比亚特区刑事法院作为一个具有一般刑事管辖权的法院,有权剥夺布拉德利在该法院的执业资格。所有有权允许律师执业的法院都拥有剥夺律师在该法院执业资格的权力。[2]行使这项权力只应出于最重要的原因,如律师的留任与法院对自身的适当尊重或对职业操守的适当尊重不符。而且,在剥夺律师的执业资格时,应该给予其充分的解释和辩护机会。要知道,律师执业资格是律师荣誉和报酬的来源,对于大多数从事律师这一职业的人来说,这是养活自己和家人的最重要手段。剥夺一个律师的执业资格,往往意味着使他自己和他的家庭陷入贫困。因此,在任何不那么严厉的惩罚(如谴责、暂时停职或罚款)都能达到预期目的的情况下,绝不应下令剥夺律师执业资格。但是律师所承担的义务不仅是遵守宪法和法律,而且还包括始终保持对法院和司法官员的尊重。这一义务不仅通过在公开法庭上遵守礼貌规则来履行,还包括在法

---

〔1〕 当时地区刑事法院是一个独立的法院,与地区最高法院的区别类似联邦巡回法院与联邦最高法院的区别。

〔2〕 See Bradley v. Fisher, 80 U. S. (13 Wall.) 335 (1871).

庭外避免对法官个人的司法行为使用任何侮辱性语言和冒犯性行为。在本案中，布拉德利在费舍尔法官从法官席上下来时，以粗鲁和侮辱的方式与他交流，声称费舍尔法官从审判开始就在法官席上对他进行了一系列侮辱，并威胁要追究费舍尔法官的个人责任，这些行为无疑属于冒犯性行为。因为对法官来说，最大的侮辱莫过于威胁他将因其诉讼中的行为而受到个人惩罚。因此费舍尔法官有权剥夺布拉德利在哥伦比亚特区刑事法院的执业资格。不过，值得注意的是，费舍尔法官在剥夺布拉德利在哥伦比亚特区刑事法院的执业资格前，并未给予其充分的解释和辩护机会，这有违正当程序原则，因此费舍尔法官的行为仍然可能构成侵权。

针对第二个争议焦点，联邦最高法院认为，费舍尔法官剥夺布拉德利在哥伦比亚特区刑事法院的执业资格，属于有一般刑事管辖权的法院的主审法官作出的司法行为，只要该行为在法官职责范围内且法院具备管辖权，那么无论该行为多么错误、其后果多么严重，法官都不会为此承担民事责任。因为司法官员在行使赋予他的权力时，应根据自己的自由裁量权行事，而不必担心因其裁量行为而承担个人责任，这是司法最重要的一般原则。对每一个可能因法官的裁决而感到不满的人负责与自由裁量权的本质不符，并将破坏司法的独立性，没有这种独立性，任何司法机构都不可能受到尊重，任何司法机构都不可能发挥作用、作出公正判决。因法官拥有民事责任绝对豁免权而无须考虑其司法行为的动机，因此法院并不需要调查法官司法行为动机的纯粹性。败诉者总是倾向于抱怨判决，并从对判决的抱怨转向对法官的抱怨，怀疑法官的司法行为存在不当动机，这往往与他对自己案件观点所谓正确性的强度成正比。当案件争议涉及大额财产问题，或涉及公众普遍关注的问题，或涉及多方利益时，不利判决所引起的失望往往会在这种指责中得到发泄。如果在此类案件中因为败诉方指控法官的行为是偏袒、恶意或腐败的，而要求法官承担个人责任，那么对司法独立至关重要的保护将被完全剥夺。在美国，法官只对人民或人民组成的共同体负责，他们从人民那里获得委托，以行使司法权。他们在行使司法权时，如果存在偏袒、恶意、腐败、任意或压迫的情况，可能会被弹劾、停职或免职。在一些州，通过立法机构两院的投票,他们可能会被停职或罢免。[1]总而言之,费舍尔法官剥夺布拉德利在哥伦比亚特区刑事法院的执业资格系行使司法权的司法行为,费舍尔法官对该司法行为享有绝对豁免权,无须承担个人责任。

美国联邦行政官员的公务豁免制度系类推联邦立法与司法官员的绝对豁免制度而来,最具代表性的当属斯伯丁诉维拉斯案[2]。原告斯伯丁是哥伦比亚特区的市民,在华盛顿从事律师职业已有 20 多年,被告维拉斯是美国邮政部长。1871 年前后,斯伯丁受美国不同邮局的邮政局长委托处理相关的工资索赔事宜。1871 年至 1886 年,斯伯丁陆陆续续采取了各种各样的措施以促使国会制定强制性立法并进行必要拨款以赔偿这些不同邮局的邮政局长,斯伯丁为此付出了大量时间,从美国各地数千名邮政局长那里获得了敦促国会立法和拨款的合同、申请和授权书,向邮政局提交了此类申请和授权委托书,并为此花费数千美元。终于在 1883 年至 1886 年,国会陆续颁布了数项法案并拨款以赔偿各地邮政局长。但这些法案规定拨款必须直接发放至各邮政局长,邮政部长维拉斯则进一步提醒各邮政局长注意该规定。斯伯丁作为代理律师无权领取拨款,这导致斯伯丁无法直接从拨款中扣除代理费用,而且事后各邮政局长认为即使没有斯伯丁,他们也可以顺利拿到拨款,还认为斯伯丁是个骗子。斯伯丁认为邮政部长维拉斯的行为超出了其权力范围,其向各邮政局长发送通知以提醒他们无须通过代理律师便可直接领取拨款在法律上是不合理的,并导致斯伯丁遭受经济上和名誉上的损失,因此就此起诉邮政部长维拉斯提出索赔。

联邦最高法院认为,国会颁布的法案已经明确规定拨款应该直接支付给索赔人,该规定的主要目的就是确保索赔人能收到全部拨款,而不应通过代理人或律师。这意味着邮政部长维拉斯对各邮政局长的提醒只是为了切实执行该法案,并未超出其职权范围。而且基于公共政策和

---

〔1〕 See Bradley v. Fisher, 80 U. S. (13 Wall.) 335 (1871).

〔2〕 Spalding v. Vilas, 161 U. S. 483 (1896).

便利的考虑,司法人员的绝对豁免权同样适用于行政部门负责人履行法律赋予他们的职责时的行为。行政部门负责人在行使其职权时,不应担心其公务行为的动机随时可能成为民事损害赔偿诉讼的调查对象。如果他受到这种限制,这将严重削弱政府行政部门对公共事务的适当和有效管理。与司法人员相同,行政部门负责人在履行其职责时,也有相当大的自由裁量权,因此其也应当获得独立决策的制度保障。因此,维拉斯无须就其通知承担个人责任。

当然,相比于联邦立法官员与司法官员的绝对豁免权,联邦行政官员的豁免权适用范围相对较窄。一方面,只有联邦行政官员在其职权范围内实施的行为才能免于承担个人责任,如果行为超出其职权范围,仍然要承担个人责任;另一方面,并非所有的联邦行政官员都享有豁免权,只有联邦行政官员拥有类似联邦立法官员与司法官员的裁量权,只有联邦行政官员所履行的职责涉及独立裁决或判断时才享有豁免权,一般情况下只有类似于邮政部长维拉斯这样的中高级联邦行政官员才享有豁免权。

2. FTCA 的立法目的

私人法案审议质量堪忧,私人法案成功率低与联邦官员豁免权的范围扩张相叠加,其结果是索赔人既难以通过私人法案从联邦政府获得赔偿,又难以通过侵权责任从联邦官员个人处获得赔偿,公务侵权受害人地位岌岌可危。FTCA 正是在此背景下出台,因此其最直接的目的就是为公务侵权受害人提供权利保障,使其不必再通过请愿的方式请求国会颁布私人法案,相反可以直接起诉联邦政府主张索赔。1942 年 1 月,罗斯福总统向国会建议制定侵权索赔法案,这才真正推动 FTCA 出台。FTCA 主要有两个目标:第一,减轻国会对私人索赔法案的巨大压力和负担;第二,为那些因联邦官员过失而遭受伤害或损失的人伸张正义。为实现这些目标,FTCA 的总体设计是:第一,放弃联邦政府对侵权行为的诉讼豁免权;第二,授予联邦行政机构行政救济权,并授予联邦地区法院管辖权,受害者可以通过联邦地区法院公平、无不当拖延地寻求和获得赔偿。

3. FTCA 的基本内容

根据 FTCA 的规定，任何因联邦官员职权或者雇佣范围内的过失、不法行为或者不作为遭受财产损失或人身伤亡的人都可在联邦地区法院起诉联邦政府要求赔偿，前提是如果将联邦政府视为私人，根据作为或者不作为发生地的法律将需要对原告承担责任。FTCA 首次为因联邦官员疏忽或不当行为而遭受伤害或损害的人提供了司法救济。FTCA 在很大程度上放弃了禁止起诉美国或联邦政府的立场，允许公务侵权受害人不必再通过私人法案而可以通过司法途径获得救济。司法救济相比于私人法案这种政治救济更公开透明，成功率也更高，能够切实有效地保障公务侵权受害人权利得到救济。

不过，需要注意的是，FTCA 也明示或暗示了很多不予赔偿的情形。FTCA 明示的不予赔偿的情形集中体现于 28 U. S. C. §2680(1946)，该条规定了 13 种不予赔偿的例外情况，其中善意履职例外、自由裁量例外与故意侵权例外最具代表性。

所谓善意履职例外，系指如果联邦官员在执行法律时已经尽到适当的注意义务，那么联邦政府对该行为或不行为造成的财产损失或人身伤亡不负赔偿责任，无论该法律是否违宪、是否有效。“政府治理的过程总是难免出现厚此薄彼，而在这个过程利益受损的相对人并不必然有权向政府寻求损害赔偿。几乎国会颁布的每部法律都会让某些人利益受损，但是联邦政府并不对所导致的损害负责。联邦政府并不对通过立法造成的损害承担侵权责任，即使该立法被判定违宪。”[1]

所谓自由裁量例外，系指联邦政府对联邦官员行使自由裁量权的行为或不行为不负赔偿责任，目的在于避免受害人和法院利用损害赔偿诉讼干涉行政机关的职权。行政机构最重要的行使自由裁量权的行为是制定政策，基于分权原则，法院不能利用损害赔偿诉讼干涉行政机构的政策制定。联邦最高法院认为：“司法机关通过私人侵权诉讼介入此种

---

〔1〕［美］理查德·J. 皮尔斯：《行政法》（第 5 版，第 3 卷），苏苗罕译，中国人民大学出版社 2016 年版，第 1394 页。

决定,将会要求法院对行政机关行使其规制职能时的政治、社会和经济判断进行'事后评论'。这正是裁量性职能例外原则所要防止的对政策制定的司法干预。"[1]

所谓故意侵权例外,系指联邦政府不对因联邦官员暴力威胁(assault)、人身伤害(battery)、错误监禁(false imprisonment)、错误逮捕(false arrest)、恶意公诉(malicious prosecution)、滥用程序(abuse of process)、书面诽谤(libel)、口头诽谤(slander)、虚假陈述(misrepresentation)、欺骗(deceit)、妨碍合同权利(interference with contract rights)等行为造成的财产损失或人身伤亡承担责任。联邦官员的故意侵权行为应由其本人负责,在联邦官员难以清偿时,受害人可以向国会请愿请求颁布私人法案以赔偿其损失。联邦官员的故意侵权行为由国家负责赔偿,既不符合自己责任原则,对国家财政来说也是一种难以预料的风险。不过,1974 年 FTCA 修正案为故意侵权例外配置了但书条款,但联邦政府仍需要对因联邦执法人员或联邦调查人员暴力威胁、人身伤害、错误监禁、错误逮捕、恶意公诉、滥用程序六种行为造成的财产损失或人身伤亡承担责任。

FTCA 暗示的不予赔偿的情形包括:第一,在 FTCA 生效前已经生效的索赔法案继续有效,不适用 FTCA。例如,《联邦雇员赔偿法》(The Federal Employees' Compensation Act)涵盖的索赔、[2]军人因服兵役而造成的财产损失或人身伤亡索赔等。[3]第二,联邦政府是否承担责任在很大程度上取决于侵权行为或侵权结果发生地的州侵权法,根据所在州侵权法,如果自然人对某项索赔不承担赔偿责任,那么联邦政府就不用承担赔偿责任。另外,由于适用法律系州侵权法,因此因联邦官员违反联邦法律造成的财产损失或人身伤亡,联邦政府不用承担赔偿责任。由此可见,如果将 FTCA 明示或暗示的不予赔偿的情形考虑在内,

---

〔1〕 United States v. Varig Airlines, 467 U. S. 797 (1984).

〔2〕 See Johansen v. United States, 343 U. S. 427 (1952).

〔3〕 See Feres v. United States, 340 U. S. 135 (1950); Preferred Ins. Co. v. United States, 222 F. 2d 942 (1955).

FTCA 原则上仅就联邦官员违反州侵权法的过失侵权行为承担赔偿责任,只在例外情况下就联邦执法官员或联邦调查官员的暴力威胁、人身伤害、错误监禁、错误逮捕、恶意公诉、滥用程序六种故意侵权行为承担责任。

不过,更为糟糕的是,联邦行政官员豁免权借助自由裁量例外规则大幅扩张,从中高级联邦行政官员扩张至几乎所有联邦行政官员。这样一来,FTCA 保障公务侵权受害人权利救济的实践效果大打折扣。如果联邦行政官员豁免权不扩张,那么公务侵权受害人即使无法就联邦行政官员的故意侵权行为通过 FTCA 向美国索赔,至少也可以向联邦行政官员个人索赔。但若联邦行政官员豁免权借助自由裁量例外规则大幅扩张,那么公务侵权受害人向联邦行政官员个人索赔也会受阻。这导致 FTCA 仅能在联邦行政官员的过失侵权领域保障公务侵权受害人的权利救济,在联邦行政官员的故意侵权领域 FTCA 可能非但不能保障反而会进一步阻碍公务侵权受害人获得权利救济。最具代表性案例当属 1959 年巴尔诉马特奥案[1]。

该案原告琳达 · A. 马特奥系租金稳定办公室的官员,被告威廉 · G. 巴尔系租金稳定办公室的代理主任。在国会对租金稳定办公室的运作质疑后,被告巴尔暂停了原告马特奥的职务,并作为代理主任发布了一份新闻稿,在这份新闻稿中他解释了暂停马特奥职务的原因。事后马特奥认为巴尔在新闻稿中诽谤了他,便起诉巴尔要求侵权索赔。在该案中联邦最高法院旗帜鲜明地承认自由裁量例外或联邦行政官员的豁免权并不限于中高级联邦行政官员,几乎赋予所有联邦行政官员豁免权。

具体而言,联邦最高法院认为,斯伯丁诉维拉斯案所确立的原则,即联邦行政官员可类推适用联邦立法官员与联邦司法官员的绝对豁免权,不应该局限于部长级别的高级联邦行政官员。豁免权不是高级职位的徽章或报酬,而是旨在帮助政府有效运作的政策工具。政府活动的规模已经变得如此之大、如此复杂,以至于必须对许多职能进行重新授权,不

---

〔1〕 Barr v. Matteo, 360 U. S. 564(1959).

能说仅仅因为由行政级别较低的官员行使这些职能而否定这些职能的重要性。可以肯定的是,行政部门负责人比职能不那么全面的官员受豁免权保护的情况要广泛得多。但这是因为职位越高,职责范围就越广,自由裁量权的范围也就越广。这不是由官员的职位决定的,而是由官员的职责决定的,即官员被指控的行为与法律对其授权范围的关系。概言之,联邦行政官员的豁免权由其职责决定,而非由其职位决定,只要其职责涉及自由裁量权,便应赋予其豁免权。在本案中,巴尔在新闻稿中解释其暂停马特奥的原因系其职责范围内的自由裁量事项,新闻稿中表达什么、不表达什么,巴尔作为代理主任有独立判断或决策的权力。因此,巴尔享有豁免权,无须承担个人责任。

此案过后,联邦行政官员的豁免权不断扩展,只要其职责范围内有任何自由裁量空间均可适用自由裁量例外规则或主张豁免权以免除个人责任,同时联邦政府也免于承担国家赔偿责任,其直接结果就是公务侵权受害人权利救济无从实现。甚至可以说,自由裁量例外的宽泛解释与豁免权的不断扩展几乎反噬了 FTCA,尤其反噬了 1974 年 FTCA 修正案。总而言之,FTCA 与私人索赔法案相比,在联邦官员过失侵权领域的确保障了公务侵权受害人权利救济,但在联邦官员故意侵权领域其可能反而阻碍了公务侵权受害人权利救济。

(二)Bivens 宪法侵权索赔

正是在自由裁量例外被宽泛解释,联邦行政官员的豁免权不断扩展以及故意侵权受害人权利救济无从实现的背景下,Bivens 宪法侵权索赔应运而生。

其实早在 1946 年,就已经出现以宪法为依据要求侵权索赔的案件,即贝尔诉胡德案[1]。胡德系联邦调查局官员,其未经正当程序逮捕了贝尔,并对其住所进行搜查,对其财产进行扣押,侵犯了贝尔未经正当程序免于被剥夺自由的宪法权利、免于被不合理搜查和扣押的宪法权利。

---

〔1〕 Bell v. Hood, 327 U.S. 678 (1946).

事后贝尔向联邦地方法院提起诉讼，依据《美国联邦宪法》第四修正案及第五修正案的规定对胡德主张侵权索赔。该案争议焦点在于，如果联邦行政官员在行使国家权力的过程中，违反了《美国联邦宪法》第四修正案及第五修正案的规定，那么对该联邦行政官员违宪行为所造成的损害结果，受害人是否可提起损害赔偿之诉。

就某些方面而言，《美国联邦宪法》第四修正案和第五修正案之规定，在功能导向上与中国《宪法》第 37 条的规定相似：中国《刑事诉讼法》以《宪法》第 37 条作为确立"严禁刑讯逼供原则"的基础，美国法也以《美国联邦宪法》第四修正案和第五修正案作为确立"严禁非法取证"的基础。联邦最高法院在贝尔诉胡德案中所面临的问题就是，如果联邦官员在行使侦查权、进行侦查活动时，违反宪法非法取证，并且造成了一定的损害结果，那么非法取证受害人可以主张何种权利，从而对联邦官员主张侵权索赔，要求联邦官员个人而非联邦政府，对自己所遭受的损害进行赔偿。

联邦最高法院认为，在该案之前，联邦最高法院曾经维持过联邦地区法院因违反宪法剥夺公民投票权而提起的损害赔偿诉讼的判决，[1]因此联邦地区法院与联邦最高法院对该类案件享有管辖权当属无疑。不过，非法取证受害人能否直接根据《美国联邦宪法》第四修正案和第五修正案的规定向联邦官员主张侵权索赔，取决于对《美国联邦宪法》第四修正案和第五修正案的解释。进言之，联邦最高法院并未直接回答该问题，而是决定将这个问题留待未来解决。

就此而言，美国在构建 Bivens 宪法侵权索赔制度时，面临的最大理论困境在于宪法侵权受害人所主张的救济权的权利基础难以确定。如果救济权的权利基础得以确认，那么宪法侵权受害人是否能够主张侵权救济这一问题便随之明了。

在贝尔诉胡德案 20 年后，联邦最高法院再度面临该问题，即毕文斯

---

[1] See Wiley v. Sinkler, 179 U. S. 58 (1900); Swafford v. Templeton, 185 U. S. 487 (1902).

诉六名美国联邦缉毒局无名官员案[1]。1965年11月26日早晨,美国公民毕文斯家里,迎来了六名不速之客,他们都是联邦缉毒局的警察。六名警察以执行公务的名义,以涉嫌毒品犯罪为由,逮捕了毕文斯。据毕文斯描述,这六名警察在逮捕过程中,在毕文斯的妻子与子女的面前给毕文斯戴上了镣铐,并且还进行了言语上的威胁,声称要逮捕毕文斯的所有家人。随后,六名警察彻底地搜查了毕文斯的住宅。他们在逮捕与搜查时,并未出示搜查令和逮捕令,还动用了不合理的暴力。正是这一系列行为,在诉讼过程中影响了六名缉毒局警察侦查活动的合宪性认定;也正是这一系列行为,激发了联邦最高法院的创造热情,作出了一改以往风格的判决,成功创制了 Bivens 宪法侵权索赔制度。

1967年7月7日,毕文斯在联邦地区法院提起诉讼,声称自己因为联邦缉毒局警察的非法行为,遭受了极大的屈辱、窘迫和精神上的痛苦,要求六名缉毒局警察每人向自己赔偿1.5万美元,填补自己所遭受的损害。联邦地区法院经过审理,最终判决毕文斯败诉。联邦地区法院在判决中给出了两项判决理由,并且宣称这两项判决理由为可替代的理由,即基于两项理由中的任意一项,都可以单独地作出毕文斯败诉的判决。判决理由之一为不存在合格的诉由,即毕文斯的诉状中未能提出一个符合联邦法律要求的诉由;另外一项判决理由为,被告系联邦行政官员,其享有豁免权。

毕文斯随即提起上诉。上诉法院在1969年驳回其上诉请求,维持了原判。但上诉法院的判决理由与初审判决有所不同。对于联邦地区法院的两项判决理由,上诉法院仅仅就第一项判决理由予以确认,即毕文斯未能提出一个符合联邦法律要求的诉由。至于被上诉人所主张的联邦行政官员的豁免权,上诉法院认为,只有当《美国联邦宪法》第四修正案授权宪法侵权受害人可以向联邦行政官员提起私人侵权诉讼时,才会产生豁免问题。既然第一项判决理由认为毕文斯未能提出一个符合联邦法律要求的诉由,即《美国联邦宪法》第四修正案并未授权毕文斯

---

[1] Bivens v. Six Unknown Named Agents, 403 U.S. 388 (1971).

向被告六名缉毒局警察提起私人侵权诉讼，那么便无须再讨论联邦行政官员的豁免权问题。[1]

在上诉法院维持原判之后，毕文斯仍然不服，联邦最高法院接受其调卷申请，开始进行审理。1971 年联邦最高法院就本案公开宣判，最终决定撤销原判，发回重审。六名大法官支持了这一判决，其中一名大法官持协同意见（concurring opinion），另外有三名大法官持反对意见（其中包括贝尔诉胡德案的主笔大法官布莱克）。联邦最高法院认为：第一，根据《美国联邦宪法》第四修正案的规定，毕文斯已经提出了一个符合联邦法律所要求的诉由——当联邦行政官员违反了《美国联邦宪法》第四修正案的规定，并且联邦行政官员的违宪行为造成了损害时，在有充分证据予以支持的情况下，宪法侵权受害人就可以据此要求损害赔偿。尽管《美国联邦宪法》第四修正案并未过多着墨于规定违反其所带来的金钱损害赔偿后果，但是"它规定了倘若权利受到侵害且联邦法律对此规定了可以起诉的权利，则联邦法院可以采用任何可行的救济方式以弥补错误"[2]。公民自由的本质在于其无论何时受到损害都有权寻求法律的保护。[3] 既然毕文斯基于《美国联邦宪法》第四修正案提出诉请，只要损害是联邦官员违反《美国联邦宪法》第四修正案所致，毕文斯便有权对于其所受到的任何侵害主张金钱损害赔偿。概言之，《美国联邦宪法》第四修正案中暗藏一项独立的诉讼理由，宪法侵权受害人可以直接根据《美国联邦宪法》第四修正案主张宪法侵权救济。第二，联邦地区法院在初审判决中所提及的联邦行政官员的豁免权问题，联邦上诉法院对这一问题没有予以确认，联邦最高法院因此不再重复审理。

值得注意的是，在诉讼中，毕文斯主张被告违反《美国联邦宪法》第四修正案侵犯了自己的权利。被告同样承认，当毕文斯的权利受到了联邦行政官员的违宪行为侵犯时，其应当享有一定的法律救济权利。但被告同时认为，毕文斯所主张的权利——隐私权——是州法律的产物，而

---

〔1〕 See Bivens v. Six Unknown Named Agents, 409 F. 2d 718 (2d Cir. 1969).

〔2〕 Bell v. Hood, 327 U. S. 678, 684 (1946).

〔3〕 See Marbury v. Madison, 1 Cranch 137, 163 (1803).

非联邦法律的产物，所以如果毕文斯要主张自己的隐私权受到侵犯，并基于此要求被告进行损害赔偿，就只能在州法院依据州法律提起诉讼。

如前文所述，美国法在构建 Bivens 宪法侵权索赔制度时，面临的最大理论困境在于宪法侵权受害人所主张的救济权的权利基础难以确定。在毕文斯诉六名美国联邦缉毒局无名官员案中，被告认为该权利应界定为隐私权，而非某一宪法权利。但联邦最高法院并未将该权利界定为隐私权，主笔大法官布伦南指出，“联邦执法官员仅仅只要调用联邦权力，就能使得任何向当地警方求助以阻止非法入侵或逮捕的尝试沦为徒劳。假公权力之名进入往往会使得户牖大开。在这种情形之下，除非享有司法法庭的保护，否则对于公民而言毫无安全可言。政府官员假借政府之名任意侵犯其权利。对于公民仅仅剩下一条可能等同于犯罪的替代性路径——抵抗”[1]。既然联邦最高法院已经承认毕文斯提出了一个符合联邦法律所要求的诉由，那么其肯定不会将《美国联邦宪法》第四修正案所保护的利益识别为隐私权——隐私权毕竟应由州法律决定是否予以保护。为论证联邦法院的管辖权，联邦最高法院选择将《美国联邦宪法》第四修正案所保护的利益单独权利化，也就是说，《美国联邦宪法》第四修正案所保护的利益是一种有别于隐私权的单独的宪法性权利。更准确地说，是一束权利——人身、住宅、文件以及物品免受不合理的搜查和扣押的权利。

至此，宪法侵权索赔制度得以正式确立，如同所有其他伟大的判例，毕文斯也名垂美国司法制度史，宪法侵权索赔制度被简称为 Bivens 索赔制度。随后，Bivens 宪法侵权索赔制度迅速从《美国联邦宪法》第四修正案扩展到其他《美国联邦宪法》修正案，例如，戴维斯诉帕斯曼案[2]将 Bivens 宪法侵权索赔制度扩展至《美国联邦宪法》第五修正案，卡尔森诉格林案[3]将 Bivens 宪法侵权索赔制度扩展至《美国联邦宪法》第八修正案等。

---

〔1〕 Bivens v. Six Unknown Named Agents, 409 F. 2d 718 (2d Cir. 1969).

〔2〕 Davis v. Passman, 442 U. S. 228 (1979).

〔3〕 Carlson v. Green, 446 U. S. 14 (1980).

FTCA 索赔制度与 Bivens 索赔制度有何区别呢? 显而易见的是,FTCA 索赔对象系美国或联邦政府,而 Bivens 索赔对象系联邦官员。自 Bivens 索赔制度确立后,美国司法界逐渐认识到,与 FTCA 索赔相比,Bivens 索赔对联邦官员具有更大的威慑作用,因为 Bivens 索赔直接针对联邦官员个人。更何况在 Bivens 索赔中,受害人可以主张惩罚性损害赔偿,而在 FTCA 索赔中则不允许惩罚性赔偿。概言之,Bivens 索赔的被告有承担个人责任的风险,责任范围包括惩罚性损害赔偿,而 FTCA 索赔由政府来支付所有的损害赔偿。另外,在程序层面,Bivens 索赔中受害人可以要求陪审团审判,但在 FTCA 索赔中受害人没有此项权利。

不过,FTCA 索赔与 Bivens 索赔能否同时提起呢? 亦或者如果对美国主张 FTCA 索赔,那么便不能对联邦官员主张 Bivens 索赔吗? 两者之间是互斥关系吗? 卡尔森诉格林案回答了该问题。

卡尔森是联邦监狱管理局局长,格林的儿子在印第安纳州某监狱服刑期间,遭受严重的人身伤害并由此导致死亡,格林作为其儿子的遗产管理人对卡尔森起诉提出索赔。格林认为卡尔森等监狱官员未能给予适当的医疗照顾以致其儿子死亡,该行为违反《美国联邦宪法》第八修正案"禁止残酷和不寻常手段惩罚"的规定。格林根据《美国法典》第 28 编第 1331 条(a)款主张本案由联邦法院管辖,并向卡尔森提出赔偿请求,其中包括惩罚性损害赔偿。联邦最高法院承认,根据 Bivens 索赔制度,格林具有向卡尔森提出损害赔偿诉求的诉由。但同时联邦地区法院也注意到,格林也可以依据 FTCA 索赔制度对美国提起诉讼进而实现其诉求,那么格林在此情况下还能否直接根据宪法获得救济呢? 换言之,主张 Bivens 索赔前是否必须穷尽包括 FTCA 索赔在内的其他救济手段呢?

联邦最高法院认为,格林可以自由选择通过 Bivens 索赔或 FTCA 索赔实现权利救济,主张 Bivens 索赔无须穷尽包括 FTCA 索赔在内的其他救济手段。Bivens 索赔可能被驳回的两种情况在这里都不存在:一方面,在国会没有采取积极措施的情况下,本案没有任何需要额外考虑的特殊因素,如果格林不能根据宪法主张 Bivens 索赔,就表明对其提供的司法救济可能不适当;另一方面,国会并未明确宣布,因联邦官员违反

《美国联邦宪法》第八修正案的行为而受损的人，不得从联邦官员个人那里追回损失，而必须通过另一种在国会看来同样有效的方式寻求救济。

除上述理由以外，联邦最高法院指出还有其他因素也支持上述结论。以下简单列举这些因素：(1)针对联邦官员个人的 Bivens 索赔比针对美国的 FTCA 索赔具有更有效的威慑作用；(2)Bivens 索赔允许惩罚性损害赔偿，但 FTCA 索赔禁止惩罚性损害赔偿；(3)Bivens 索赔允许受害人选择陪审团审判，但 FTCA 索赔禁止受害人选择陪审团审判；(4)FTCA 索赔有来自冲突法方面的限制，即只有当被指控的不当行为发生地所在州同样也认为这样的不当行为的受害者具有要求损害赔偿的诉由时，受害者才能依据该法案提出诉讼，这无疑最大限度地限制了当事人的权利，Bivens 索赔则无此限制。

当然，受害人无论是选择 Bivens 索赔还是选择 FTCA 索赔，都不可能就同一损害同时要求美国政府和联邦官员承担损害赔偿责任，即主张双倍的损害赔偿。Bivens 索赔与 FTCA 索赔是受害人实现权利救济的两种手段，各有优劣，Bivens 索赔或许可以主张惩罚性损害赔偿，但联邦官员个人偿付能力有限，FTCA 索赔虽然无法主张惩罚性损害赔偿，但国家赔偿偿付能力毋庸置疑。受害人如何选择，如何权衡利弊，完全由其自己决定。

总而言之，在 FTCA 颁布后 WA 颁布前，在制度层面，公务侵权受害人对联邦官员的普通法侵权行为，既可以依据普通法针对联邦官员个人主张侵权索赔，也可以依据 FTCA 针对联邦政府主张侵权索赔。但在实践层面，由于自由裁量例外的宽泛解释与联邦行政官员豁免权的不断扩张，依据普通法针对联邦官员个人的侵权索赔成功率越来越低，依据 FTCA 针对联邦政府的侵权索赔逐渐成为公务侵权受害人主要的权利救济方式。此外，联邦最高法院通过判例法区分了普通法侵权行为与宪法侵权行为，为宪法侵权行为专门提供了针对联邦官员的 Bivens 索赔，在很大程度上填补了 FTCA 索赔无法为联邦官员故意侵权行为受害人提供权利救济的制度缺口。

三、WA 颁布后的联邦官员民事侵权责任

由于 FTCA 并未禁止公务侵权受害人根据普通法对联邦官员个人主张侵权索赔，因此 FTCA 的功能在于为公务侵权受害人增加一项权利救济手段，即根据 FTCA 对联邦政府主张侵权索赔，而非以 FTCA 索赔替代普通法侵权索赔。就此而言，公务侵权受害人既可以根据普通法对联邦官员个人主张侵权索赔，又可以根据 FTCA 对联邦政府主张侵权索赔，只是由于联邦政府的偿付能力显著强于联邦官员个人，因此主张 FTCA 索赔的更为常见。但是，由于 FTCA 的诸多例外，对联邦官员个人的普通法侵权索赔仍然一直存在，与 Bivens 索赔共同发挥填补 FTCA 索赔制度漏洞的功能。但 1988 年 WA 颁布后，自美国建国以来一直存在的针对联邦官员个人的普通法侵权索赔被废止，只剩 FTCA 索赔与 Bivens 索赔。此后，针对联邦官员个人的索赔仅限于宪法侵权行为，并且仅限于 Bivens 索赔。

1988 年《联邦雇员责任改革与侵权赔偿法》之所以被称为韦斯特福尔法案（Westfall Act），是因为该法案系回应韦斯特福尔诉欧文案〔1〕而颁布。在该案中，联邦最高法院打破了联邦官员豁免权与公务侵权受害人普通法侵权索赔权之间的平衡。〔2〕本案原告系威廉·欧文及其妻子埃默利·欧文，威廉·欧文是亚拉巴马州安妮斯顿陆军仓库管理员，被告罗德尼·P. 韦斯特福尔等人是亚拉巴马州安妮斯顿陆军仓库的负责人。欧文夫妇指控韦斯特福尔等人疏忽大意，导致其吸入苏打灰，并进而导致眼睛和喉咙被化学灼伤。欧文夫妇首先在亚拉巴马州北区联邦地区法院起诉，联邦地区法院作出即决判决，认为任何联邦官员对其职务范围内的普通法侵权行为都享有绝对豁免权。随后欧文夫妇上诉至联邦第十一巡回法院，联邦第十一巡回法院认为联邦地区法院仅考虑韦

---

〔1〕 Westfall v. Erwin, 484 U. S. 292 (1988).

〔2〕 See Daniel A. Morris, *Federal Employees' Liability since the Federal Employees Liability Reform & Tort Compensation Act of* 1988 (*The Westfall Act*), Creighton Law Review, Vol. 25:1, p. 73 (1991).

斯特福尔等人的行为是否在其职务范围内，但并未考虑其行为是否具有自由裁量权，并非所有职务范围内的普通法侵权行为都享有绝对豁免权，只有在职务范围内且具有自由裁量权的普通法侵权行为才享有绝对豁免权，因此必须考察韦斯特福尔等人的行为是否具有自由裁量权，联邦地区法院作出即决判决是不恰当的。

韦斯特福尔等人又上诉至联邦最高法院，联邦最高法院认为，巴尔诉马特奥案与霍华德诉莱昂斯案[1]已经确认，联邦官员豁免权的范围问题是联邦法律问题，如果国会没有立法，则由法院通过判例法确定。设置联邦官员豁免权的目的不是保护犯错的联邦官员，而是要使联邦官员的决策过程免受未来诉讼的干扰。具体来说，之所以赋予联邦官员豁免权，是因为联邦官员承担个人责任的威胁使联邦官员在履行公务时过于胆怯，影响联邦政府履行其公共职责。如果联邦官员能够不用担心承担个人责任，那么联邦政府履行其公共职责将更为有效。但是，必须承认赋予联邦官员豁免权是要付出巨大代价的：一个公务侵权受害人被拒绝赔偿，仅仅是因为他不幸被一名联邦官员伤害；更重要的是，联邦官员豁免权违反了个人应对其不法行为负责的基本原则。因此，联邦最高法院认为，只有当联邦官员豁免权在特定情况下对有效政府的贡献超过可能对公民个人反复造成的伤害时，联邦官员豁免权才是合理的。如果联邦官员不具备自由裁量权，即无须联邦官员的独立判断，那么个人责任并不会威胁联邦官员，或者说并不会影响政府的有效性。一方面，联邦官员在不具备自由裁量权时，其普通法侵权行为就不存在违法阻却事由，因此其非常确定一旦违反相关行为标准就必须承担个人责任，联邦官员在入职培训时已经对此十分熟悉；另一方面，即使在此种情况下赋予联邦官员豁免权也无助于政府的有效性，因为在此种情况下联邦官员不具备自由裁量权，其并不可能从不作为转向作为。因此只有当联邦官员具备自由裁量权时，潜在的个人责任才可能束缚其独立判断，进而影

〔1〕 Howard v. Lyons, 360 U. S. 593 (1959).

响“无畏、有力和有效的政府政策管理”[1]。在此意义上,联邦官员豁免权只应当赋予需要具备自由裁量权的行为,只有联邦官员的行为在其职务范围内,而且具备自由裁量权时,联邦官员才对其普通法侵权行为享有豁免权。

不过,韦斯特福尔等人辩称,其行为具备最低限度的自由裁量权,因为只要法律没有规定具体的行为标准,那么该行为就是需要自由裁量的,因此应该赋予其在普通法上侵权行为的豁免权。联邦最高法院则认为,如此解释自由裁量权是非常机械的。因为几乎所有联邦官员履行职务的行为都涉及一些选择和判断,如此解释将使自由裁量权失去意义。而且这种解释忽视了联邦官员豁免权潜在利益和成本的平衡,忽视了设置联邦官员豁免权的根本目的。如此一来,联邦官员豁免权的代价无疑会超过其所带来的潜在收益,这显然无法令人接受。在本案中,欧文夫妇希望举证证明韦斯特福尔等人的职责仅是要求他们遵守既定的程序和指导方针,而不需要参与美国政府的任何政策制定工作,即他们的行为并不具备自由裁量权,不应当赋予其豁免权。韦斯特福尔等人并未提交任何反证。因此本案存在一个重要的事实问题需要查清,即韦斯特福尔等人是否就所指控的普通法侵权行为行使了足够的自由裁量权。由于本案是根据即决判决审理的,相关的事实背景尚不清楚,联邦最高法院无法确定联邦官员豁免权的确切边界以及联邦官员行使自由裁量权的程度。而且联邦最高法院未必适合回答该问题,相反国会最有能力为复杂且往往是高度实证的调查提供指导,以确定在特定情况下是否需要赋予联邦官员豁免权,因此应当由国会制定联邦官员普通法侵权行为豁免权的立法标准。综合考虑后,联邦最高法院确认联邦第十一巡回法院的判决,要求发回重审,就韦斯特福尔等人是否就所指控的普通法侵权行为行使了足够的自由裁量权这一重要事实问题进行调查。

韦斯特福尔诉欧文案的重要意义在于:自 FTCA 颁布后,自由裁量例外被泛化理解、联邦行政官员豁免权不断扩张,这两项因素综合作用

---

[1] Westfall v. Erwin, 484 U. S. 292 (1988).

导致对联邦官员个人的普通法侵权行为索赔成功率很低，尤其是对于联邦官员的过失侵权行为。实践中法院在处理对联邦官员个人的索赔案件时，多以即决判决处理，即以其拥有联邦官员豁免权为由驳回诉讼请求，其结果就是事实上 FTCA 索赔成为针对联邦官员过失侵权行为的唯一救济手段。韦斯特福尔诉欧文案打破了这一司法惯例，要求不得轻易通过即决判决以其拥有联邦官员豁免权为由驳回公务侵权受害人的诉讼请求，而应该通过普通诉讼程序调查联邦官员是否行使了自由裁量权。这样一来，联邦官员虽然未必一定会承担个人责任，但却不得不因出庭等诉讼事项付出时间和精力，这令联邦官员不堪其扰，甚至有可能干扰正常工作，进而影响有效政府的实现。1988 年 WA 正是为了回应这一现实困扰而颁布的。

1988 年 WA 的前身是《联邦驾驶员法案》(The Federal Driver's Act)，[1] 该法案不仅规定联邦驾驶员对其在职务范围内即驾驶机动车时造成的人身伤亡或财产损失具有豁免权，免于承担个人责任，而且特别规定受害人只能根据 FTCA 向美国索赔，不得根据普通法向联邦驾驶员个人索赔。换言之，FTCA 索赔成为受害人唯一的权利救济手段，这意味着不仅在责任承担层面联邦驾驶员无须承担个人责任，而且在起诉程序层面联邦驾驶员并非适格被告而不必为出庭等诉讼事项所扰。《联邦驾驶员法案》授权司法部长确定，当联邦机动车侵权行为发生时，联邦驾驶员是否在其职务范围内行事。[2] 如果司法部长确定侵权行为发生时联邦驾驶员是在其职务范围内行事，案件就会从州法院移送至联邦地区法院，此时作为被告的美国政府可以利用 FTCA 的限制，如无惩罚性损害赔偿、无陪审团审判等进行辩护，这有时会导致受害人权利救济不充分，无法获得向联邦驾驶员个人索赔时可能获得的救济。就此而言，一旦禁止受害人根据普通法向联邦官员个人索赔，只允许受害人根据 FTCA 向

---

〔1〕 See 28 U. S. C. § 2679(b)-(e)(1966).

〔2〕 See Daniel A. Morris, *Federal Employees' Liability since the Federal Employees Liability Reform & Tort Compensation Act of* 1988 (*The Westfall Act*), Creighton Law Review, Vol. 25:1, p. 73, 78 (1991).

联邦政府索赔，那么受害人便有可能面临权利救济不充分乃至成功率下降的困境。在此种情况下，除非确定受害人能够从美国获得赔偿，否则联邦官员不应获得诉讼豁免权，禁止受害人根据普通法向其索赔。

在 WA 一开始的立法调查中，美国国会将韦斯特福尔诉欧文案中美国联邦最高法院的决定描述为“对联邦官员普通法侵权行为豁免权的侵蚀”，即此前只要联邦官员在其职务范围内行事即可享有豁免权，而无须考虑其是否行使了自由裁量权，韦斯特福尔诉欧文案将联邦官员豁免权限缩至联邦官员的自由裁量行为。美国国会还表示，韦斯特福尔诉欧文案的决定“立即引发了一场关于联邦官员个人责任前景和旷日持久的诉讼负担的危机，这两项潜在的威胁可能会有损联邦官员的士气，可能会降低联邦机构的效率，并可能大大削弱联邦执法的活力”〔1〕。因此，WA 的立法目的是保护联邦官员免于对其职务范围内的普通法侵权行为承担个人责任，同时向受到联邦官员实施的普通法侵权行为的受害人提供针对美国政府的适当补救措施，即 FTCA 索赔。

1988 年 11 月 18 日颁布的 WA，尤其是对 FTCA 的修正，适用于所有颁布后未决或新提起的索赔。因此，针对联邦官员实施的普通法侵权行为的索赔必须遵守 WA 的规定。WA 并未创造任何新的补救措施或诉讼理由，而是重新恢复了联邦官员对于普通法侵权行为的豁免权，并进一步使联邦官员在责任豁免权之外取得起诉豁免权。WA 在立法上推翻了韦斯特福尔诉欧文案的判决，给予联邦官员在其职务范围内的普通法侵权行为绝对豁免权，不再考虑其是否行使了自由裁量权。WA 将《联邦驾驶员法案》赋予联邦驾驶员的起诉豁免权，即禁止受害人起诉联邦驾驶员、只允许其起诉美国政府，扩张至所有联邦官员。

具体而言，WA 修改了 FTCA 第 2671 条、第 2674 条与第 2679 条(b)款和(d)款，进而创建了一个法定机制。通过该机制，针对联邦官员个人的普通法侵权行为索赔将转化为针对联邦政府的 FTCA 索赔。为

---

〔1〕 H. R. REP. No. 700, 100th Cong., 2d Sess. 2-4, reprinted in 1988 U. S. CODE CONG. & ADMIN. NEWS 5945, 5945-5948.

了达到这个目的,WA 借鉴《联邦驾驶员法案》同步授权司法部长确定联邦官员的普通法侵权行为是否在其职务范围内。一旦在其职务范围内,联邦政府将取代联邦官员成为被告,如此一来,诉讼就会溯及既往,就好像一开始受害人就是针对联邦政府提出的 FTCA 索赔一样。WA 使 FTCA 索赔成为联邦官员在职务范围内实施的普通法侵权行为受害人的唯一救济手段,除 FTCA 索赔之外,任何基于同一事项对联邦官员个人的索赔都被禁止,除非法律另有规定。

那么,不免疑问,如果联邦官员所为并非普通法侵权行为,而系宪法侵权行为,而且在其职务范围内,WA 是否同样禁止受害人对联邦官员个人主张 Bivens 索赔,而只允许对美国政府主张 FTCA 索赔呢?塞勒斯诉美国案[1]回答了该问题。原告塞勒斯是一名联邦囚犯,1983 年,当联邦监狱管理局"封锁"(locked down)伊利诺伊州马里恩的联邦监狱时,其限制了囚犯可以在监狱里存放的个人财物的数量。联邦监狱管理局规定联邦囚犯可以将超额部分另外储存起来或者寄给自己选择的人。塞勒斯最初拒绝指定收件人,因此监狱至少存放了 5 箱他的财物。后来,他指定联邦第七巡回法院的托马斯·爱德华·费尔柴尔德法官为他的收件人,监狱警卫认为这是一个玩笑,并拒绝执行。封锁 1 年多后,由于塞勒斯仍然不配合,监狱警卫把他的东西寄给了他的妻子。塞勒斯称,监狱警卫在邮寄过程中,偷走或弄丢了 1 幅他妻子的油画、41 本法律书籍、1 本年鉴、1 个冰桶、1 把组合锁、1 副太阳镜和 1 个护腿器。据此,塞勒斯对 3 名监狱警卫与监狱长个人主张 Bivens 索赔。联邦地区法院认定 3 名监狱警卫与监狱长的行为在其职务范围内,因此主动将塞勒斯对 4 位联邦官员个人的 Bivens 索赔转换为对联邦政府的 FTCA 索赔。联邦地区法院最终裁决,油画赔偿 100 美元,年鉴赔偿 5 美元,但没有对冰桶、太阳镜、锁和腿部支撑物赔偿,因为塞勒斯在行政索赔中并未提及这些财物。

塞勒斯随后上诉至联邦第七巡回法院,其上述请求有三项:第一,油

---

〔1〕 Sellers v. United States, 902 F. 2d 598 (7th Cir. 1990).

画估价过低,应当赔偿200美元;第二,联邦地区法院法官忽略了其关于41本法律书籍的索赔请求;第三,不应该将对4位联邦官员个人的Bivens索赔转换为对联邦政府的FTCA索赔。对于第一项上诉请求,联邦第七巡回法院认为,艺术品的估价是一项困难的业务,其不相信油画估价者犯了明显的错误,低估了油画的价值。没有任何迹象表明这幅油画有任何市场价值。尽管塞勒斯可能出于情感原因认为该油画值200美元,但估价并不以塞勒斯的情感价值为准,因此联邦第七巡回法院驳回了该项上诉请求。对于第二项上诉请求,联邦第七巡回法院认为,联邦地区法院的确忽略了41本法律书籍的索赔请求,但是否系监狱警卫弄丢了该41本法律书籍尚需调查,因此联邦第七巡回法院将该项上诉请求发回重审要求调查清楚相关事实。对于第三项上诉请求,代表联邦政府答辩的司法部认为,FTCA已经为塞勒斯提供了权利救济手段,即对联邦政府的FTCA索赔,而且《美国联邦宪法》第五修正案并未授权受害人可以直接起诉监狱警卫,因此当然应该驳回塞勒斯对4位联邦官员个人的Bivens索赔,并将其转换为对联邦政府的FTCA索赔。司法部还指出,虽然卡尔森诉格林案[1]驳回了FTCA索赔优先于Bivens索赔的观点,不过卡尔森诉格林案与本案情况不同,卡尔森诉格林案中涉及惩罚性损害赔偿,这意味着FTCA无法提供有效和完整的补救措施,但在本案中并不涉及此项内容,因此FTCA足以提供有效和完整的补救措施,卡尔森诉格林案的判决不适用于本案。但联邦第七巡回法院认为:"现在不是考虑这个问题的时候,本案到目前为止,4位联邦官员甚至还不是案件当事人,他们没有提出司法部这样的答辩,也没有授权司法部这样做。出于谨慎,本案应聚焦于羁押期间的财产损失问题,而不是对复杂的上诉管辖权问题进行长期讨论,然后解决一个新的宪法问题。更何况,即使允许塞勒斯对4位联邦官员个人主张Bivens索赔,这4位联邦官员很快就能证明他们与塞勒斯的财产损失无关,或者他们的行为至多是疏忽大意。如此一来,实际上4位联邦官员并不会承担个人责任。

---

〔1〕 Carlson v. Green, 446 U. S. 14 (1980).

本案暂时不回答卡尔森诉格林案的判决适用范围的问题,留待以后研究。”联邦第七巡回法院最终撤销了联邦地区法院驳回塞勒斯对四位联邦官员个人的 Bivens 索赔判决。概言之,塞勒斯诉美国案确定了 WA 关于联邦官员起诉豁免权的规定仅适用于联邦官员的普通法侵权行为,而不适用于联邦官员的宪法侵权行为。换言之,如果联邦官员的行为在其职务范围内,对联邦官员的普通法索赔会转换为 FTCA 索赔,但对联邦官员的 Bivens 索赔并不会转换为 FTCA 索赔。

四、小结

若以时间线划分,1946 年 FTCA 与 1988 年 WA 将美国联邦官员的民事侵权责任切割为三段:FTCA 颁布前的联邦官员民事侵权责任、FTCA 颁布后 WA 颁布前的联邦官员民事侵权责任、WA 颁布后的联邦官员民事侵权责任。在 FTCA 颁布前,公务侵权受害人只能根据普通法向联邦官员个人索赔,至多可以通过请愿请求国会颁布私人法案补偿受害人,但成功率极低。在 FTCA 颁布后,公务侵权受害人不仅可以根据普通法向联邦官员个人索赔,而且还可以根据 FTCA 向联邦政府索赔,由于联邦政府偿付能力更强,其逐渐成为主要的责任承担主体。不过,FTCA 提供的权利救济手段不充分,自由裁量例外被宽泛解释与联邦官员豁免权不断扩展使联邦最高法院不得不通过判例法创设 Bivens 索赔填补制度漏洞。当然,允许受害人对联邦官员个人索赔不可避免地会使联邦官员分出精力处理出庭等诉讼事项,这无疑会影响联邦官员正常履职。在 WA 颁布后,所有对联邦官员普通法侵权行为的索赔,如果该行为在其职务范围内,均被视为对联邦政府的 FTCA 索赔,不过对联邦官员的 Bivens 索赔不受影响。因此,除特殊法特别规定的救济手段外,目前对联邦官员公务侵权行为现行有效的一般救济手段实际上就是 FTCA 索赔与 Bivens 索赔两种,两者具体的分工情况为:FTCA 索赔针对联邦官员的普通法侵权行为,Bivens 索赔针对联邦官员的宪法侵权行为。

纵观美国联邦官员民事侵权责任制度发展史,可以发现无论在哪个发展阶段,对联邦官员个人的索赔始终是受害人兜底性的救济手段。具体而言,在 FTCA 颁布前,公务侵权受害人无法起诉联邦政府追究国家赔偿责任,根据普通法对联邦官员个人的索赔成为最后的救命稻草。在 FTCA 颁布后 WA 颁布前,由于自由裁量例外被宽泛解释与联邦官员豁免权不断扩展,对联邦官员故意侵权行为索赔的成功率极低,受害人救济无门,此时对联邦官员个人的索赔,即联邦最高法院创设的 Bivens 宪法侵权索赔制度填补了联邦官员故意侵权行为无救济手段的制度漏洞。即使在 WA 颁布后,Bivens 索赔仍然发挥着作为公务侵权受害人兜底性救济手段的功能。由此可见,对联邦官员个人索赔的联邦官员民事侵权责任制度始终是美国官员问责体系的基石。

当然,仅就权利救济效果而言,对联邦政府的 FTCA 索赔,即美国国家赔偿制度,因其偿付能力强,其对于公务侵权受害人实现权利救济至关重要,其重要性远超对联邦官员个人的索赔。但国家赔偿制度的缺点也十分明显:一方面,受财政影响,国家赔偿范围始终有限,因此在国家无力赔偿之时,就应当允许公务侵权受害人向联邦官员个人索赔。如此一来,国家赔偿与联邦官员个人赔偿便能构建起相对完善的权利救济体系。国家赔偿无力覆盖的类型可先由联邦官员个人赔偿,通过判例法发展成熟后再通过修法纳入国家赔偿,两者互相补充、相得益彰。另一方面,为公务侵权受害人提供权利救济只是第一层目标,更深层目标在于威慑联邦官员,规范其履职行为,减少公务侵权发生频率,国家赔偿制度并不能惩罚联邦官员,无法实现威慑和预防效果,只有联邦官员民事侵权责任制度才能在为受害人提供权利救济的同时实现对联邦官员的威慑和预防。就此而言,美国联邦官员民事侵权责任制度对于我国公职人员民事侵权责任制度的构建具有一定的参考意义,在国家赔偿未尽覆盖之处,公职人员民事侵权责任制度或许可以发挥其作用。

第二节 美国州官员的民事侵权责任

与联邦官员民事侵权责任制度发展史大致相同,州官员民事侵权责任制度也经历了从根据普通法对州官员个人主张索赔到根据州侵权索赔法对州政府主张索赔的发展历程。由于各州情况各不相同，尤其是牵涉各州侵权法与侵权索赔法（与 FTCA 相对应），一一介绍既无必要，也无可能。尽管各州侵权法与侵权索赔法略有不同，各州官员民事侵权责任制度与联邦官员民事侵权责任制度略有不同，但这些细微差异对于了解美国州官员民事侵权责任制度的概况影响不大，因此只要清楚美国州官员民事侵权责任制度发展史与联邦官员民事侵权责任制度大致相同即可。相反，真正值得关注的是，虽然州官员民事侵权责任制度中同样存在普通法侵权行为与宪法侵权行为的区分，但州官员民事侵权责任制度中的宪法侵权索赔比联邦官员民事侵权责任制度中的 Bivens 索赔足足早了 100 年。

州官员民事侵权责任制度中的宪法侵权索赔制度规定在《美国法典》第 42 编（公共卫生和福利）第 21 章（民权）第 1983 节（剥夺权利的民事诉讼），因此针对州官员宪法侵权行为的索赔也被称为 1983 索赔。就此而言，如果说联邦官员公务侵权行为的权利救济体系主要由对联邦政府的 FTCA 索赔与对联邦官员个人的 Bivens 索赔构成，对联邦政府的 FTCA 索赔为联邦官员实施的普通法侵权行为提供救济，对联邦官员个人的 Bivens 索赔为联邦官员实施的宪法侵权行为提供救济，那么州官员公务侵权行为的权利救济体系则主要由对各州政府的州侵权索赔与对州官员个人的 1983 索赔构成，对各州政府的州侵权索赔为州官员实施的普通法侵权行为提供救济，对州官员个人的 1983 索赔为州官员实施的宪法侵权行为提供救济。各州的州侵权索赔法主要借鉴 1946 年的 FTCA，因此差别不大，而对州官员个人的 1983 索赔却比对联邦官员个人的 Bivens 索赔早足足 100 年，其中缘由相当值得关注，因此本节聚焦于对州官员个人的 1983 索赔。

一、1983 索赔之滥觞

1983 索赔最初是作为 1871 年《民权法案》的第 1 节颁布的，1871 年《民权法案》即《三 K 党法案》（The Ku Klux Klan Act）。1871 年《民权法案》是美国南北战争后重建时期宪政实践的一部分，尤其与《美国联邦宪法》第十四修正案关系密切。南北战争最重要的意义在于“阻止了联邦的分裂和瓦解，保存了美国的完整与统一”，而且“废除了奴隶制，使南部400万奴隶获得了自由”〔1〕。“黑人的解放毫无疑问地改变了南部的政治与经济秩序，所以，重建不再是一个按既存的宪法原则和程序将退出联邦的各州重新接纳进联邦的问题，而必须是一个重新设计和建立新的宪政秩序的问题，这个新秩序必须同时保证南部各州的政府和联邦政府本身都是真正意义上的‘共和政体’。”〔2〕其中牵涉的最重要问题就是：“获得自由的南部黑人是否应该成为美国公民并立即获得与白人公民同等的权利？他们的公民资格应由州还是联邦政府来授予和确认？他们是否有资格参加新的南部各州政府的重建？”〔3〕

围绕这些问题，美国国会于1865年1月通过了《美国联邦宪法》第十三修正案。该修正案分为两条：第1条宣布在美国及其所管辖的领土上永远废除奴隶制，第2条宣布国会将有权以“适当的立法”（appropriate legislation）来实施这条宪法修正案。第1条系宣示南北战争的成果，第2条则赋予国会制定推进废奴相关具体法案的权力。此外，美国国会要求各州只有批准该条宪法修正案才得重返联邦，这对于废奴宪政在各州的统一实施意义重大。

1865年4月14日，亚伯拉罕·林肯总统被刺杀，副总统安德鲁·约翰逊掌权。不过，约翰逊总统的重建政策更为保守，其坚持联邦政府无权规定各州公民享有选举权条件，拒绝以联邦政府的名义在保护黑人权利的问题上采取任何行动。其甚至认为，美国政府的“首要原则”是让“人民自己统治自己”，绝不可能在未经南部白人选民同意的情况下强迫他们赋予前奴隶以平等的政治权利，那样做只会导致连续不断的“种族战争”（war of races）。〔4〕简言之，没有主人同意，奴隶不得自由。其

〔1〕 王希：《原则与妥协：美国宪法的精神与实践》，北京大学出版社2014年版，第259页。
〔2〕 王希：《原则与妥协：美国宪法的精神与实践》，北京大学出版社2014年版，第259页。
〔3〕 王希：《原则与妥协：美国宪法的精神与实践》，北京大学出版社2014年版，第259页。
〔4〕 参见王希：《原则与妥协：美国宪法的精神与实践》，北京大学出版社2014年版，第272页。

结果是,南部各州的重建政府相继通过了一系列被统称为黑人法典的限制黑人自由的地方法和州法,废奴宪政面临严峻挑战。

直到 1866 年,国会才根据《美国联邦宪法》第十三修正案第 2 条的规定通过了 1866 年《民权法案》以保障黑人权利。该法案规定,除印第安人外,所有在美国出生的人,只要不受任何外国法律的管辖,都是美国公民。所有美国公民,无论种族、肤色和从前是否曾经受过奴役,在联邦境内各州和领地上享有同样的权利,这些权利包括签订和履行合同的权利,向法院提出上诉和在法庭作证的权利,以及继承、买卖、出租和拥有财产的权利。所有美国公民的人身和财产将一视同仁地享受到与白人同等的法律保护。任何人侵犯其他公民的权利,都将受制裁和惩罚。联邦法院将有专门的权力来审理涉及该法案的一切案件。[1] 1866 年《民权法案》回答了上述关于黑人权利和法律地位的问题,而且还规定联邦法院有权审理黑人民权案件,使废奴宪政真正具有可操作性。可惜的是,该法案最终被约翰逊总统否决,其认为民权问题属于州权范围,联邦政府不能干预。不过,也正因为如此,约翰逊总统与国会共和党人决裂,使废奴宪政迎来新的转机。

1866 年 4 月后,约翰逊总统失去国会共和党人的支持,重建领导权从总统转移到国会手中。国会重新通过了 1866 年《民权法案》,还通过宪法修正案的形式巩固了该法案,即《美国联邦宪法》第十四修正案。第十四修正案共有 5 条:第 1 条再次界定联邦公民资格,建立联邦政府对公民权的保护权,禁止各州剥夺公民权利;第 2 条至第 4 条制定具体措施反制限制黑人权利的南部各州;第 5 条与第十三修正案第 2 条如出一辙,赋予国会制定适当法案的权利推进废奴宪政。具体而言,第 1 条首先延续 1866 年《民权法案》的规定界定了联邦公民资格,规定凡在美国出生或归化美国受美国管辖的人,都系美国及其居住州的公民。值得注意的是,在此法案中美国公民身份与州公民身份并列,也就是说,该条所称之人有双重公民身份,既是联邦公民,又是州公民。顺理成章,其既

---

〔1〕 参见王希:《原则与妥协:美国宪法的精神与实践》,北京大学出版社 2014 年版,第 275 页。

有联邦公民权利，又有州公民权利。在此基础上，对于联邦公民权利与州公民权利之间的关系，其规定联邦政府负责保护联邦公民权利，与此同时禁止州剥夺或侵犯联邦公民权利。具体包括：第一，各州不得制定或实施任何限制联邦公民"特权或豁免权"（privileges or immunities）的法律；第二，未经正当程序，各州不得剥夺任何人的生命、自由和财产；第三，各州不得拒绝给予任何人平等的法律保护。第 2 条规定，各州若剥夺联邦公民选举权，国会则削减该州众议院代表权。第 3 条限制了原南部蓄奴州政府高级官员的政治权利。第 4 条宣布内战时期南部蓄奴州债务无效。这 3 条对南部各州阻碍废奴宪政的行为提供了反制措施。第 5 条则为后续国会通过 1867 年《军事重建法》、《美国联邦宪法》第十五修正案、1871 年《民权法案》等推进废奴宪政的法律奠定了宪法基础。

共和党人掌握重建领导权后，采取了更为激进的重建政策以推进废奴宪政，其中最重要者即赋予南部各州黑人选举权。不过，由于奴隶主政治集团的反扑，南部各州发生了多起政治骚乱，迫害黑人事件不断发生。在此情形下，国会通过了 1867 年《军事重建法》以反制南部各州，切实推进废奴宪政，保障黑人选举权。根据 1867 年《军事重建法》的规定，南部的 10 个州被划分成 5 个军事行政区，由联邦军队暂时管理，负责保护公民的权利和财产，一切违法案件都将由军事法庭审理；各州在联邦军队的监护下，选举州制宪会议的代表，然后由代表制定出新的州宪法，各州年满 21 岁的男性公民不分肤色均有权参加利福尼亚州制宪会议代表的选举，新的州宪法必须保证给予黑人公民以同等的政治权利，各州的新政府必须批准《美国联邦宪法》第十四修正案。[1] 而且，1867 年《军事重建法》同样规定，南部各州只有达到上述各项要求后，才能被准允重回联邦，其国会代表权才能得以恢复。在 1867 年《军事重建法》的主导下，南部各州于 1868～1870 年逐渐赋予黑人选举权，批准《美

〔1〕 参见王希：《原则与妥协：美国宪法的精神与实践》，北京大学出版社 2014 年版，第 284 页。

国联邦宪法》第十四修正案,并最终重回联邦。1869 年 2 月,国会又通过了《美国联邦宪法》第十五修正案巩固废奴宪政的实践成果。《美国联邦宪法》第十五修正案第 1 条规定:"美国公民的选举权,不得因种族、肤色、或以前的奴隶身份而被联邦或任何一州加以拒绝和限制。"第 2 条同《美国联邦宪法》第十三修正案、第十四宪法修正案一样,赋予国会通过适当立法实施该宪法修正案的权力。

然而,就在《美国联邦宪法》第十五修正案通过后,废奴宪政貌似大功告成之际,南部反对势力死灰复燃。1870 年前后,"三 K 党"(The Ku Klux Klan)与南部白人种族主义集团对支持废奴宪政的美国民众发起了耸人听闻的政治暴力活动。"三 K 党"是一个由南部白人组建的民间秘密组织,于 1866 年由前邦联军队将领内森·贝德福德·福里斯特在田纳西州发起,宣称其目的是维持地方秩序,保护白人社区(尤其是白人妇女)的安全,打击获得自由后四处游荡的黑人的破坏活动。1867 年激进重建开始后,"三 K 党"在南部各州的白人中迅速蔓延,在政治上成为民主党在南部的一股势力,其成员多为前邦联的参加者和极端白人种族主义者。"三 K 党"采取扰乱会场、纵火、绑架、私刑、恐吓和暴力攻击等各种手段来打击共和党的地方领袖与积极分子,尤其是打击敢于参与政治的黑人。其声称要推翻根据 1867 年《军事重建法》建立的共和党州政府,将黑人从南部政治中驱赶出去,让政权重新回到白人种族主义者手中。[1] 佩里议员雄辩地总结了国会面临的问题:"治安官有眼睛但看不见,法官有耳朵但听不见,证人隐瞒或伪造真相,大陪审团和小陪审团好像是他们的同谋。在这些帮派面前,所有的政府机构和官僚机器,所有的司法程序,都躲起来了,好像政府和司法是罪犯,害怕被发现。受害者所能做的最危险的事情就是诉诸司法。可以确信的是,在百十起残暴戕害和谋杀事件中,没有一起受到惩罚。"[2]

---

〔1〕 参见王希:《原则与妥协:美国宪法的精神与实践》,北京大学出版社 2014 年版,第 296 页。

〔2〕 Theodore Eisenberg, *Section 1983: Doctrinal Foundations and an Empirical Study*, Cornell Law Review, Vol. 67:3, p. 484-485(1982).

共和党人为打击“三K党”及南部白人种族主义集团的政治暴力，于1870年5月至1872年6月陆续通过了五项法案，其中最重要者即1871年《民权法案》。1871年《民权法案》是对1866年《民权法案》的细化，其将所有违反1866年《民权法案》的案件交由联邦法院审理，并列举了数十种具体的违法行为，授权总统在必要时使用联邦军队镇压任何阻止联邦法律实施的行动。1983索赔便是在1871年《民权法案》第一节中颁布的，其允许对以州法律的名义剥夺联邦公民宪法权利的人提起民事诉讼，这意味着即使以州法律的名义也不得剥夺联邦公民的联邦权利。换言之，联邦权利规定了州权利的下限。1871年各联邦法院受理了300多件1983索赔案件，1872年增至近900件，近90%的案件审理后以有罪而结案。[1]这便是1983索赔之滥觞，严格来说，1983索赔诞生之初只是为了解决美国南北内战后的种族矛盾和政治暴力，其适用范围相当有限。不过，由于其所用语言简洁宽泛，也为后来适用范围的扩张奠定了基础。

二、1983索赔之式微

可以预见，打击“三K党”及南部白人种族主义集团政治暴力这样的“运动式执法”终究是短暂的。事实上，格兰特总统在连任之后对于废奴宪政的政治热情便明显降低了。1875年后，“1983索赔”案件数明显减少，被判有罪的案件数也减少。究其原因，主要系共和党内部分裂与南部白人种族主义集团负隅顽抗。[2]最能代表1983索赔之式微的案件可能是1873年屠宰场案[3]与1876年美国诉克鲁克香克案[4]。1873年屠宰场案代表着最高法院对《美国联邦宪法》第十三修正案、第十四修正案的态度，1876年美国诉克鲁克香克案代表着最高法院对国

---

〔1〕 参见王希：《原则与妥协：美国宪法的精神与实践》，北京大学出版社2014年版，第300页。

〔2〕 参见王希：《原则与妥协：美国宪法的精神与实践》，北京大学出版社2014年版，第301页。

〔3〕 Slaughter-House Cases, 83 U. S. 36 (1873).

〔4〕 United States v. Cruikshank, 92 U. S. 542 (1876).

会为推进废奴宪政所颁布的法的态度,其中就包括1871年《民权法案》及1983索赔。

1873年屠宰场案的案件背景是:1869年,路易斯安那州政府以改善城市的卫生条件为由,决定对新奥尔良市的屠宰行业实施统一管理。当时州政府没有资金建立统一的屠宰场,便先将两个私人屠宰场改为由州政府管理,同时要求新奥尔良市所有的屠宰场场主必须到指定的屠宰场去营业。许多个体屠宰场场主对这项法律十分不满。这些人有的原来有自己的屠宰场,有的有参股的屠宰场,但现在被强行迁移到统一的地方去营业,他们感到非常不方便。况且,在新地方开业还必须缴纳摊位和场地费用,对他们来说也是一种额外的经济损失。于是,新奥尔良市的屠宰场场主联合起来向州法院起诉,控告州政府这项管理屠宰行业的法律剥夺了他们的财产权,违背了州宪法中平等保护公民财产权的原则。但路易斯安那州的低等法院和高等法院都判定,这项州法是州政府所拥有的“监管权”(police power)的正常行使。也就是说,路易斯安那州政府有权通过合法的方式对州内的卫生、安全和社区的道德问题进行管理。[1]

随后,屠宰场场主们又将此案上诉到联邦最高法院。这次他们的理由是路易斯安那州政府整顿屠宰业的法律违反了《美国联邦宪法》第十三修正案、第十四修正案的规定。具体而言,路易斯安那州政府要求他们到指定的地方去开业,等于强迫他们从事违背他们意愿的工作,这种做法等同于“变相的奴役制”,而《美国联邦宪法》第十三修正案明确废除奴隶制。此外,路易斯安那州政府剥夺了他们作为联邦公民应该享有的特权和豁免权,这些权利包括了他们谋生的工作权,未经正当程序剥夺了他们的财产,而《美国联邦宪法》第十四修正案明确规定了联邦公民的“特权或豁免权”,明确规定未经正当程序,各州不得剥夺任何人的生命、自由和财产。路易斯安那州政府的这项法令剥夺了一大批有功绩

---

〔1〕 参见王希:《原则与妥协:美国宪法的精神与实践》,北京大学出版社2014年版,第307页。

的公民——整个城市的屠夫——营业的权利。对于屠夫群体所接受的培训、屠夫家庭的生产生活以及城市居民的日常生活而言，不受地区限制地从事屠宰业是必要的。该法令牺牲了新奥尔良市市民群体的利益，而且还制造垄断，赋予少数人排他性特权。

在该案中，联邦最高法院九位大法官产生了严重分歧，最终以 5 ∶ 4 确认了路易斯安那州高等法院的判决，驳回了屠夫们的主张。塞缪尔·米勒大法官代表多数派发表了意见，其认为路易斯安那州政府的法令并未剥夺屠夫群体的营业权和生存权，也未影响屠夫群体为新奥尔良市市民提供必要的日常动物食品。具体理由是，为了新奥尔良市市民的安全和舒适，有必要对动物进行管理，大批牲畜由汽船和铁路列车运送来，应该限制在适当的地方，这不需要通过任何论证来证明。尽管该项法令赋予少数人排他性特权，但没有他们牲畜的集中管理根本无法实现，因此给予他们补偿性的垄断特权也无可厚非。而且，即使赋予少数人垄断特权也不会损害新奥尔良市市民获得必要的日常动物食品的权利。

多数意见赞成路易斯安那州的低等法院和高等法院提到的"监管权"，其认为，私人利益必须服从于社会的普遍利益，这是"监管权"存在的根基。从本质上来说，"监管权"不能有任何非常精确的定义或限制。其取决于社会秩序的安全、公民的生命和健康、在人口稠密的社区生活的舒适度、私人和社会生活的享受以及财产的有益使用。其保护所有人的生命、四肢的健康、舒适，保护国内所有财产。其要求个人和财产受到各种限制和负担，以确保国家的普遍舒适、健康和繁荣。因此，毫无疑问，立法机构完全有权利这样做，这是公认的一般原则。对屠宰动物地点和方式的监管、对城市内屠宰业务的监管、对将被屠宰的动物进行肉类检查，都是行使这一权力最必要和最频繁的部分。该法令的目的是从城市人口更稠密的地区清除大城市屠宰业务中必然发生的有毒屠宰场和大量令人反感的动物，并将其安置在人民需要的方便、健康和舒适的地方。必须承认，该法案为此目的所采取的手段是适当的、严格的和有效的。

关于制造垄断是否超越立法机构的权力，多数意见认为，如果这项法令赋予新奥尔良市与其创建的公司完全相同的职责和特权，那么其合宪性就不会受到质疑。在这种情况下，对屠夫和公众的影响将与现在并无不同。为什么立法机构不能赋予另一家为合法而有效的公共目的而设立的公司与现有的市政公司相同的权力？只要立法机构有权实现某一结果，并且该结果最好通过公司来实现，其就有权创建这样一个公司，并赋予其实现合法目的所需的权力，这似乎很难引起争论。而且，很容易可以看出，路易斯安那州立法机构成立的公司在执行屠宰业务限制方面，比法律官员的普通努力更有效率。

关于该法令是否违反《美国联邦宪法》第十三修正案、第十四修正案，多数意见认为，纵观《美国联邦宪法》前十二个修正案，修正案的解释与修正案颁布时的历史密切相关，因此对《美国联邦宪法》第十三修正案、第十四修正案的解释同样要联系其历史背景。《美国联邦宪法》第十三修正案是南北战争废除奴隶制的成果，其正文内容不仅禁止奴隶制，而且还禁止非自愿奴役。尽管“非自愿奴役”的含义比奴隶制更宽泛，但是路易斯安那州政府集中管理屠宰业务的行为很难被解释为“非自愿奴役”，“非自愿奴役”的程度应当与奴隶制大致相当。同理，《美国联邦宪法》第十四修正案是推进废奴宪政，实现对黑人权利平等保护的成果，其虽然允许黑人取得州公民身份与联邦公民身份，但同时也严格区分了州公民身份与联邦公民身份，这意味着两者所保障的特权和豁免权是有区别的。然而，原告屠宰场场主们的主张系基于州公民身份与联邦公民身份所保障的特权和豁免权相同这一理由。《美国联邦宪法》第十四修正案虽然禁止州法律剥夺联邦公民的特权和豁免权，但是联邦公民的特权和豁免权究竟包括哪些，州公民的特权和豁免权究竟包括哪些并不明确，更未明确如果联邦公民与州公民的特权和豁免权出现差异该如何处理。进一步而言，《美国联邦宪法》第十四修正案是否有意将所有公民权利的保护从各州移交至联邦政府？在宣布国会有权立法执行该修正案的情况下，是否意味着其将迄今为止完全属于各州民权领域的事项纳入国会的权力范围？如果承认《美国联邦宪法》第十四修正案有此目的，那意味着其将州政府置于国会的控制之下，从而束缚和贬低州政府。事实上，这将从根本上改变州政府和联邦政府的关系以及州政府、联邦政府与人民的关系的整个理论。多数意见认为,提出《美国联邦宪法》第十四修正案的国会和批准该修正案的各州立法机构都没有打算取得这样的结果。本案所涉及的特权和豁免权,即屠宰场场主的营业权和财产权属于州公民的特权和豁免权,它们由州政府负责保护,而不在《美国联邦宪法》第十四修正案所规定的联邦政府保护的范围内。考虑到《美国联邦宪法》第十四修正案的历史背景,多数意见认为,该修正案仅针对那些在新获得解放的黑人居住的州颁布的法令,路易斯安那州政府颁布的法令并不属于该范围。概言之,多数意见将《美国联邦宪法》第十四修正案所禁止的剥夺联邦公民特权和豁免权的法律限定在种族歧视类法律。

1876 年美国诉克鲁克香克案的基本案件事实是:克鲁克香克等人是路易斯安那州的白人种族主义集团的成员,他们在 1873 年的一次地方选举中,用暴力攻击一群正在举行政治集会的黑人,并放火焚烧用于开会的黑人教堂,结果造成 100 多名黑人的死亡。克鲁克香克等 3 人被联邦地区法院判有罪后不服,上诉到联邦最高法院。联邦检察官指控克鲁克香克等人私自携带武器,用武力侵犯他人权利,违反了 1870 年《美国联邦实施法》。但最高法院以 1870 年《美国联邦实施法》本身违宪为由,推翻了地区法院的判决。[1]

具体而言:首先,多数意见引用了 1873 年屠宰场案,赞成其区分联邦公民权利与州公民权利的观点,"我们的政治体系中有一个联邦政府和许多州政府。在这些州政府里,每一个都不同于其他,每一个州政府都有自己的公民,州公民对州政府忠诚,在州政府管辖范围内,州公民的权利得到保护。同一个人可能同时是联邦公民和州公民,但他在联邦政府下的公民权利可能与在州政府下的公民权利不同"[2]。其次,多数意见限制解释了联邦公民权利的来源,"联邦政府是一个单独授权的政府。其权力由联邦宪法界定和限制。联邦宪法未赋予联邦政府的其他

---

〔1〕 参见王希:《原则与妥协:美国宪法的精神与实践》,北京大学出版社 2014 年版,第 313 页。

〔2〕 United States v. Cruikshank, 92 U. S. 542 (1876).

所有权力都保留给各州或人民。因此除非联邦政府有权赋予某些联邦公民权利,否则联邦公民不能仅根据美国宪法或法律直接获得联邦公民权利。所有联邦政府不能赋予的公民权利都由各州保护”。在本案中,联邦检察官的指控所涉及的“自由结社权”“为合法目的携带武器权”“未经正当程序不得剥夺生命或自由权”“平等保护权”“选举权”,均系天赋之“自然权利”,而非联邦宪法赋予和保障的联邦公民权利,因此被告人并未密谋阻止受害人的联邦公民权利与宪法权利。至于所谓剥夺联邦公民的特权或豁免权:其一,并未明确具体何种特权或豁免权不具有可诉性;其二,《美国联邦宪法》第十四修正案只适用于州侵犯联邦公民权利的行为,而不适用于个人侵犯联邦公民权利的行为,联邦检察官指控所依据的1870年《美国联邦实施法》超越了《美国联邦宪法》第十四修正案赋予国会的权力,将其类推适用于个人侵犯联邦公民权利的行为可知,该法律中的相关条款是违宪的,不能继续适用。

1873年屠宰场案代表着最高法院对《美国联邦宪法》第十三修正案、第十四修正案的态度,最高法院基于历史解释,将《美国联邦宪法》第十三修正案中的“非自愿奴役”解释为与奴隶制程度大致相同的奴役,将《美国联邦宪法》第十四修正案“禁止州法律剥夺联邦公民的特权或豁免权”中的“州法律”限制解释为种族歧视类法律。最高法院的保守态度无疑缩小了《美国联邦宪法》第十三修正案、第十四修正案的适用范围,增加了废奴宪政的实施难度。1876年美国诉克鲁克香克案代表着最高法院对国会为推进废奴宪政所颁布的《美国联邦实施法》的态度,最高法院严格解释《美国联邦宪法》第十四修正案,将其适用范围限制为州侵犯联邦公民权利的行为,并宣布类推适用至个人侵犯联邦公民权利行为的法律违宪,这意味着1870年《美国联邦实施法》与1871年《民权法案》无法继续适用,1983索赔走向式微。

三、1983索赔之复兴

直到1961年门罗诉佩普案[1],1983索赔才迎来新的转机。在该

---

〔1〕 Monroe v. Pape, 365 U. S. 167 (1961).

案中，芝加哥市的 13 名警察凌晨时分闯入原告门罗的家，将门罗及其家人控制，让他们裸体站在客厅里，并搜查了每个房间。随后，门罗被带到警察局，警察就一起发生于 2 天前的谋杀案对他进行了讯问。其间，门罗被拘留了 10 个小时之久，他没有被带到法官面前。尽管有人可以接近他，但他不允许给家人或律师打电话。讯问过后，门罗被释放，并没有受到刑事指控。事后，门罗认为，芝加哥市的 13 名警察在没有搜查令的情况下擅闯其家，控制其家人，拘留并阻止其联系律师的行为剥夺了其受《美国联邦宪法》第十四修正案保障的特权或豁免权，以此为由向芝加哥市及 13 名涉案警察主张损害赔偿。

面对与 1876 年美国诉克鲁克香克案大致相同的问题，即《美国联邦宪法》第十四修正案的适用范围问题，联邦最高法院在 1961 年门罗诉佩普案作出了完全不同的回答。在 1876 年美国诉克鲁克香克案中，联邦最高法院禁止将《美国联邦宪法》第十四修正案类推适用于个人侵犯联邦公民权利行为。在 1961 年门罗诉佩普案中，联邦最高法院明确承认，1983 索赔适用于公务人员滥用职权剥夺联邦公民特权或豁免权的行为。这意味着，1983 索赔不再因为超越《美国联邦宪法》第十四修正案的适用范围而被认定为违宪。

具体而言，联邦最高法院详细考察 1871 年《民权法案》的立法史后，发现通过 1871 年《民权法案》的重要原因是：尽管《美国联邦宪法》赋予联邦公民特权或豁免权，但因为偏见、激情、忽视、不容忍等其他原因，州法律可能无法执行，联邦公民享有的特权或豁免权可能会被州法院拒绝。换言之，通过 1871 年《民权法案》，构建 1983 索赔，将民权诉讼管辖权交给联邦法院，系对州法院消极推进废奴宪政的补救措施和限制手段。而且，1983 索赔中禁止“以州法律的名义”剥夺联邦公民特权或豁免权，并非仅指颁布剥夺联邦公民特权或豁免权的州法律，公务人员执行其他州法律的过程中剥夺联邦公民特权或豁免权也属于“以州法律的名义”剥夺联邦公民特权或豁免权，同样可以适用 1983 索赔。至此，1983 索赔摆脱违宪困扰后迎来复兴。

此后，借助于 1983 索赔，《美国联邦宪法》第十四修正案相对泛化的

“特权或豁免权”逐渐具体化，并与其他联邦宪法条款相勾连，构建起针对州官员以州法律的名义剥夺《美国联邦宪法》所保障的联邦公民权利的救济制度。换言之，Bivens 索赔与 1983 索赔各有分工，Bivens 索赔为联邦官员宪法侵权行为受害人提供救济，1983 索赔为州官员宪法侵权行为受害人提供救济。

借助于 1983 索赔，诸多《美国联邦宪法》条款被激活，宪法侵权救济逐渐兴起。具体而言，例如，《美国联邦宪法》第 1 条第 8 款“商业条款”，该款授权国会对各州之间的商业和与外国之间的商业进行规范，不仅授予了国会规范州间贸易的积极权力，也赋予了国会禁止各州干涉或歧视其他州商业活动的权力。在 1991 年丹尼斯诉希金斯案[1]中，原告汽车运输公司所使用的拖拉机和拖车系在其他州注册，但在内布拉斯加州运营。原告对内布拉斯加州提起集体诉讼，质疑该州对在其他州注册并在内布拉斯加州运营的汽车运输公司征收某些“报复性”税费的合宪性。原告声称该税费违反了《美国联邦宪法》第 1 条第 8 款之“商业条款”，为此寻求宣告性和禁令性救济，并根据 1983 索赔寻求金钱救济。内布拉斯加州最高法院在认定该税费确实违反商业条款后，批准了对汽车运输公司的禁令救济，但驳回了 1983 索赔，认为 1983 索赔并没有提供违反商业条款进行金钱救济的诉讼理由。但联邦最高法院认为商业条款旨在使那些从事州际商业的人受益，商业条款赋予汽车运输公司的权利属于 1983 索赔之“权利、特权或豁免权”，因此汽车运输公司有权依据 1983 索赔主张金钱救济。

例如，《美国联邦宪法》第十四修正案的“平等保护条款”，该条款最初系为推进废奴宪政，保护黑人联邦公民权利，使其免受种族歧视而设立。不过，在 1983 索赔复兴之后，“平等保护条款”不仅局限于种族平等保护领域，同样适用于性与性别平等保护领域。在弗洛雷斯诉摩根山联合学区案中，原告弗洛雷斯等人之前是摩根山联合学区的学生，他们根据 1983 索赔起诉了学区、行政人员和学校董事会成员。原告声称，被

---

〔1〕 Dennis v. Higgins, 498 U. S. 439 (1991).

告不回应其反同性恋骚扰投诉的行为剥夺了他们的平等保护权。被告辩称，他们有权免于起诉，因为在被指控的骚扰发生时，法律并未明确规定，学生有权根据《美国联邦宪法》第十四修正案的平等保护条款免受同性恋骚扰。上诉法院认定，这些学生的指控系基于性取向的歧视，其不仅有足够的证据让陪审团合理地认定他们受到了不同的待遇，而且还有充分证据让陪审团认定被告的行为有违宪动机。至于被告所称豁免权，早在1990年，已有判例法明确规定，因性取向而区别对待个人的官员违反了平等保护的宪法保障条款，因此其豁免权不成立。最终上诉法院支持了弗洛雷斯等学生的1983索赔。

又如，《美国联邦宪法》第一修正案"言论、结社与请愿自由"条款。在1984年罗布诉费城案[1]中，原告罗布指控被告罗伯特·W.克劳福德、弗拉基米尔·霍洛维茨、弗雷德里克·R.曼等人以及费城的行为违反《美国联邦宪法》第一修正案与第十四修正案，分别侵害了其"未经正当程序不得被剥夺财产与自由"的权利和"言论、结社与请愿自由"的权利。具体而言，罗布认为，被告等人因为其拒绝与弗拉基米尔·霍洛维茨诉讼和解、参加工会活动以及向媒体发表声明，而蓄意对其进行报复，密谋将其调岗，并拒绝提拔他。其中，将罗布调岗并拒绝提拔他的行为未经正当程序剥夺了其财产利益，调岗给罗布带来了"嘲笑、羞辱、尴尬和沮丧"，未经正当程序剥夺了其自由利益；被告由于罗布拒绝与弗拉基米尔·霍洛维茨诉讼和解以及向媒体发表声明而对其进行报复剥夺了其言论自由；由于罗布参加工会、提出申诉、协助工会执行其与费城签订的集体谈判协议而对其进行报复剥夺了其结社自由；由于罗布参加向政府请愿的活动而对其进行报复剥夺了其请愿自由。

联邦第三巡回上诉法院依次审查了罗布的指控。就未经正当程序剥夺其财产利益而言，罗布在上诉中承认其并没有被解雇或降级，其只是被调职了，调职后的工作类别和工资水平与调职前相同，因此根据宾夕法尼亚州宪法及法律，罗布没有合法的权利要求继续担任原职。此

---

[1] Robb v. Philadelphia, 733 F. 2d 286 (1984).

外,罗布也没有任何合法权利要求晋升。宾夕法尼亚州公务员条例表明,晋升既不是权利问题,也不是承诺问题,晋升建立在完成晋升考核的基础上。晋升考核考虑了“参赛者的资格、表现记录、资历和行为以及其他被认为相关的事项……”然而,罗布在上诉中承认,他不符合晋升的相关条件。而且,罗布并没有任何证据可以证明他已经参加并通过了公务员晋升考核。概言之,罗布既没有证明其有权继续担任原职,也没有证明其有权获得晋升,因此并不存在受《美国联邦宪法》第十四修正案保障的财产权益被未经正当程序剥夺的情况,其不能以此为依据主张1983索赔。

就未经正当程序剥夺其自由利益而言,尽管受正当程序保护的自由利益范围很广,自由利益不仅包括不受身体约束的自由,还包括个人有权签订合同、从事任何常见的生活职业、获得有用的知识、结婚、建立家庭和抚养孩子,并享有长期公认的作为自由人追求幸福的必要特权。但是仅就未经正当程序剥夺就业自由利益而言,其要么可能会严重损害其在社区中的地位和评价,例如,不诚实或不道德的指控,要么可能会给他带来其他耻辱,进而剥夺其获得其他就业机会的自由。如果仅仅是名誉上的耻辱,并没有同时剥夺现在或未来的工作,就不是《美国联邦宪法》第十四修正案所保护的自由利益。在本案中,罗布没有被未经正当程序剥夺自由利益。首先,没有任何证据表明罗布调职或未能晋升是基于任何不诚实或不道德的指控。相反,罗布认为,其调职或未能晋升主要是因为他拒绝与弗拉基米尔·霍洛维茨诉讼和解、参加工会活动以及向媒体发表声明。其次,调职和晋升失败并没有剥夺其获得其他就业机会的自由。罗布调职后仍受雇于费城,其级别和薪酬水平与调职前相同。因此,罗布所遭受的任何声誉损害并不构成对就业自由利益的剥夺。综上所述,罗布并未被剥夺财产与自由,其程序利益也未受损。

就剥夺其言论、结社与请愿自由而言,联邦第三巡回上诉法院认为,如果罗布所指控的事项属实,那么他的确可以根据《美国联邦宪法》第一修正案主张1983索赔。不过,地区法院未就相关问题进行审理,并基于正当程序原则发回重审。这意味着,《美国联邦宪法》第一修正案“言论、结社与请愿自由”条款也被1983索赔激活，纳入宪法索赔的框架内。

不过，论及《美国联邦宪法》与1983索赔勾连最密切者，当属《美国联邦宪法》第四修正案中“公民人身、住宅、文件以及物品免受不合理搜查和扣押”的条款。某种程度上，《美国联邦宪法》第四修正案与1983索赔相辅相成，正是一个又一个类似1983宪法侵权索赔案例界定了公民免受不合理搜查和扣押的宪法权利的范围。

就人身免受不合理搜查和扣押而言，“人身”这一概念，从字面上来看就是指人的身体。然而，当“人身”作为一个法律概念时，其规范意义远不止于人的身体，还包括人的身体之外的物品以及人体内的组织、器官等。[1]

例如，联邦最高法院在1968年特里诉俄亥俄州案中将犯罪嫌疑人所穿外衣纳入“人身”范围内。具体而言，1963年10月31日，克利夫兰城警察马丁·麦克法登在市中心巡逻时，发现有三个人形迹可疑地在欧几里得大道的一家珠宝店前踱步徘徊。麦克法登担心这些人携带武器并且预谋犯罪，于是表明了自己身份，并询问了三人的姓名。之后他对三名嫌疑人进行了搜身，在约翰·特里的大衣口袋里发现了一把手枪，在理查德·奇尔顿的大衣口袋里发现了一把左轮手枪，第三名男子卡茨没有携带武器。麦克法登随后将约翰·特里与理查德·奇尔顿逮捕，并指控二人藏匿武器。凯霍加县法院的法官伯纳德·弗里德曼判决二人有罪，认为麦克法登基于他们形迹可疑以及对自己人身安全的担忧对约翰·特里与理查德·奇尔顿进行临时搜身的行为不存在问题。上诉法院维持了这一判决。1967年，约翰·特里向美国联邦最高法院再次提起了上诉。1968年6月10日，联邦最高法院判决驳回上诉，维持原判。

联邦最高法院认为，麦克法登从约翰·特里身上搜出的那支手枪是非常有利的证据。当时麦克法登逮捕约翰·特里并对其搜身，是因为麦克法登有合理的理由相信他携带了武器，而且约翰·特里有可能制造危

---

〔1〕 参见易延友：《刑事诉讼法：规则 原理 应用》（第5版），法律出版社2019年版，第307页。

险。就此而言,麦克法登对其搜身是为了保护自己和其他人而不得不迅速采取的措施。在那种情况下,查清事情的真相,能够及时阻止约翰·特里可能会制造的危险。麦克法登谨慎地在适当范围内进行搜身,只是为了搜查约翰·特里是否持有自己所怀疑的特定物品。总之,联邦最高法院认为:如果警察注意到某些不寻常的行为,基于该行为以及自己的经验,合理地推断出犯罪活动可能正在进行,犯罪嫌疑人可能携带武器,存在现时危险性,那么警察在表明自己身份的前提下,完全可以采用合理的方式进行调查。在进行初步调查后,如果警察没有获取可以消除他合理怀疑的证据,仍然认为自己或别人的安全有被危害的可能时,就可以为了保护自己和周围其他人的安全,对犯罪嫌疑人的外衣进行有针对性的搜查,以便找出可能被用来攻击自己的武器。这种搜查是合理的搜查,并不违反《美国联邦宪法》第四修正案,搜查所得的任何武器都可以作为对犯罪嫌疑人不利的证据。在本案中,约翰·特里虽然未能成功获得 1983 索赔,但联邦最高法院的说理表明,如果行人并无反常行为,警察无合理理由怀疑其有可能实施犯罪或携带武器,那么警察便不得搜查行人的外衣,外衣与身体一样免受不合理的搜查。毫无疑问,这在一定程度上扩大了"身体"的内涵,扩大了免受不合理搜查的公民权利范围,这正是 1983 索赔与《美国联邦宪法》第四修正案相辅相成的明证。

又如,联邦最高法院在 2013 年密苏里诉麦克尼利案[1]中将犯罪嫌疑人的"血液"也纳入"人身"的范围。在 2013 年密苏里诉麦克尼利案之前,联邦最高法院一直遵循 1966 年施默伯诉加利福尼亚州案[2]的结论即警察指示医生对酒后驾驶被捕的犯罪嫌疑人进行无授权血液检测并不违反《美国联邦宪法》第四修正案,并不构成对犯罪嫌疑人人身的不合理搜查,因为警察有理由相信血液中酒精的自然代谢可能会影响证据收集。在这种情况下,证据灭失的紧迫性赋予了警察指示医生进行无授权血液检测行为的合理性。直到 47 年后,2013 年密苏里诉麦克尼利

---

〔1〕 Missouri v. Mc Neely, 569 U. S. 141 (2013).

〔2〕 Schmerber v. California, 384 U. S. 757 (1966).

案重新考虑了血液中酒精的自然代谢是否具有紧迫性这一问题。联邦最高法院在该案中推翻了 1966 年施默伯诉加利福尼亚州案,其认为血液中酒精的自然代谢是否具有紧迫性必须根据整体情况逐案确定,而不能一概而论。具体而言,联邦最高法院认为,血液检测系对犯罪嫌疑人皮肤和静脉的强迫侵入,是对犯罪嫌疑人身体的强迫侵入,血液属于人身的一部分,因此血液也属于《美国联邦宪法》第四修正案规定的免受不合理搜查的保护范围,而且这种对身体完整性的侵犯其实是个人"对隐私最私人、最根深蒂固的期望"。尽管血液中的酒精会自然代谢,会影响定罪证据的收集,但这种代谢是随着时间的推移以一种渐进且相对可预测的方式自然消散,并不能仅根据酒精的自然代谢便推定该情形具有紧迫性。事实上,由于警察通常必须将酒后驾驶嫌疑人送往医疗机构,并在进行血液检测之前由医生进行相关医疗操作,因此无论警察是否申请搜查令,逮捕或事故发生时间与血液检测时间之间的一些延迟都是不可避免的。换言之,申请搜查令并不会显著促进血液中酒精的代谢,因为完全可以由一名警察将酒后驾驶嫌疑人送往医疗机构,由另一名警察申请搜查令。在这种情况下,血液中酒精的自然代谢并不具有紧迫性,并无合理理由可以不申请搜查令便直接指示医生对酒后驾驶嫌疑人进行血液检测。更何况 1966 年施默伯诉加利福尼亚州案至今已有 40 余年,其间申请搜查令程序不断简化,需提交的证据也很简单,甚至还允许以网络的形式申请搜查令,因此在多数情况下血液中酒精的自然代谢可能并不具有紧迫性,只有在少数特殊情形下才会产生紧迫性。据此,联邦最高法院支持了该项 1983 索赔。

就住宅免受不合理搜查和扣押而言,作为法律概念,"住宅"与"人身"相同,判例赋予了其丰富的规范意义。例如,旅馆这样短期居住的场所也在"住宅"的规范含义内,1969 年斯托纳诉加利福尼亚州案[1]即为典型例证。1960 年 10 月 25 日晚,位于加利福尼亚州蒙罗维亚的"经济镇"(Budget Town)食品市场被两名男子抢劫。据目击者描述,其中

[1] Stoner v. California, 376 U. S. 483 (1969).

一名男子手持枪支，戴着胶框眼镜，穿着灰色夹克。在抢劫案发生后不久，证人在邻近停车场处发现了原告乔伊·斯通纳的支票簿，并交给了警察。支票簿上的两份存根表明，支票是由位于加利福尼亚州波莫纳的梅菲尔酒店开出的。循着这个线索，警察们从波莫纳警察部门了解到乔伊·斯通纳以前有犯罪记录，他们从当地警察那里得到了一张乔伊·斯通纳的照片。警察把这张照片拿给抢劫案的两个目击者看，他们都说这张照片看起来像那个带枪的嫌疑人。根据这些信息，警察们于10月27日晚上10点左右前往梅菲尔酒店。警察既没有获得搜查令，也没有获得逮捕令。警察从梅菲尔酒店职员处拿到了乔伊·斯通纳酒店房间的钥匙，进入他的房间进行了彻底的搜查。警察在房间里发现了一副胶框眼镜和一件灰色夹克，在一个抽屉的底部发现了一把配备子弹的自动手枪。两天后，乔伊·斯通纳在内华达州拉斯维加斯被捕，并被送回加利福尼亚州接受武装抢劫指控的审判。在审判中，枪、子弹、胶框眼镜和灰色夹克都是对他不利的证据。

警察在应当获得而没有获得搜查令的情况下，对乔伊·斯通纳的房间进行了搜查，因此该搜查行为被定性为非法行为。联邦最高法院强调，本案所涉及的是乔伊·斯通纳的宪法权利，而不是夜班职员或酒店所有者的权利。酒店虽然并非乔伊·斯通纳的财产，但当房屋被乔伊·斯通纳占有、使用时，警察对该房屋进行搜查就是在侵犯乔伊·斯通纳的宪法权利。换言之，住在旅馆房间的客人也有权获得宪法保护，免受不合理搜查和扣押。《美国联邦宪法》第四修正案虽然只规定了“住宅”免受不合理搜查和扣押，但其实其所保护的是公民对于居住空间的支配权与安宁权。所以，谁对房屋拥有所有权，甚至谁对房屋享有租赁权，都无关紧要。真正重要的是，要保护实际占有并使用房屋的人，再确切地说，是保护其对房屋的占有。所以，无论是长期占有，还是短期占有，都同样应该受到《美国联邦宪法》第四修正案的保护。此外，作为法律概念的“住宅”还有扩张的趋势：既包括作为主物的房屋，也包括作为从物的车库、庭院；既包括生活建筑，也包括办公室、商店等商业建筑。

就文件及物品免受不合理搜查和扣押而言，有学者梳理了联邦最高法院的判例，发现“文件”包括私人资料，如信件、日记以及非私人属性的商业记录，“物品”包括汽车、行李或其他行囊、衣物、武器，甚至包括犯罪所得。[1]涉及“犯罪所得”的经典案例是1969年奇梅尔诉加利福尼亚州案[2]。1965年9月13日下午，三名警察带着逮捕令到达了奇梅尔的家，他们敲了敲门，向奇梅尔的妻子说明了自己的身份，并询问他们是否可以进来。奇梅尔的妻子把他们领进了屋子，他们等了10~15分钟，直到请愿人下班回家。这时，其中一名警察递给他逮捕令，并要求“四处看看”。奇梅尔提出抗议，但警察坚持说逮捕令赋予了他们这样做的权力。在奇梅尔妻子的陪同下，三名警察搜查了奇梅尔的家，包括阁楼、车库和一个小工作室。在一些房间里，搜查工作相对草率。然而在主卧室和缝纫室里，警察命令奇梅尔的妻子打开抽屉，把抽屉里的东西从一边移到另一边，这样警察就可以看到所有盗窃后留下的东西。搜查结束后，警察缴获了许多物品——主要是硬币，但也有一些奖章、代币和其他一些物品。随后，这些物品被作为指控奇梅尔盗窃的证据，奇梅尔则控诉三名警察侵犯了其《美国联邦宪法》第四修正案规定的“公民人身、住宅、文件以及物品免受不合理搜查和扣押”的权利。因此该案争议的焦点在于：逮捕令是否足以成为警察搜查房屋、文件及物品的正当理由？根据《美国联邦宪法》第四修正案的规定，警察在进行逮捕时是否需要获得单独的搜查令，据此搜查被逮捕人周围的区域？

联邦最高法院最终支持了奇梅尔，排除了三名警察违法搜查所获得的证据。具体而言，联邦最高法院认为，对奇梅尔住宅、文件及物品的搜查并不属于“逮捕令”涵摄范围，三名警察在没有取得有效搜查令的情况下，搜查了奇梅尔的住所、文件及物品，这违反了《美国联邦宪法》第四修正案免受非法搜查和扣押的权利。联邦最高法院将逮捕令的效力限制在被逮捕者周围的区域，以确保被逮捕者不能对警察使用隐匿的武器，而其他的搜查都需要额外的搜查令。换言之，奇梅尔诉加利福尼亚

〔1〕 参见［美］约书亚·德雷斯勒、［美］艾伦·C.迈克尔斯：《美国刑事诉讼法精解》（第4版第1卷刑事侦查），吴宏耀译，北京大学出版社2009年版，第66页。

〔2〕 Chimel v. California, 395 U. S. 752 (1969).

州案所确立的规则是,对逮捕令的效力,不仅要从客观层面进行限制,即将搜查范围限制在被逮捕者周围的区域,还要从主观层面、目的层面进行限制,即搜查的目的应该是要确保被逮捕者不能对警察使用隐匿的武器。

总而言之,自 1961 年门罗诉佩普案以来,1983 索赔与《美国联邦宪法》第 1 条第 8 款“商业条款”、《美国联邦宪法》第十四修正案“平等保护条款”、《美国联邦宪法》第一修正案“言论、结社与请愿自由”条款、《美国联邦宪法》第四修正案“公民人身、住宅、文件以及物品免受不合理搜查和扣押”条款等诸多宪法条款产生了勾连,激活了一项又一项宪法条款,推动宪法侵权制度从无到有。在此过程中,1983 索赔如火如荼地复兴,《美国联邦宪法》实施也越来越深化。

四、小结

纵观 1983 索赔制度的发展史可知,尽管其最初适用范围相当有限,仅适用于废奴宪政中的黑人种族保护,但由于其所用词句涵盖范围相当宽泛,联邦最高法院为顺应宪法侵权制度发展的内生性时代需求,逐渐扩大其适用范围,推动 1983 索赔逐渐发展为州层面的宪法侵权索赔制度。甚至可以说,在一定程度上,1983 索赔是联邦层面 Bivens 宪法侵权索赔的制度渊源。

当然,就州官员公务侵权的救济渠道而言,依据州侵权索赔法对州政府主张索赔仍然是最主要的救济渠道,这与联邦层面依据 FTCA 对联邦政府主张索赔是联邦官员公务侵权最主要的救济渠道相同。同样,州层面的 1983 索赔与联邦层面 Bivens 宪法侵权索赔功能相同,主要用于填补州官员公务侵权行为无救济手段的制度漏洞。由此可见,与联邦层面相同,对于州官员个人的索赔而言,州官员民事侵权责任制度始终是公务侵权受害人权利救济的兜底手段,始终是各州官员问责体系的基石。

第五章　公职人员民事侵权责任的制度设计:以刑讯治理为例

就刑讯治理的实践效果而言,现行刑讯治理工具效果不佳,公职人员民事侵权责任制度具有独特价值,既可以填补刑讯逼供受害人权利救济的制度缺口,又可以完善公职人员的追责体系。公职人员民事侵权责任制度在价值判断层面与法教义学层面均可实现正当性证成,而且公职人员民事侵权责任制度在美国运行良好,始终是美国法中联邦官员与州官员公务侵权受害人权利救济的兜底手段。据此,构建公职人员民事侵权责任制度确有必要且确有意义。本章试图提供一种公职人员民事侵权责任的制度设计方案。具体而言:第一节探讨公职人员侵权的体系定位,第二节从实体法视角探讨公职人员侵权的构成要件,第三节从程序法视角探讨公职人员民事侵权责任的程序设计。

第一节　公职人员侵权的体系定位

与《民法典》侵权责任编规定的其他侵权行为相比,公职人员侵权有其特殊性。主要体现为:一方面,在《民法典》侵权责任编规定的其他侵权行为中加害人与受害人均为“民事”主体,而如刑讯逼供等公职人员侵权中加害人一方为行使公权力的公职人员,受害人为公职人员的执法对象;另一方面,在《民法典》侵权责任编规定的其他侵权行为发生时,无论是加害人还是受害人均处于自由状态,此时对于加害人的侵害,受害人有反抗的可能性，可以进行防卫，而公职人员侵权的受害人多处于羁押或类羁押状态，此时受害人已经丧失自由或部分丧失自由，客观上几乎不存在反抗的可能性，难以对加害人的侵害进行防卫。概言之，《民法典》侵权责任编所规范的其他侵权行为主要是自由状态下普通民事主体之间的侵权行为，而公职人员侵权是公职人员滥用公权力对处于羁押或类羁押状态下的执法对象进行的侵权行为。

以归责（将损害分配于谁承担）是否考虑加害人的过错，或过错是否是侵权行为的构成要件为分类标准，《民法典》侵权责任编所规范的侵权行为可分为过错侵权与无过错侵权。过错侵权中的“过错”其实存在双重含义：第一重含义是指在此类侵权行为中，过错是其中一项构成要件，只有加害人对于损害结果的发生存在过错才能要求加害人承担损害赔偿责任；第二重含义是指之所以要求加害人对此类侵权行为承担损害赔偿责任，是因为加害人对于该损害的发生是存在过错的，即该损害是由于加害人故意或过失导致的。换言之，第一重含义中的过错是作为侵权行为构成要件之一的过错，第二重含义中的过错是作为侵权行为归责事由（为何要求加害人承担损害赔偿责任）的过错，两者并不等同。

就过错的第二重含义，即作为归责事由的过错而言，如果加害人故意侵权造成损害，即加害人在进行某项行为时明知其行为会侵害他人权益给他人造成损害，仍然积极追求或放任此项结果的发生，那就意味着，当面临放弃该行为以防止侵害他人与继续该行为但要承担侵权责任的选择时，加害人选择了后者，此时让加害人承担损害赔偿责任不仅符合其意志，而且符合“谁造成损害，谁负责填补”的一般原理。

如果加害人过失侵权造成损害，即加害人在进行某项行为时本应预见进行该行为存在侵害他人权益给他人造成损害的风险，但由于疏忽大意而未预见该风险，或者虽然已经预见该行为存在侵害他人权益给他人造成损害的风险，但由于过于相信自己足以防范该风险而未停止该行为，最终侵害他人权益给他人造成损害，此时加害人未尽到合理的注意义务，让加害人承担责任既符合其推定意志，也符合“谁造成损害，谁负责填补”的一般原理。

无论加害人是基于故意还是过失，其对于损害的发生均存在过错，即加害人本可以阻止该损害发生但并未阻止，对于该损害发生后由其承担损害赔偿责任的结果存在事前同意或推定事前同意的情况，正是基于此，要求加害人承担损害赔偿责任本质上即要求加害人履行其承诺。

相反，无过错侵权中的“无过错”只有一层意思。无过错侵权，是指要求加害人承担损害赔偿责任并不考虑加害人对于损害的发生是否有过错。换言之，过错并不是此类侵权行为的构成要件，只要加害人进行此行为侵害他人权益给他人造成损害即构成侵权，就应当由加害人承担赔偿责任。无过错侵权中的“无过错”并不是归责事由，也就是说无过错侵权并不是指之所以要求加害人承担损害赔偿责任，是因为加害人对于损害的发生没有过错。

在此意义上，过错侵权与无过错侵权之对立并不是基于归责事由即为什么要求加害人承担责任，而是基于侵权行为构成要件。过错侵权是以过错为构成要件的侵权行为，无过错侵权是不以过错为构成要件的侵权行为。如果要强调归责事由，那么与过错侵权相对的并不是无过错侵权，因为无过错侵权并未说明其归责事由为何。无过错侵权的归责事由主要包括危险与控制力。〔1〕

具体来说，如产品侵权，机动车与非机动车驾驶人、行人之间的交通事故侵权，环境污染和生态破坏侵权，从事高度危险作业侵权，饲养动物侵权，建筑物等倒塌、塌陷侵权等侵权行为归责事由是危险，在此类侵权行为中不考虑加害人是否存在过错，只要侵害他人权益造成他人损害，就应当承担损害赔偿责任。无民事行为能力人、限制民事行为能力人侵权，工作人员执行工作任务侵权，提供劳务一方因劳务行为侵权等侵权行为归责事由是控制力。可见，如果要强调归责事由，那么与过错侵权之过错责任相对应的应该是危险责任与控制力责任。

在基于侵权行为构成要件所建构的过错侵权与无过错侵权的侵权行为体系，与基于侵权行为归责事由所建构的过错责任、危险责任以及

---

〔1〕 参见程啸：《侵权责任法》（第3版），法律出版社2021年版，第123页。

控制力责任的侵权责任体系中，参与刑讯人员侵权属于过错侵权，参与刑讯人员民事侵权责任属于过错责任。不过，正是由于加害人的特殊身份（加害人为掌握公权力的国家公务人员且其侵权滥用了公权力）与受害人的特殊状态（丧失或部分丧失自由的羁押或类羁押状态），参与刑讯人员民事侵权责任在侵权责任体系中也并非纯粹的过错责任，而是在过错责任框架下，将原本应当由受害人承担的加害人存在加害行为、加害行为与受害人所遭受损害存在因果关系，以及加害人对于损害的发生存在过错的证明责任转移至加害人，即参与刑讯人员侵权中的证明责任实行加害行为推定、因果关系推定以及过错推定。

需要强调的是，此三种证明责任的倒置并不影响构成要件，更不影响归责事由。就此而言，本书不同意学界将过错推定视为一种独立的归责原则的观点，因为从构成要件来说，过错推定仍然针对的是过错侵权行为，其构成要件与一般过错侵权行为的归责原则并无不同，在三要件下表现为损害、因果关系与过错，在四要件下表现为损害、因果关系、违法性与过错，从归责事由来说，其仍属于过错责任，而非危险责任或控制力责任。正是在此意义上，"过错推定责任只是过错责任的特殊形态，而非独立的归责原则"〔1〕。

如果仅仅因为证明责任倒置便认为过错推定责任是一种独立的归责原则，那么加害行为与因果关系的证明责任同样发生了倒置，难道加害行为推定责任与因果关系推定责任也是独立的归责原则吗？之所以产生这样的错误理解，是因为未能清晰区分归责事由与归责事由的证明责任，过错、危险与控制力属于归责事由，即为什么将损害分配给行为人，为什么要求行为人承担损害赔偿责任。归责事由的证明责任是具体确定由谁来证明存在归责事由，此乃两个层面的问题。将证明责任倒置视为一种独立的归责原则是将归责事由的证明责任层面的问题放在归责事由层面讨论，实际二者并不相及，将之混淆容易导致论证逻辑混乱。

过错推定责任仍然属于过错责任的范畴，只是基于特殊事由将过错

---

〔1〕 程啸：《侵权责任法》（第3版），法律出版社2021年版，第119页。

的举证责任倒置。在过错推定责任中,推定加害人对于损害的发生存在过错,如果加害人不能证明其对于损害的发生没有过错便要承担损害赔偿责任。加害行为推定与因果关系推定同样如此,不再一一赘述。

在刑讯逼供等公职人员侵权中,执法对象处于丧失或部分丧失自由的羁押或类羁押状态,其无法收集并保存证据,此种情形之下要求其证明公职人员在执法过程中存在侵权行为、侵权行为与受害人所遭受的损害具有因果关系以及公职人员对于损害的发生存在过错实属苛责。

相反,讯问等执法行为是公职人员行使国家公权力的行为,所有行使公权力的行为都必须在法律授权范围内依法定程序进行,这是依法治国基本方略的基本要求。依法治国在行政法与行政诉讼法中体现得最为淋漓尽致,即必须依法行政,这也决定了在行政诉讼法中由行政主体承担具体行政行为合法的证明责任。对于现代法治国家而言,为达保障人权与增进公共福祉之目的,一切国家行为均应具备合法性,此种合法性在行政领域,即"依法行政原则"(Der Grundsatz der Gesetzmässigkeit der Verwaltung)。[1]从宪法意义上讲,行政法上的依法行政原则,是宪法上的法治原则向行政法领域的渗透,彰显了人民主权、议行合一原则的要求。依法行政的基本内涵就是为了保障公民权益和公共利益,一切国家行为均应具备合法性,应当服从法律。

由于法律是通过民主程序制定的,只要行政机关活动符合法律,立法的政治正当性便可以"传送"到行政权力的行使过程和结果中。[2]也就是说,在一个法治国家中,行政机关不得随意干涉公民自由,除非它有明确的授权,而且,这种权限必须经过民主程序而获得合法性(the power must be legitimized through democratic process)。[3]依法行政的具体要求是:(1)行政机关职权法定,或者被依法授予,不得超越职权。(2)行政

---

〔1〕 参见陈清秀:《依法行政与法律的适用》,载翁岳生编:《行政法》(第2版),中国法制出版社2009年版,第184页。

〔2〕 See Schwarze Jurgen, *European Administrative Law*, Sweet & Maxwell, 1992, p. 207.

〔3〕 See J. G. Brouwer & A. E. Schilder, *A survey of Duch Administrutive Law*, Ars Aequi Libri, Nijmegen, 1998, p. 15.

机关实施行政管理，应当依照法律、法规、规章的规定进行；没有法律、法规的规定，行政机关不得作出影响公民、法人和其他组织合法权益或者增加公民、法人和其他组织义务的决定。(3)行政机关制定的行政法规、部门规章和地方政府规章以及其他规范性文件不得与上位法相抵触。(4)行政机关必须严格遵守行政程序。依法行政原则要求行政主体承担具体行政行为合法性的证明责任。按照依法行政原则，行政行为的合法性应当满足事实清楚、证据确凿、适用法律法规正确、符合法定程序等合法性要件。

只有符合这些要件，行政主体才能作出具体行政行为。如果行政主体在行为之时已经意识到事实不清、证据不足、适用法律法规有疑问、不符合法定程序，行政主体便不得作出具体行政行为。换言之，具体行政行为一经作出即被推定为合法，合法性是行政主体作出具体行政行为的正当性所在，因此在行政诉讼中面临行政相对人诉请确认具体行政行为违法时，行政主体须自证清白，证明具体行政行为是在法律授权范围内依法定程序作出的。

讯问人员讯问犯罪嫌疑人等执法行为同样是行使公权力的行为，同样需要在法律授权范围内依法定程序作出，在民事诉讼中对于侵权行为违法性的审查实质就是审查是否存在加害行为、加害行为是否造成了损害以及加害行为与损害之间是否存在因果关系，类似于行政主体须承担具体行政行为合法性的证明责任，公职人员也需要证明其在执法过程中没有对执法对象实施侵权行为、执法行为没有对执法对象造成损害或者执法行为与执法对象所遭受的损害之间没有因果关系。

唯一有所差别的是，在民事诉讼中除了要证明执法行为合法，还要证明公职人员对于执法对象所遭受的损害不存在过错。当然，公职人员不存在过错的证明与公职人员在讯问过程中没有对执法对象实施侵权行为、执法行为没有对被执法对象造成损害以及执法行为与执法对象所遭受的损害之间没有因果关系的证明是不可分割的，只是在对构成要件证明责任的分配上作如此划分。

另外，我国《刑事诉讼法》第 123 条明文规定，“侦查人员在讯问犯罪嫌疑人的时候，可以对讯问过程进行录音或者录像；对于可能判处无期徒刑、死刑的案件或者其他重大犯罪案件，应当对讯问过程进行录音或者录像。录音或者录像应当全程进行，保持完整性”。就此而言：一方面，讯问人员行使讯问权本应依法进行，要求证明其讯问行为具有合法性即在讯问过程中不存在刑讯行为以及讯问行为没有对被讯问人员造成损害理所当然；另一方面，如果讯问人员在法律授权范围内依法定程序进行讯问，那么其只要提供同步录音录像便能轻易证明其在讯问过程中没有对被讯问人员实施刑讯行为、讯问行为没有对被讯问人员造成损害、讯问行为与被讯问人员所遭受的损害之间没有因果关系以及其对于被讯问人员所遭受的损害不存在过错。

因此，考虑到讯问活动行使公权力的属性以及举证便利程度，将加害行为、因果关系与过错的举证责任倒置，要求讯问人员证明其在讯问过程中没有对被讯问人员实施刑讯行为、讯问行为没有对被讯问人员造成损害、讯问行为与被讯问人员所遭受的损害之间没有因果关系以及其对于被讯问人员所遭受的损害不存在过错是更为合理的。

值得注意的是，过错推定与因果关系推定在我国《民法典》侵权责任编中已经有相关规定，因此并不稀奇，相反加害行为推定在其他侵权行为中较少被提及，这是因为在很大程度上损害的存在几乎就可以证明加害行为的存在，这是容易理解的，因为没有加害行为便不可能存在损害，行为与结果不可分割。

就加害行为来说，更为重要的是证明加害人，这对于处在自由状态下的受害人来说，是相对比较容易证明的，因为在多数情况下都有监控录像或者其他证人存在，但对于处在丧失或部分丧失自由的羁押或类羁押状态的被讯问人员来说：第一，其处于相对封闭的空间，很难有证人存在；第二，刑事审判实践中讯问人员提供同步录音录像的情形很少；第三，被讯问人员在被送进看守所或监狱之时，都要进行健康检查，如果被讯问人员在被送进看守所或监狱之前受伤，应当记录在案。如果被讯问人员在被送进看守所或监狱后，遭受了非因其自身原因导致的损害，那么该损害必定是由看守所或监狱内的其他人所造成的。

对于同样处于丧失或部分丧失自由的羁押或类羁押状态的其他犯罪嫌疑人或罪犯来说,其举证条件不差上下,因此并无举证责任倒置的正当性。但对于看守所或监狱的工作人员或者讯问人员来说:一是此类人员是公权力行使者,其本应依法行使公权力;二是同步录音录像制度为此类人员举证提供了充分便利,其相对于被讯问人员有天然的举证优势,因此由讯问人员证明其在讯问过程中没有对被讯问人员实施刑讯行为有其充分正当性。

概言之,参与刑讯人员等公职人员侵权属于过错侵权,适用过错侵权行为的构成要件,公职人员侵权中原本由执法对象承担的公职人员在执法过程中存在侵权行为、该执法行为与执法对象所遭受的损害之间存在因果关系,以及公职人员对于该损害的发生存在过错的证明责任转移至公职人员,由公职人员通过提供同步录音录像等方式证明其在执法过程中不存在侵权行为、执法行为与执法对象所遭受的损害之间不存在因果关系以及其对于该损害的发生不存在过错。

第二节 公职人员侵权的构成要件

既然公职人员侵权属于过错侵权,那么当然适用过错侵权行为的构成要件。不过,基于公职人员侵权的特殊性,公职人员侵权的构成要件也有其特殊性,具体包括公职人员实施侵权行为、执法对象遭受损害、侵权行为与执法对象所遭受的损害存在因果关系以及公职人员对执法对象遭受的损害存在过错。

一、公职人员侵权适用过错侵权行为的构成要件

侵权行为构成要件是指构成侵权行为进而承担损害赔偿责任的必要条件。当损害发生以后,对此损害应当承担赔偿责任的个人或组织,必须具备法律规定的不可或缺的条件。这些条件在学理上被称为“侵权行为构成要件”或“侵权责任成立要件”。这一概念的引申之义就是,若

缺乏其中任何一个构成要件,该行为便不属于侵权行为,行为人也不用承担损害赔偿责任。侵权行为构成要件,是研究特定行为是否构成侵权行为进而行为人是否要为该行为所造成的损害承担赔偿责任的一般性分析框架。侵权行为构成要件是对内容和形式纷繁复杂的立法规则、司法实务的抽象提炼,其可以为确定侵权责任是否成立提供标准。在一般情形下,受害人要求行为人承担损害赔偿责任,需要证明该行为符合侵权行为构成要件;行为人则会尽力证明其中一个或数个构成要件不存在,以使自己得以免责。〔1〕

具体来说,侵权行为形态各异,既有一般侵权行为即过错侵权行为,又有各类特殊侵权行为,特殊侵权行为内部又因侵权主体之特殊性与侵权责任归责事由之特殊性另有细分,前者如监护人责任、用人单位责任、定作人责任以及安全保障义务人责任等,后者如产品责任、机动车交通事故责任、医疗损害责任、环境污染和生态破坏责任、高度危险责任、饲养动物损害责任以及建筑物和物件损害责任等。严格来说,每一类特殊侵权行为均有其特殊的构成要件,不过总体上大同小异,不同的特殊侵权行为只是在其中某一项或某几项构成要件上有所差异,换言之,特殊侵权行为构成要件是以过错侵权行为的构成要件为底色的。公职人员侵权本质上仍然是过错侵权,因此其适用过错侵权行为的构成要件。

在我国,就过错侵权行为的构成要件包含哪些要素,理论界与实务界历来存在不同的看法,最主要的分歧在于应否区分过错与违法性。肯定过错与违法性区分的学者,认为过错侵权行为的构成要件包含四要件,即损害、因果关系、违法性与过错。〔2〕否定这一区分的学者认为其包含三要件,即损害、因果关系与过错。〔3〕

不过,近年来越来越多的学者逐渐倾向于接受德国法阶层式的侵权

〔1〕参见沈岿:《国家赔偿法:原理与案例》(第2版),北京大学出版社2017年版,第100页。

〔2〕参见张新宝:《侵权责任法原理》,中国人民大学出版社2005年版,第50页;杨立新:《侵权法论》(第2版),人民法院出版社2004年版,第140页。

〔3〕参见王利明:《侵权行为法研究》(上册),中国人民大学出版社2004年版,第348页;孔祥俊、杨丽:《侵权责任要件研究》(上),载《政法论坛(中国政法大学学报)》1993年第1期。

行为构成要件体系，参照刑法学界对于犯罪构成要件体系的分类，可将其分为违法与责任两阶层的构成要件体系[1]与客观构成要件（构成要件该当性）、违法性、有责性三阶层的构成要件体系[2]，此二者只是在形式上对是否将违法性作为一个独立的阶层有不同的选择，其实并无实质差别。

德国法阶层式的侵权构成要件体系与我国三要件说或四要件说的差别主要体现在侵权构成要件的体系化程度上，侵权构成要件实质是根据侵权法判断某人是否应就其造成的损害承担责任的论证思路的体现，德国法阶层式的侵权构成要件体系呈现立体化、分步骤的判断过程，实际上就是德国法先论证侵权行为是否正当即是否合法，再论证侵权人是否应对该侵权行为负责即是否应受谴责的论证思路的体现，而我国法无论是三要件说还是四要件说都不存在这样先论证违法性后论证有责性的论证思路，而是平面的、整体式的论证思路。这与刑法学界阶层式犯罪构成要件体系和四要件式犯罪构成要件体系的争论如出一辙。不过，无论是德国法阶层式的侵权构成要件体系还是我国的三要件说或四要件说，都由于过错客观化理论的发展，逐渐呈现过错与违法一元化的趋势，而这也是我国侵权构成要件三要件说与四要件说争论的实质所在。

概言之，我国三要件说或四要件说的侵权构成要件体系与德国法阶层式侵权构成要件体系面临相同的理论难题，即过错客观化对于既有的侵权构成要件体系的冲击，在这一点上二者并无差别，差别仅在于德国法阶层式侵权构成要件体系呈现更清晰的先论证违法性后论证有责性的论证思路，更为体系化，逻辑更为清晰，也更容易理解。因此，笔者亦从更清晰地呈现论证思路的角度出发，以德国法阶层式侵权构成要件体系展开论述。

具体来说，以德国法客观构成要件、违法性、有责性三阶层的构成要件体系为例，德国法在“分析侵权案件时，应当首先就行为是否符合狭

---

〔1〕 参见张明楷：《以违法与责任为支柱构建犯罪论体系》，载《现代法学》2009年第6期。

〔2〕 参见［德］埃尔温·多伊奇、［德］汉斯-于尔根·阿伦斯：《德国侵权法——侵权行为、损害赔偿及痛苦抚慰金》，叶名怡、温大军译，中国人民大学出版社2016年版，第8~9页。

义的构成要件加以判断，然后判断其违法性，最后才就具有违法性的行为认定行为人是否具有故意或过失。如果某一行为连狭义的构成要件即客观构成要件都不符合，那么就无须考察违法性与过错”〔1〕。所谓“客观构成要件”（Objectiver Tatbestand），即必须存在给他人造成损害的加害行为（Verletzungshandlung）。〔2〕客观构成要件是除主观构成要件、违法性之外的，在损害赔偿责任成立的前提要件上，法律对责任主体、行为样态、侵害后果以及因果关系客观上的描述或者限制。〔3〕所谓“违法性”（Rechtswidrigkeit），是指被告的行为具有违法性或不法性。由于《德国民法典》第823条第1款所列举的受侵权法保护的对象包括绝对权与法益，因此，侵害这些权益的行为当然具有违法性，除非存在“违法阻却事由”（Rechtfertigungsgrund）。判断是否具有违法性最重要的就在于判断有无违法阻却事由。所谓“有责性”（Verschulden），即主观构成要件（Subjectiver Tatbestand），此处应就特定的构成要件判断被告是否具有故意或过失，同时涉及责任能力的问题。

我国《民法典》侵权责任编对于一般侵权行为即过错侵权行为的构成要件的规定主要体现在《民法典》第1165条第1款，其规定“行为人因过错侵害他人民事权益造成损害的，应当承担侵权责任”。对照德国法阶层式侵权构成要件体系，《民法典》第1165条第1款关于一般侵权行为构成要件的规定可以分为两类：第一，客观构成要件，即行为、因果关系（加害行为与民事权益被侵害的因果关系以及民事权益被侵害与损害的因果关系）；第二，主观构成要件，即行为人存在过错，包括故意和过失。《民法典》第1165条第1款并未区分过错与违法性，同时也不承认侵权责任能力。在考察一般侵权行为的构成要件时，应遵循从客观要件到主观要件的过程，即首先考察客观构成要件，然后考察过错的有无。

就客观构成要件的考察而言，具体包括：第一，行为人是否存在行

---

〔1〕 程啸：《侵权责任法》（第3版），法律出版社2021年版，第214页。

〔2〕 Brox/Walker, Besonderes Schuldrecht, 33. Aufl., 2008, S. 490.

〔3〕 Staudingers Kommentar zum Bügerilichen Gesetzbuch, 13. Aufl., 1999, § 823 Rn. A2. 转引自程啸：《侵权责任法》（第3版），法律出版社2021年版，第214页。

为。行为包括作为和不作为，没有行为，就不可能产生侵权责任。第二，行为必须是侵害民事权益的行为即加害行为。要考察行为人的行为是否属于加害行为，就不得不将其与民事权益被侵害联系起来。换言之，只有侵害了民事权益的行为才属于加害行为，因此需要从受害人的角度来考察其何种民事权益遭受了侵害。首先，加害行为人侵害的是他人的民事权益，而非自身的民事权益。如果加害行为人损害的是自己的权益，只能自认倒霉，不发生侵权责任的问题。其次，加害行为侵害的是侵权法保护的民事权益。如果受侵害的并非侵权法所保护的民事权益，则可能发生其他法律责任，但不会产生侵权责任。最后，加害行为与民事权益被侵害之间有无因果关系。若虽然有加害行为，但民事权益被侵害的后果并非该加害行为所致，而是其他原因造成的（如受害人故意），则行为人无须承担侵权责任。第三，民事权益被侵害是否造成了损害。有损害才有赔偿，过错责任原则是损害赔偿的归责原则。故如果仅仅是民事权益被侵害，则可能要承担停止侵害、排除妨碍、消除危险等侵权责任承担方式，如果没有造成损害，则不发生损害赔偿责任，包括恢复原状、赔偿损失。[1]

在客观构成要件均满足后，才应当考察行为人是否具有过错，即行为人在主观上有无故意或过失。如果行为人没有过错，除非适用无过错责任，否则即便客观上侵害了他人的民事权益、存在因果关系，也不产生侵权责任。过错（Verschulden），是指对行为人主观心理状态的否定性评价或非难，过错分为故意与过失。通常对于过错的界定由学说来完成，法律上很少作出界定。故意（vorsatz），是指行为人明知其行为会发生侵害他人民事权益的后果，仍有意为之的一种主观心理状态。过失（fahrlässigkeit），是指行为人对侵害他人民事权益之结果的发生应注意或能注意却未注意的一种心理状态。无论是故意还是过失都包括两部分：一是认识因素，即行为人是否认识到其行为会侵害他人的民事权益；二是意志因素，即行为人对于侵害他人的民事权益这一结果的态度是积

〔1〕 参见程啸：《侵权责任法》（第3版），法律出版社2021年版，第215页。

极追求、无所谓还是排斥。具体区分在论及具体的构成要件时展开，兹不一一赘述。

概言之，我国《民法典》侵权责任编第 1165 条第 1 款所呈现出的过错侵权行为的构成要件与三要件说更为相似，即不考虑违法性。以德国法阶层式侵权行为构成要件体系观之，过错侵权行为的构成要件可具体分为客观构成要件和主观构成要件，前者包括损害和因果关系，后者指过错。在判断某行为是否符合过错侵权行为构成要件时，先判断是否符合客观构成要件，在符合客观构成要件后再判断是否符合主观构成要件。

不过，公职人员侵权相比于纯粹的过错侵权也有其特殊性，具体表现为：其一，公职人员侵权属于具有特殊身份的人侵权，类似于刑法学意义上的身份犯，非公职人员不可能构成公职人员侵权；其二，公职人员侵权发生在执法过程中，即公职人员在行使职权中实施了侵权行为并造成执法对象损害，之所以强调公职人员侵权发生在执法过程中，是因为在执法过程中公职人员滥用了公权力，此乃其他侵权行为所不具备的特殊性；其三，在公职人员侵权中，原本由执法对象承担的公职人员存在侵害行为、该侵害行为与执法对象所遭受的损害之间存在因果关系以及公职人员对于该损害的发生存在过错的证明责任倒置，由公职人员提供同步录音录像等方式证明其不存在侵害行为、侵害行为与执法对象所遭受的损害之间不存在因果关系或对于该损害的发生不存在过错。执法对象仅需证明其遭受了损害即可。

二、公职人员实施侵权行为

“责任意味着将事件归责为人的意志。一个人的意志一般会表现在其行为中。行为由此构成了责任的起因（Urgrund），并成为一般性的事实构成要素。”[1]所谓行为，是指受意志支配而表现出来的活动。作为侵权行为构成要件的行为，是指侵害他人民事权益的受意志支配的人之

[1] [德]埃尔温·多伊奇、[德]汉斯-于尔根·阿伦斯：《德国侵权法——侵权行为、损害赔偿及痛苦抚慰金》，叶名怡、温大军译，中国人民大学出版社 2016 年版，第 17 页。

行为。第一，行为（handlung）这个概念只能归属于人，并作用于人与人之间形成的社会关系，继而由法律加以调整。与人无关的单纯的自然界活动，如地震、洪水、飓风等，虽也能引起一定法律效果，但因未涉及行为，故也不会发生侵权责任法律关系。第二，行为必须受到行为人的意志支配。也就是说，行为是在行为人的意识控制下、由其意愿所引导的，可以控制的人的行为，属于自主的行为（voluntary conduct）。倘若某人的某一行为并不是在其意思支配下进行的，“而是被强制作出的身体动作或者因外力的影响而产生的不自觉的反应”〔1〕，那么该行为不属于侵权法上的“行为”。

由此可见，侵权法上的“行为”并非单纯的对可感知世界活动的描述，而是一种可以归责于行为人的活动。如果行为人没有支配自己行为的意志，那么该行为不是行为人的自主行为，不能归责于他，其无须承担侵权赔偿责任。至于行为，究竟是有意识的行为，即有特定目的指向的行为，还是漫无目的、无意识或下意识的行为，在所不问。所谓下意识的行为或动作，是一个人不断重复同一工作和技能而习得的典型结果，也就是说，行为人在行动时是不假思索的，但这种行为依然是自主的行为。“非自主行为和下意识的行为之间的关键区别是，前者是不可控制的，而后者是可控制的，只不过这种控制是非自觉的”，下意识的举动恰恰是侵权法上过失行为的本质。〔2〕因此，一个人下意识的行为给别人造成了损害，该行为也属于加害行为，需要承担侵权责任。

如果一个人在非自主的情形下，即完全丧失自由意志进而无法控制自己身体的情形下实施了某种行为，由此侵害他人民事权益并造成损害的，行为人是否需要承担责任，要考虑其丧失自由意志的原因是什么。如果是由于行为人先前的过错行为而陷入完全丧失自由意志进而无法控制自己身体的情形，即所谓的原因自由行为，则行为人丧失自由意志下所实施的行为仍然视为行为人的行为，行为人应当对该行为造成的损

---

〔1〕 Jauernig/Teichmann，13. Aufl. ，2009，§ 823 Rn. 2. 转引自程啸：《侵权责任法》（第 3 版），法律出版社 2021 年版，第 217 页。

〔2〕 参见［澳］彼得·凯恩：《侵权法解剖》，汪志刚译，北京大学出版社 2010 年版，第 34 页。

害承担侵权责任。典型的原因自由行为，如因为过量饮酒或吸食毒品而导致对自己的行为暂时丧失意识或者失去控制的，在此种情形下依据《民法典》第 1190 条第 2 款的规定，行为人需要承担侵权责任。如果并非因行为人先前的过错行为而陷入完全丧失自由意志进而无法控制自己身体的情形，该行为不属于自主行为，行为人不需要承担赔偿责任。但是，由于损害已经发生，令无辜的受害人自担损害，显然不公平。所以，我国《民法典》第 1190 条第 1 款规定，此时应当适用公平责任，根据行为人的经济状况对受害人进行适当补偿。

依加害行为的表现形态不同，可将行为分为“作为”(Tun)与“不作为”(Unterlassen)。作为，是指行为人积极的举止动作，即有所为。对于作为，外界通常能够加以识别，如殴打他人、偷窃他人的财物、损坏汽车、纵火焚毁房屋等。不作为，是指不为某件事情，从外界表现来看，行为人乃处于消极的静止状态，什么也没干(Etwas nicht tun)，即有所不为。不作为并非指一切属于人类的消极静止状态，[1]之所以不作为也会被认定为加害行为，根本原因在于行为人违反了作为的义务。倘无作为的义务，行为人即使有所不为，也不可能构成加害行为。[2]

在公职人员侵权中，加害行为即指公职人员的执法行为，属于作为侵权。执法行为一方面表示该行为是公职人员“在行使职权中”所为，其与公权力之行使有紧密联系，另一方面表示该行为是侵害执法对象权益的加害行为。

“在行使职权中”在国家赔偿责任中非常重要，甚至可以说其在判断国家是否应当承担赔偿责任时发挥决定性作用，国家之所以要承担赔偿责任，无论是依据代位责任说还是依据自己责任说，都是因为公职人员给他人造成的损害是行使公权力造成的，如果公职人员并非在行使职权中侵害他人权益造成他人损害，而完全是以个人身份所为，就意味着他人之损害与公权力之行使毫无瓜葛，那么国家自然没有任何理由为公

[1] 参见曾世雄：《损害赔偿法原理》，中国政法大学出版社 2001 年版，第 63 页。

[2] 参见程啸：《侵权责任法》(第 3 版)，法律出版社 2021 年版，第 218 页。

职人员承担责任。不过，在刑讯逼供的国家赔偿责任中，由于刑讯逼供的特殊性，判断是否属于行使职权变得十分容易，刑讯逼供预设了该行为一定发生在行使职权过程中，因为讯问本身就是在行使公权力。

不过，在公职人员民事侵权责任中，“在行使职权中”这一要件在侵权行为成立环节并不发挥任何作用，因为公职人员侵权与其他侵害他人人身权的过错侵权行为的构成要件并无差别。“在行使职权中”只是表明公职人员侵权这类侵害他人人身权行为的特殊性，即前文所称的加害人的特殊身份（加害人为掌握公权力的国家公务人员且其滥用了公权力）与受害人的特殊状态（丧失或部分丧失自由的羁押或类羁押状态），此种特殊性只导致公职人员实施侵权行为的证明责任从执法对象转移至公职人员，即由公职人员证明在执法过程中不存在侵权行为，如果公职人员不能证明其不存在侵权行为，就要承担举证不能的不利后果，而与公职人员侵权的构成要件无关。

概言之，公职人员侵权行为的第一层含义即侵权行为发生“在行使职权中”，与公权力之行使有紧密联系，这并不影响公职人员侵权的构成要件，但影响公职人员侵权行为的第二层含义即导致加害行为的证明责任从执法对象转移至公职人员。

三、执法对象遭受损害

损害（damage）一词来源于拉丁文“damnum”，德文为“der Schaden”。损害是所有民事赔偿责任的必备构成要件。虽然有损害未必有赔偿，但是没有损害肯定没有赔偿。唯有被侵权人因民事权益被侵害而遭受了损害，方能要求侵权人负损害赔偿责任。究竟何为损害，我国民法并未作出界定。王利明教授详细区分“损”与“害”，其指出，在汉语中，“损”和“害”具有不同的含义。“害”具有侵犯、杀害的含义。《国语·楚语上》载明：“子实不睿圣，于倚相何害。”这里的“害”解释为：“害，伤也。”《说文解字》也解释为：“害，伤也。”在汉语中，“损”是指财产减损的行为和结果，《说文解字》解释为，“损，减也”。可见，“损害”一词包含了人身伤害和财产损失的后果。“损害”一词包括了多种含义，意味着任何形式的不利影响。它包括损失（loss）和伤害（injury）两个概念。[1]王利明教授之所以咬文嚼字般对“损”与“害”作出区分，实际上是为了区分不同类型的损害，而之所以要对损害进行区分，是因为法律并非对于所有的损害都提供救济，即使是法律提供救济的损害，救济条件与救济程度也不一而同。

大体来说，损害首先可以区分为可获得救济之损害与无法获得救济之损害。区分的标准是损害的可补救性，所谓损害的可补救性，是指受害人遭受的损害需要达到何种程度法律才会提供补救。按照德国学者冯·巴尔教授的观点，应当采用“法律上有关的损害”（legally relevant damage）一词，该词的含义指损害应当具有可补救性。[2]任何人身或财产上的不利益，只有在法律上被认为具有补救的可能性和必要性时，才能产生民事责任。

损害的可补救性包括如下内容：第一，从量上来看，损害虽已发生，但必须达到一定程度，在法律上才是可补救的。这是因为，人们在社会中生活，损害总是在所难免的。为了维持社会生活的安定，法律常常要求人们容忍来自他人行为的轻微损害，或使行为人对造成他人轻微损害的后果不承担法律责任。第二，损害在本质上是侵害权利和利益所产生的后果，而该权利和利益是侵权法保护的对象。我国《民法典》第1164条规定，“本编调整因侵害民事权益产生的民事关系”[3]。可见我国《民法典》侵权责任编只是抽象地概括了其所保护的对象即权益，权益包括权利与法律所承认的利益，至于法律所承认的利益究竟为何，仰赖法官在司法实践中个案判断。第三，从因果关系的角度来看，损害必须和赔偿义务人的行为之间具有法律上的因果联系，具有一种可补救性。需要注意的是，损害的可补救性不等同于能够以金钱计量。既然损害是

---

〔1〕 参见王利明：《侵权责任法研究》（上卷）（第2版），中国人民大学出版社2016年版，第307～308页。

〔2〕 See Christian von Bar, *Principles of European Law-Non Contractual Liability arising out of Damage caused to another*, Oxford University Press, 2009, p. 244.

〔3〕 本编指《民法典》侵权责任编。——笔者注

指对权利和利益的侵害，那么，应予补救的损害就不限于能够计量的损害。

《国家赔偿法》第 17 条规定："行使侦查、检察、审判职权的机关以及看守所、监狱管理机关及其工作人员在行使职权时有下列侵犯人身权情形之一的，受害人有取得赔偿的权利……（四）刑讯逼供或者以殴打、虐待等行为或者唆使、放纵他人以殴打、虐待等行为造成公民身体伤害或者死亡的……"可见在国家赔偿责任项下，刑讯逼供只有造成公民身体伤害或者死亡的，国家才承担赔偿责任，换言之，国家赔偿责任仅保护被讯问人员的生命权、身体权与健康权。不过，在公职人员民事侵权责任中，此种情况有所缓解。相比于国家赔偿责任，侵权责任编的保护对象更为全面，尤其是对于国家赔偿责任不予保护的法律承认的利益进行保护。而且，根据《国家赔偿法》第 35 条的规定，仅在致人精神损害并造成严重后果时才允许受害人申请国家赔偿；相反，侵权责任编门槛更低，更有利于保护受害人的权利，填补受害人的损害。

概言之，在公职人员侵权中，执法对象需要证明其造成了损害，而该损害是《民法典》侵权责任编第 1164 条所保护之民事权益，既可能是《国家赔偿法》第 17 条第 4 项所规定的生命权、身体权与健康权等权利，也可能是法律所承认的利益。

四、执法行为与执法对象所遭受的损害存在因果关系

法律上的因果关系，是指损害结果和造成损害的原因之间的关联性，它是各种法律责任中确定责任归属的基础。侵权行为构成要件中的因果关系，是指行为或物件与损害事实之间的前因后果的联系。此种因果关系是确定责任归属与责任范围的要件，是责任人承担责任的基础和必要条件。侵权法上的因果关系理论是一种责任理论，这种理论必须解决可归因的损害赔偿问题。因为一个人对某一损害的责任只能建立在这个人与该损害之间存在联系的基础上。[1] 界定损害结果和造成损害

〔1〕 参见［荷］J. 施皮尔主编：《侵权法的统一：因果关系》，易继明等译，法律出版社 2009 年版，第 13 页。

的原因之间是否存在因果关系最困难的地方在于对二者之间关联性强度的判断，即关联性需要达到何种程度才能认为损害结果和造成损害的原因之间存在因果关系。

目前学界关于因果关系判断标准的通说是相当因果关系说（Adequanz theorie），又称“充分原因说”（The Adequacy Theory），它是由德国学者冯·克里斯（Von Kries）在19世纪末提出来的。冯·克里斯认为，加害人必须对以他的加害行为为“充分原因”的损害承担责任，但是对超出这一范围的损害不负责任。那么，什么是“充分原因”呢？冯·克里斯提出了“客观可能性”（objecktive Moeglichkeit）的概念。他认为，只有那些对结果的发生提供了可能性（objektive moegliche Moeglichkeit）的，才能被称为原因。[1] 也就是说，在造成损害发生的数个条件中，如果某个条件有效增加了损害发生的客观可能性，则可视为损害的充分原因。按照冯·克里斯的观点，在判断因果关系时，应当依据相当性概念来加以判断，法官应当以普通一般人或经过训练、具有正义感的法律人的看法，依据经验之启发及事件发生的正常经过来进行判断，以确定行为与结果之间是否具有因果联系。[2] 当然，相当性的判断并没有客观的、统一的标准，只能由法官在具体案件中判断。

公职人员侵权行为中的因果关系是指公职人员的执法行为与执法对象所遭受的损害之间的因果关系。如果损害仅仅指《国家赔偿法》第17条第4项所保护的被讯问人员的生命权、身体权与健康权，通常来说，其因果关系的相当性是相对比较容易判断的。不过如果损害是《民法典》侵权责任编所保护的法律承认的利益，其相当性相对难以判断。另外，前文已述及，考虑到执法对象处于丧失或部分丧失自由的羁押或类羁押状态以及举证的便利程度，由公职人员承担其执法行为与执法对

---

〔1〕 See A. M. Honore, *International Encyclopedia of Comparative Law*, Vol. 4, Torts, Chapter 7, Causation and Remoteness of Damage, J. C. B. Mohr (Paul Siebeck, Tübingen), 1975, p. 31. 转引自王利明：《侵权责任法研究》（上卷）（第2版），中国人民大学出版社2016年版，第386页。

〔2〕 参见陈聪富：《侵权行为法上之因果关系》，载《台湾大学法学论丛》2000年第2期。

象所遭受的损害之间不存在因果关系的证明责任更为合理。在我国《国家赔偿法》中其实也有类似规定，《国家赔偿法》第 26 条第 2 款规定，"被羁押人在羁押期间死亡或者丧失行为能力的，赔偿义务机关的行为与被羁押人的死亡或者丧失行为能力是否存在因果关系，赔偿义务机关应当提供证据"。

五、公职人员对执法对象所遭受的损害存在过错

"过错"，是对行为人主观心理状态的否定性评价或非难。过错分为故意与过失。关于过错的内涵，历来存在两种不同观点：一是主观过错说。所谓主观过错说，是指过错是行为人主观上应受非难的一种心理状态。持主观过错说的学者认为，侵权法上的过错和刑法上的罪过概念相类似。故意，是指行为人认识到其行为可能侵害他人权益造成他人损害但仍然积极追求或者放任此种结果发生的意图；过失，是指行为人本应预见其行为可能侵害他人权益造成他人损害但由于疏忽大意而未预见或者虽然已经预见其行为可能侵害他人权益造成他人损害但因为盲目相信可以控制自己的行为避免损害他人结果的发生，以至于在伦理上，甚至是道德上具有可非难性，因此过失也被称为"人格过失"或"道德过失"[1]。主观过错说认为，故意和过失是行为人基本的过错方式，在行为人实施侵权行为时，不同的行为人的内在心理过程对其行为及后果所持的态度各不一样，这就决定了过错程度是有区别的。主观过错说是 19 世纪侵权法的主导理论。

二是客观过错说。客观过错说是与主观过错说相对应的一种理论，该理论的主要内容包括：第一，过错并非人们内心可受非难的一种心理状态，而是指行为人违反了某种行为标准，此种标准可能是法律上确定的行为人应当作为或不作为的义务，也可能是指一个理性人或者善良管理人应当尽到的义务或注意程度等。违反了该行为标准就表明行为人

---

〔1〕 邱聪智：《庞德民事归责理论之评介》，载邱聪智：《民法研究（一）》（增订版），中国人民大学出版社 2002 年版，第 102 页。

具有过错，无须探究其内心状态。第二，过错并非在于行为人的主观心理态度是否具备应受非难性，而在于其行为本身是否具有应受非难性。行为人的行为若不符合某种行为标准即为过错，因此，“过错是一个社会的概念”[1]，应当采用理性人或者善良家父的标准，来对行为人的行为进行评价，以确定其是否具有过错。第三，在用客观标准对行为人的行为进行评价时，应当依赖一个谨慎的人在特定的环境下应当从事的行为标准加以确定，而不是依赖于一个人自身的主观能力而确定。从比较法上看，过错客观化代表了20世纪以来侵权法的发展趋向，即从保护受害人的需要出发，减轻受害人的举证负担，使法官对过错的判断更为简便，从而使过错的判断更好地服务于归责的需要。客观过错理论的发展及其在法律上被普遍采纳，标志着“社会责任的概念取代了个人过错的思想。过错本身也由于过错责任的客观化而发生了变化。这意味着从日益扩大的侵权行为法领域中消除了道德因素”[2]。尽管“从日益扩大的侵权行为法领域中消除了道德因素”有些偏颇，但真实地反映了过错的认定与加害行为本身的认定逐渐融为一体。

在公职人员侵权中同样如此。公职人员对于执法对象所遭受的损害是否存在过错取决于其是否实施了侵权行为，如果公职人员实施了侵权行为，且该侵权行为是其自主行为，那么公职人员对于执法对象所遭受的损害就存在过错。因此，公职人员对于执法对象所遭受的损害存在过错与公职人员实施了侵权行为一样，考虑到执法人员的特殊身份和执法对象的特殊状态，由公职人员承担其对执法对象所遭受的损害不存在过错的证明责任更为合理。

六、小结

公职人员侵权属于过错侵权，适用过错侵权行为的构成要件。考虑

---

[1] Andre Tunc, *International Encyclopedia of Comparative Law*, Vol. 4, Torts, Introduction J. C. B. Mohr (Paul Siebeck, Tübingen), 1974, p. 63. 转引自王利明：《侵权责任法研究》(上卷)(第2版)，中国人民大学出版社2016年版，第335页。

[2] [美]伯纳德·施瓦茨：《美国法律史》，王军等译，中国政法大学出版社1990年版，第218页。

到执法人员的特殊身份与执法对象的特殊状态，公职人员侵权中公职人员实施侵权行为、侵权行为与执法对象所遭受的损害存在因果关系，以及公职人员对执法对象所遭受的损害存在过错三项证明责任倒置，由公职人员证明其在执法过程中未进行侵权行为、其侵权行为与执法对象所遭受的损害之间不存在因果关系以及其对于执法对象所遭受的损害不存在过错。

其实，这三项证明责任只是在概念上或逻辑上进行了区分，只要公职人员提供全面的同步录音录像基本上即可同时完成上述三项证明责任。允许执法对象向公职人员主张民事侵权责任不仅可以保护执法对象的权利，填补其损害，更可以倒逼公职人员积极提供全面的录音录像，进而最终实现执法行为规范化之效果。

第三节　公职人员民事侵权责任的程序设计

在实体法层面明确公职人员民事侵权责任的具体构成要件后，本节从程序法层面探讨公职人员民事侵权责任的程序设计，具体包括公职人员侵权案件的受理、公职人员民事侵权案件与原刑事案件的审理顺序、公职人员民事侵权之诉与非法证据排除程序的制度联动、值班律师在公职人员侵权案件中的作用。

一、公职人员侵权案件的受理

在刑事赔偿程序中，一般情况下赔偿请求权人只有在刑事诉讼程序终结后向赔偿义务机关提出赔偿请求，国家赔偿义务机关才会立案。现行《国家赔偿法》虽然没有对立案环节进行规定，但是最高人民法院和最高人民检察院都出台了相关司法解释，对赔偿义务机关先行处理程序中的立案环节进行了明确规定。立案的条件大体相同，主要包括：第一，赔偿请求人具备法定的资格或条件；第二，本院（包括法院和检察院）是赔偿义务机关；第三，属于既定的应予国家赔偿的情形；第四，有具体的申请事项和理由(《最高人民法院关于国家赔偿案件立案工作的规定》第4条)或者请求赔偿的材料齐备(《人民检察院国家赔偿工作规定》第8条);第五,在国家赔偿的请求赔偿时效内(《人民检察院国家赔偿工作规定》第8条)。虽然立案条件中并未明文规定刑事诉讼程序已经终结这一条件,但是在实践中刑事诉讼程序未终结的情况下赔偿义务机关立案的情形几乎不存在。

从我国刑讯逼供类国家赔偿案件最终获得国家赔偿的结果来看,此类案件要么是"来源案件"即被讯问人员涉嫌犯罪的案件本身就是错案,已经由审判监督程序宣告无罪,要么是讯问人员已经构成刑讯逼供罪,依法被追究刑事责任;在判决被讯问人员有罪的情形下还支持其国家赔偿请求的几乎没有。这样一来,刑讯逼供类国家赔偿案件所呈现的结果就是,在被讯问人员涉嫌犯罪的案件刑事诉讼程序终结后,仍然申请国家赔偿的案件只可能是被讯问人员涉嫌犯罪的案件本身就是错案的情形,被讯问人员被定罪后几乎不会再申请国家赔偿,即使申请赔偿也不会立案或以不符合具备法定的资格或条件为由不予赔偿。这意味着,大量可能存在刑讯逼供的案件在该案件刑事诉讼程序的漫长时段内被"消化"了,遭受刑讯逼供的被讯问人员被定罪后或者出于惧怕、担心,或者因为证据已经灭失,或者由于羁押状态难以取得相关证据,几乎没有人再申请国家赔偿。

可以说,被讯问人员只能于其涉嫌犯罪的案件刑事诉讼程序终结后申请国家赔偿在无形中塑造了一种"司法生态",在此生态下,只要刑事诉讼程序未终结,赔偿义务机关就不会受理该案件。而一旦漫长的刑事诉讼程序终结,被讯问人员所遭受的身体损害也早已恢复,相关证据早已灭失,大多数遭受刑讯逼供的被讯问人员也已经被定罪并开始执行刑罚,在羁押状态更难以收集相关证据进而申请国家赔偿,于是定罪后获得国家赔偿的案例几近消失。这似乎给遭受刑讯逼供的被讯问人员这样一个"信号":只有无罪的人才能获得国家赔偿。

这样的"司法生态"有待改变。然冰冻三尺非一日之寒,莫不如徐徐图之,虽然不允许被讯问人员在遭受刑讯逼供当时便申请国家赔偿,但应当允许被讯问人员在遭受刑讯逼供时，便可以主张讯问人员侵犯其人身权进而要求其承担损害赔偿责任。在被讯问人员涉嫌犯罪的案件刑事诉讼程序进行中允许被讯问人员起诉讯问人员，向其主张侵权责任，有如下几点考量：

1. 国家赔偿案件或者出于国家财政考虑，或者在观念上难以接受被定罪之人申请国家赔偿，形成定罪后难以获得国家赔偿的"潜规则"。一方面，国家赔偿案件"久病难医"，断然放弃该潜规则影响甚大。另一方面，考虑到其他类型的国家赔偿案件，例如，"依照审判监督程序再审改判无罪，原判刑罚已经执行的"确实需要等待刑事诉讼程序终结后才能判断是否符合申请国家赔偿的条件；又如，"违反刑事诉讼法的规定对公民采取拘留措施的，或者依照刑事诉讼法规定的条件和程序对公民采取拘留措施，但是拘留时间超过刑事诉讼法规定的时限"与错误逮捕的案件，均须"决定撤销案件、不起诉或者判决宣告无罪终止追究刑事责任"才满足申请国家赔偿的条件，因为如果允许其在超期羁押当时便申请国家赔偿，必然会陷入一边申请国家赔偿，一边仍然无法终止超期羁押状态的尴尬局面，且不说观念上能否接受，技术上就国家赔偿数额的计算也不方便，甚至可能需要数次申请国家赔偿，如此一来，反而显得程序烦琐。因此，综合考虑之下，在国家赔偿程序中清除积弊难上加难，可行性不足，允许被讯问人员在遭受刑讯逼供当时向讯问人员主张民事侵权责任或许能有意想不到之结果。

2. 从被讯问人员权利救济视角观之，允许被讯问人员在遭受刑讯逼供当时向讯问人员主张民事侵权责任能更有效地为受害人提供救济手段。其一，身体之损害能及时进行伤情鉴定，降低被讯问人员证明其遭受人身损害的难度。如果被讯问人员在遭受刑讯逼供时无法进行伤情鉴定，人身损害会随时间逐渐自愈，彼时被讯问人员难以证明曾经遭受之人身损害，要求被讯问人员必须在其涉嫌犯罪的案件刑事诉讼程序终结后再向被讯问人员主张侵权责任是不正当地增加被讯问人员的证明难度，毫无任何正当性。其二，允许被讯问人员在遭受刑讯逼供当时向讯问人员主张民事侵权责任能有效威慑讯问人员，因为在被讯问人员起诉讯问人员追究其民事侵权责任后,讯问人员与被讯问人员便产生直接的利益冲突,此时讯问人员能否保持客观公正、讯问人员继续从事被讯问人员涉嫌犯罪案件的讯问工作的妥当性需要考虑,应由讯问人员主管机关视情形具体决定。由此一来,允许被讯问人员在遭受刑讯逼供当时向讯问人员主张民事侵权责任可能导致更换讯问人员,而且确实实施了刑讯行为的讯问人员还要承担民事侵权责任,这些因素都可以威慑讯问人员,倒逼其规范讯问行为。也就是说,允许被讯问人员在遭受刑讯逼供当时向讯问人员主张民事侵权责任甚至可以算作一种防范刑讯逼供的对被讯问人员的制裁性救济手段。其三,在国家赔偿程序中,诉讼时效为 2 年,自赔偿请求权人知道或者应当知道国家机关及其工作人员行使职权时的行为侵犯其人身权、财产权之日起计算,但被羁押等限制人身自由期间不计算在内。在侵权损害赔偿程序中,虽然诉讼时效为 3 年,但被讯问人员被羁押等限制人身自由期间并不属于时效中止或中断的情形,如果要求被讯问人员必须在其涉嫌犯罪的案件刑事诉讼程序终结后再向讯问人员追究民事侵权责任,很可能由于刑事诉讼程序过于漫长,导致刑事诉讼程序终结后被讯问人员向讯问人员主张民事侵权责任已过诉讼时效,不正当地阻止被讯问人员获得救济,填补其人身损害。

总之,无论是考虑国家赔偿程序本身的改革难度,还是考虑被讯问人员权利救济的有效性,允许被讯问人员在遭受刑讯逼供当时向讯问人员主张民事侵权责任均属必要。

二、公职人员民事侵权案件与原刑事案件的审理顺序

若允许被讯问人员在遭受刑讯逼供当时向讯问人员主张民事侵权责任,那么公职人员侵权案件与原刑事案件即被讯问人员涉嫌犯罪的刑事案件应该同时进行吗?抑或有其他审理顺序?

在我国司法实践中,对于民刑交叉案件中民事案件与刑事案件的审理顺序一直存在“先刑后民”的政策导向,这也通过一系列法律文件表现出来,如 1985 年发布的《最高人民法院、最高人民检察院、公安部关于

及时查处在经济纠纷案件中发现的经济犯罪的通知》[1]、1987年发布的《最高人民法院、最高人民检察院、公安部关于在审理经济纠纷案件中发现经济犯罪必须及时移送的通知》[2]。后者第3条明确规定，“……一般应将经济犯罪与经济纠纷全案移送……如果经济纠纷与经济犯罪必须分案审理的，或者是经济纠纷案经审结后又发现有经济犯罪的，可只移送经济犯罪部分。对于经公安、检察机关侦查，犯罪事实搞清楚后，仍需分案审理的，经济纠纷部分应退回人民法院继续审理”。除非经济纠纷已经审结，否则原则上应先审理经济犯罪，待犯罪事实查清后再审理经济纠纷。1987年《最高人民法院关于在审理经济合同纠纷案件中具体适用〈经济合同法〉的若干问题的解答》[3]同样规定了“情节严重构成犯罪的，应当及时移送公安、检察机关处理”。不过，1997年《最高人

---

〔1〕 该通知指出，“各级人民法院在审理经济纠纷案件中，如发现有经济犯罪，应按照1979年12月15日最高人民法院、最高人民检察院、公安部《关于执行刑事诉讼规定的案件管辖范围的通知》，将经济犯罪的有关材料分别移送给有管辖权的公安机关或检察机关侦查、起诉，公安机关或检察机关均应及时予以受理”。不过，该规定已被2013年1月4日公布的《最高人民法院、最高人民检察院关于废止1980年1月1日至1997年6月30日期间制发的部分司法解释和司法解释性质文件的决定》废止。

〔2〕 该通知除强调严格执行1985年8月19日公布的《最高人民法院、最高人民检察院、公安部关于及时查处在经济纠纷案件中发现的经济犯罪的通知》外，第3条规定，“人民法院在审理经济纠纷案件中，发现经济犯罪时，一般应将经济犯罪与经济纠纷全案移送，依照刑事诉讼法第五十三条和第五十四条的规定办理。如果经济纠纷与经济犯罪必须分案审理的，或者是经济纠纷案经审结后又发现有经济犯罪的，可只移送经济犯罪部分。对于经公安、检察机关侦查，犯罪事实搞清楚后，仍需分案审理的，经济纠纷部分应退回人民法院继续审理”。不过，该规定已被2013年1月4日公布的《最高人民法院、最高人民检察院关于废止1980年1月1日至1997年6月30日期间制发的部分司法解释和司法解释性质文件的决定》废止。

〔3〕 该解答第2条第3款规定，“合同签订人盗用单位的介绍信、合同专用章或者盖有公章的空白合同书签订经济合同的，应当确认为无效合同，一切责任应由盗用人自负；构成犯罪的，应及时移送公安、检察机关处理”。第6条第5款规定，“订立假经济合同、倒卖经济合同、利用经济合同买空卖空、转包渔利都是违法行为，其非法所得应予收缴，并可根据情节依法给予罚款等制裁；情节严重构成犯罪的，应当及时移送公安、检察机关处理”。不过，该解答已被2000年7月13日发布的《最高人民法院予以废止的1999年底以前发布的有关司法解释目录(第三批)》废止。因为1999年3月15日全国人民代表大会已经通过并公布了《合同法》，依据原《经济合同法》有关规定作出的司法解释不再适用。

民法院关于审理存单纠纷案件的若干规定》(法释〔1997〕8号)〔1〕已经开始限制“先刑后民”的滥用倾向，该规定第3条第2款首次提出了应视情况而定是否中止民事案件审理，在追究当事人刑事责任不影响存单纠纷审理的情形下，刑民案件分别进行。1998年《最高人民法院关于在审理经济纠纷案件中涉及经济犯罪嫌疑若干问题的规定》(法释〔1998〕7号)〔2〕重申了刑民分案审理，并指出对于法律关系不同的案件原则上应当刑民分开、并行审理，对于同一事实应采取刑事合并民事的处理方式。2014年发布的《最高人民法院、最高人民检察院、公安部关于办理非法集资刑事案件适用法律若干问题的意见》规定，对于正在审理或执行的案件，另行提起诉讼或者申请执行涉案财物的，法院应不予受理或驳回起诉或终止执行，延续对于同一事实应采取刑事合并民事的处理方式。2015年《最高人民法院关于审理民间借贷案件适用法律若干问题的规定》进一步延续、细化了类型化思路，针对不同的类型选择不同的审理程序。总的来说，实务立场似乎从对交叉案件全部采用“先刑后民”模式走向了仅针对“同一事实”及具备刑事审理必要性的交叉案件

〔1〕 该规定第3条第2款规定，“人民法院在受理存单纠纷案件后，如现犯罪线索，应将犯罪线索及时书面告知公安或检察机关。如案件当事人因伪造、变造、虚开存单或涉嫌诈骗，有关国家机关已立案侦查，存单纠纷案件确须待刑事案件结案后才能审理的，人民法院应当中止审理。对于追究有关当事人的刑事责任不影响对存单纠纷案件审理的，人民法院应对存单纠纷案件有关当事人是否承担民事责任以及承担民事责任的大小依法及时进行认定和处理”。该规定已经根据2020年12月23日最高人民法院审判委员会第1823次会议通过的《最高人民法院关于修改〈最高人民法院关于破产企业国有划拨土地使用权应否列入破产财产等问题的批复〉等二十九件商事类司法解释的决定》修正。不过，第3条第2款的内容并未修改。

〔2〕 该规定涉及民刑交叉的条款较多，不一一罗列，比较能代表“先刑后民”司法政策的是第12条，该条规定“人民法院已立案审理的经济纠纷案件，公安机关或检察机关认为有经济犯罪嫌疑，并说明理由附有关材料函告受理该案的人民法院的，有关人民法院应当认真审查。经过审查，认为确有经济犯罪嫌疑的，应当将案件移送公安机关或检察机关，并书面通知当事人，退还案件受理费；如认为确属经济纠纷案件的，应当依法继续审理，并将结果函告有关公安机关或检察机关”。该规定已经根据2020年12月23日最高人民法院审判委员会第1823次会议通过的《最高人民法院关于修改〈最高人民法院关于在民事审判工作中适用《中华人民共和国工会法》若干问题的解释〉等二十七件民事类司法解释的决定》修正。不过，第12条的内容并未修改。

实行“先刑后民”模式，“刑民并行”逐渐上升为核心原则。[1]

民刑交叉案件是一个描述性的不精确概念，其内涵十分模糊，这导致虽然诸多学者在争论到底应该“先刑后民”还是“先民后刑”抑或“民刑并举”，但实际上争论的并不是同一类案例，并没有产生真正的交锋，仍然是在各说各话。殊不知在“民刑交叉”的话语之下暗藏款曲，若不能就事论事，针对特定类型的案件讨论到底应该如何安排民事与刑事案件的审理顺序，只是大而化之地探讨“先刑后民”还是“先民后刑”，实在让人不知所云。

关于何为刑民交叉案件，主流观点认为，刑事、民事案件涉及“同一事实”的，属于刑民交叉案件，原则上应当纳入刑事诉讼程序一并处理。所谓“同一事实”，是指行为主体、行为客体或对象，以及行为表现三者均相同的情形；如果其中之一发生变化，则属于“不同事实”，应当分别作为刑事与民事案件独立审判。[2]这属于形式层面的定义，即通过判断法律事实是否同一进而判断其是否属于民刑交叉案件。此定义将刑民交叉案件限制在“事实完全竞合”的范围内，范围过于狭窄。实际上，“在事实部分竞合，或者彼此存在主从、隶属等牵连关系时，同样产生刑民法律关系需要整体考量、刑民诉讼程序需要协调推进的必要性”[3]。所谓事实部分竞合就是上述行为主体、行为客体或对象以及行为表现其中一项或数项相同。

因此应当适当扩大刑民交叉案件的范围，有学者提出了实质层面的定义，指出：“刑民交叉案件的本质是同一事实可能同时被刑事、民事法律评价，近现代以来刑事审判权和民事审判权的分离使得不同诉讼程序所认定的事实和法律评价也不尽相同。在程序法中这个问题就变成了：前一诉讼认定的事实和结论是否能够当然地被后一诉讼所采纳？如果肯定这一点，就意味着前判决具有预决力，而这种预决力的理论根据必

---

[1] 参见简爱：《从刑民实体判断看交叉案件的诉讼处理机制》，载《法学家》2020年第1期。
[2] 参见黄祥青：《刑民交叉案件的范围、类型及处理原则》，载《法律适用》2020年第1期。
[3] 黄祥青：《刑民交叉案件的范围、类型及处理原则》，载《法律适用》2020年第1期。

须回溯到刑民实体关系以及不同法领域的违法判断有无关联性上；如果否认前判决对后判决的预决力，则刑民审判结果的不一致又有破坏法秩序统一性之虞。"〔1〕

对此，主流观点认为应该肯定审判权的独立行使、否定裁判预决力。在此基础上，针对同一事实的刑事审判、民事审判原则上应当分别进行，而"先刑后民""先民后刑"的讨论价值恐怕更多地体现为，在尊重两种诉讼程序差异性的前提下，如何最大限度地节约司法资源、提高诉讼效率。〔2〕作为"刑民并行"原则的补充，"只有在实体法律关系上，另一案的法律关系争议的解决成为本案的前提时，本案才应予中止"〔3〕。《民事诉讼法》第 153 条第 1 款第 5 项规定的"本案必须以另一案的审理结果为依据，而另一案尚未审结的"，为中止民事审理的情形之一，奠定了先决关系的规范基础。虽然《刑事诉讼法》中并未体现基于民事先决关系可中止刑事审判，但当刑事判决的作出需要以民事权利义务的先行确定为前提时，刑事诉讼程序在事实上处于中断状态。

因此，根据先决关系的不同，"先刑后民"和"先民后刑"可作为交叉案件审理的例外模式而存在。〔4〕概言之，出于对民事审判权与刑事审判权的平等尊重，不应承认相互间的预决效力，因此原则上民事案件与刑事案件的审理应当分别进行，只有在例外情形下，即在民事案件的审理结果是刑事案件审理的先决条件或者刑事案件的审理结果是民事案件审理的先决条件时，才应当分别适用"先民后刑"与"先刑后民"的审理顺序，在作为先决条件的案件未审理完毕前本案应当裁定中止审理。

就公职人员民事侵权案件与被讯问人员涉嫌犯罪的刑事案件来说，两者之间并不存在先决关系，也就是说，公职人员民事侵权案件的审理结果并不是被讯问人员涉嫌犯罪的刑事案件审理的先决条件，反之亦然。因此原则上公职人员民事侵权案件应与被讯问人员涉嫌犯罪的刑

---

〔1〕 简爱：《从刑民实体判断看交叉案件的诉讼处理机制》，载《法学家》2020 年第 1 期。

〔2〕 参见简爱：《从刑民实体判断看交叉案件的诉讼处理机制》，载《法学家》2020 年第 1 期。

〔3〕 张卫平：《民刑交叉诉讼关系处理的规则与法理》，载《法学研究》2018 年第 3 期。

〔4〕 参见简爱：《从刑民实体判断看交叉案件的诉讼处理机制》，载《法学家》2020 年第 1 期。

事案件分别审理。另外，如果公职人员因涉嫌刑讯逼供罪被立案，此时公职人员民事侵权案件与公职人员刑讯逼供案件同样不存在先决关系，因此也应该分别审理。

三、公职人员民事侵权之诉与非法证据排除程序的制度联动

虽然公职人员民事侵权案件与原刑事案件之间不存在先决关系，即任何一个案件的审理都不以另外一个案件的审理结果为先决条件，两者之间也不存在预决效力，即任何一个案件所认定的事实或判决在另外一个案件中并非当然得到承认，不过这两者之间也并非毫无联系。如果在公职人员民事侵权案件中认定讯问人员构成侵权，那么至少说明讯问人员存在刑讯行为，虽然公职人员民事侵权案件认定的此项事实在原刑事案件中不能当然得到承认，刑事案件的证明标准也相对更高，不过民事侵权案件中证明讯问人员存在刑讯行为的证据同样可以在刑事案件中使用，而且该民事侵权案件判决书本身可以作为一项书证用于证明讯问人员存在刑讯行为。概言之，公职人员民事侵权案件与原刑事案件之间不存在先决关系和预决效力，但在证据上具有同源性，公职人员民事侵权案件中的证据在原刑事案件中可以继续使用，而且公职人员民事侵权案件中的判决书作为书证应该具备更强的证明力。

公职人员民事侵权案件与原刑事案件在证据上的联系或许有助于原刑事案件非法证据排除程序的进行。我国《刑事诉讼法》第 58 条第 2 款规定，“当事人及其辩护人、诉讼代理人有权申请人民法院对以非法方法收集的证据依法予以排除。申请排除以非法方法收集的证据的，应当提供相关线索或者材料”。据此申请排除非法证据应当提供线索或材料，但从实践来看，辩方往往难以提供刑讯逼供的线索或材料。如果辩方不能通过申请调查取证取得同步录音录像，同时被讯问人员被刑讯逼供后无明显外伤或者人身损害已经自愈，那么辩方是很难提供线索或材料的。甚至有时候即使取得同步录音录像，也可能存在录音录像不完整或在刑讯逼供时录音录像中断等情形，这在司法实践中并不罕见。因此客观来说，非法证据排除程序之所以难启动，很大程度上是因为辩方难

以获得刑讯逼供最为关键的证据——同步录音录像，而且刑讯逼供对被讯问人员造成的损害未能通过及时申请伤情鉴定作为证据得以保存。如果允许被讯问人员在被刑讯逼供后及时追究公职人员的民事侵权责任，或许被讯问人员就可以通过及时申请伤情鉴定，及时申请证据保全来保全同步录音录像，而且公职人员民事侵权案件中的相关证据乃至该案件所认定的事实以及该案件判决书都可以作为原刑事案件非法证据排除的相关线索或材料。

概言之，允许被讯问人员在被刑讯逼供后及时追究公职人员的民事侵权责任，客观上给予了被讯问人员提前收集刑讯逼供相关线索或材料并及时保存证据的机会，这在很大程度上增加了排除因刑讯逼供获得的非法证据的可能性。

四、值班律师在公职人员侵权案件中的作用

2018 年 10 月修改的《刑事诉讼法》正式确立了值班律师制度，其中第 36 条规定，“法律援助机构可以在人民法院、看守所等场所派驻值班律师。犯罪嫌疑人、被告人没有委托辩护人，法律援助机构没有指派律师为其提供辩护的，由值班律师为犯罪嫌疑人、被告人提供法律咨询、程序选择建议、申请变更强制措施、对案件处理提出意见等法律帮助。人民法院、人民检察院、看守所应当告知犯罪嫌疑人、被告人有权约见值班律师，并为犯罪嫌疑人、被告人约见值班律师提供便利”。

值班律师制度最初是在速裁程序试点和认罪认罚从宽制度试点，而这两项改革都体现了案件繁简分流、简化程序的意图，以至于司法实务部门倾向于将值班律师定位为促进犯罪嫌疑人、被告人认罪认罚的“促进人”角色。[1] 所谓“促进人”角色，即指值班律师应积极主动地推动犯罪嫌疑人、被告人配合公安司法机关，促使犯罪嫌疑人、被告人认罪认罚进而适用速裁程序、简易审理程序，“并使得将这类案件中节约的司法

---

[1] 参见胡铭：《刑事辩护全覆盖与值班律师制度的定位及其完善——兼论刑事辩护全覆盖融入监察体制改革》，载《法治研究》2020 年第 3 期。

资源分配到其他疑难案件中成为可能，这是实现社会正义的需要，也是符合司法规律的举措"[1]。

尽管在认罪认罚案件中，追诉机关和被追诉方不再是传统的刑事诉讼对抗关系，而是新型的刑事诉讼合作关系，但这并不意味着值班律师应被归为公安司法机关的合作者。国家设立值班律师制度及法律援助制度的初心是为了保障被追诉人的基本权利。如果将值班律师视为公安司法机关的合作者，就很难使犯罪嫌疑人、被告人对值班律师形成信任感，也就破坏了控辩平衡的刑事诉讼构造。即使值班律师对被追诉人认罪认罚做积极的说服工作，其出发点也应该是维护被追诉人的实体利益和程序利益，而不是帮助公安司法机关加快案件办理进度以及解决"案多人少"问题。就此而言，在认罪认罚案件中，被追诉人面对强大的公权力机关，在缺乏第三方监督的情形下，值班律师帮助被追诉人自愿与明智地认罪认罚才是其应然定位。概言之，值班律师绝非"促进人"角色，而是"监督人"角色。[2]

值班律师的"监督人"角色同样在防范刑讯逼供中有所体现，尽管我国不承认律师在场权，值班律师很少能发现讯问人员在讯问过程中存在刑讯行为，但如果被讯问人员向其说明讯问人员存在刑讯逼供的行为，并请求值班律师提供法律帮助，值班律师应当帮助被讯问人员。具体来说，值班律师在公职人员侵权案件中，可能提供以下帮助：

1. 帮助被讯问人员申请伤情鉴定。在公职人员侵权中被讯问人员最重要的证明责任是证明其遭受了人身损害，而在遭受刑讯逼供后及时进行伤情鉴定无疑是保存证据的最好方式。

2. 帮助被讯问人员申请证据保全。尽管伤情鉴定在一定程度上能从结果上证明被讯问人员遭受了刑讯逼供，但在实践中，刑讯手段五花八门，有很多讯问人员进行刑讯并不会造成被讯问人员外伤或者由于申

[1] 朱伟、桂林：《认罪认罚案件中值班律师应兼顾"三重角色"》，载《检察日报》2018 年 12 月 24 日，第 3 版。

[2] 参见胡铭：《刑事辩护全覆盖与值班律师制度的定位及其完善——兼论刑事辩护全覆盖融入监察体制改革》，载《法治研究》2020 年第 3 期。

请伤情鉴定有一定时间延误，被讯问人员的人身损害完全有可能已经自愈，由此无法确定到底是否存在刑讯逼供。因此，除申请伤情鉴定之外，最重要的证据便是讯问时的同步录音录像以及监所录像，被讯问人员及时申请证据保全，将同步录音录像或监所录像封存，非常有利于追究公职人员民事侵权责任。

3. 帮助被讯问人员向讯问人员主管机关表达异议及申请更换讯问人员。如果被讯问人员决定追究讯问人员的民事侵权责任，并申请了伤情鉴定或申请证据保全，此时讯问人员与被讯问人员存在直接的利益冲突。《刑事诉讼法》第29条规定，审判人员、检察人员、侦查人员本人或者他的近亲属和本案有利害关系的，当事人及其法定代理人有权要求其回避。在参与刑讯人员侵权中，此种利害关系虽然在讯问之前不存在，但由于讯问人员刑讯逼供而且被讯问人员已经决定追究公职人员的民事侵权责任，此时两者之间已经存在直接的利害关系，理论上也可以请求该讯问人员回避。退一步说，即使有不同意见认为讯问已经开始不得再申请回避，那么由于此时讯问人员与被讯问人员存在直接的利益冲突，被讯问人员也可以表达异议，申请更换讯问人员。

4. 帮助被讯问人员撰写民事起诉状等材料，帮助其立案并帮助其委托律师或申请法律援助。值班律师本就是法律援助制度的组成部分，其有为被讯问人员提供法律咨询的义务，帮助被讯问人员撰写民事起诉状等材料以及帮助其立案也是该义务的应有之义。不过，由于值班律师不能出庭，因此其对于被讯问人员的帮助也是有限的，如果被讯问人员想要委托律师为其提供公职人员侵权案件的法律服务但由于其处于羁押状态而无法实现，被讯问人员可以请求值班律师帮助其委托律师。如果被讯问人员符合申请法律援助的条件，其还可以请求值班律师帮助其申请法律援助。

总之，设置值班律师制度的初心虽然是为了实现刑事辩护全覆盖，但其在公职人员侵权中可以发挥超乎制度预想的功能。在公职人员侵权案件中，值班律师可以帮助被讯问人员申请伤情鉴定、申请证据保全、向讯问人员主管机关表达异议及申请更换讯问人员、撰写民事起诉状等材料、帮助其立案并帮助其委托律师或申请法律援助等。这也启发我们或许值班律师制度可以发挥超越刑事法律帮助的功能，犯罪嫌疑人或被告人不仅需要刑事法律帮助，还可能需要民事法律帮助、行政法律帮助以及国家赔偿法律帮助等全方位的法律帮助。就此而言，值班律师的定位或许应该从“单一性的”刑事案件法律帮助人扩展到为犯罪嫌疑人或被告人提供不限案件类型的全方位法律帮助人。

附录：联邦缉毒局官员拘捕公民案*

——美国联邦最高法院的观点总结与注释

Webster Bivens v. Six Unknown Named Agents of Federal Bureau of Narcotics

（美国联邦最高法院，1971 年）

一、内容提要

上诉人的诉状指控，被告联邦缉毒局的探员以联邦政府名义，未经许可进入其公寓展开搜查，并以涉毒指控将其逮捕。据上诉人称，上述被告所有行为皆缺乏合理根据。上诉人请求联邦缉毒局的探员赔偿损失的诉讼被地区法院驳回，理由是：(1) 上诉人未能提出联邦诉讼理由，(2)被告因其官方地位而免于被起诉。上诉法院仅对第一项理由予以肯定。

1. 上诉人的诉状声明了根据宪法第四修正案提出的联邦诉讼理由，即若能证明违反该修正案的联邦探员造成损害，则可以获得损害赔偿。〔1〕

2. 本法院不涉及豁免权的问题，上诉法院并未支持地区法院该项驳回理由。〔2〕

法院裁定撤销原判发回重审。〔3〕

布伦南（William Joseph Brennan, Jr.）发表法院意见，道格拉斯（William Orville Douglas）、斯图尔特（Potter Stewart）、怀特（Byron Raymond White）和马歇

---

* Bivens v. Six Unknown Fed. Narcotics Agents, 403 U. S. 388 (1971).
附录所涉美国联邦最高法院所判案件，全文《美国联邦宪法》第×修正案均统一为宪法第×修正案。——编者注

〔1〕 post. 403 U. S. 390–397.

〔2〕 post. 403 U. S. 397–398.

〔3〕 409 F. 2d 718.

尔(Thurgood Marshall)赞同该意见。哈伦(John Marshall Harlan)提交一份意见书,表示赞同该判决。[1] 伯格(Warren Earl Burger)[2]、布莱克(Hugo La Fayette Black)[3]和布莱克门(Harry Andrew Blackmun)[4]提出异议。

斯蒂芬·A. 格兰特(Stephen A. Grant)提出上诉理由,并为上诉人提交一份简要意见。

杰罗姆·菲特(Jerome Feit)为被上诉人陈述辩护理由。其提交的简要意见提及总检察长格里斯伍尔德(Griswold)、助理检察长拉科尔豪斯(Ruckelshaus)和罗伯特·V. 齐纳(Robert V. Zener)。

麦尔温·L. 沃尔夫(Melvin L. Wulf)作为法庭临时顾问,代表美国公民自由联盟(American Civil Liberties Union)向法院提交一份简要意见,敦促其撤销原判。

二、肯定意见

(一)布伦南法官发表法院意见

宪法第四修正案规定,人民在其人身、住宅、文件和财产方面享有的免遭不合理搜查和扣押之权利不得被侵犯。在贝尔诉胡德案[5]中,我们保留了一个问题,即联邦探员以违反命令却具有职权表征的方式行事,是否会导致其违宪行为所造成的损害成为诉讼原因。今天,我们认为确实如此。

该案例发端自1965年11月26日上午进行的逮捕和搜查。上诉人诉称,当日,被告联邦缉毒局探员声称以联邦政府的权威进入原告公寓,并以涉嫌违反毒品管理规定将上诉人逮捕。联邦缉毒局探员在上诉人的妻子和孩子面前给他戴上手铐,并威胁要逮捕家里的所有人,随后彻底地搜查了房子。此后,上诉人被送往布鲁克林联邦法院,在此他被讯问、完成逮捕登记,并遭受光身搜查。

1967年7月7日,上诉人向联邦地区法院提起诉讼。除上述指控外,他还在申诉中声称,逮捕和搜查是在没有逮捕证的情况下进行的,且逮捕过程使用了不合理的武力,同样地,上诉人还声称逮捕缺乏合理根据。[6] 上诉人声称,由于探

---

[1] Post, p. 403 U. S. 398.

[2] Post, p. 403 U. S. 411.

[3] Post, p. 403 U. S. 427.

[4] Post, p. 403 U. S. 430.

[5] Bell v. Hood, 327 U. S. 678 (1946).

[6] 上诉人的起诉状没有明确指出探员实施逮捕缺乏正当理由,但上诉人称,逮捕是“非法、不合理和违反法律的”。上诉人在支持他提出的即决判决动议的宣誓书中坚称,搜查是“缺乏理由、没有经过同意或授权”的,而且逮捕也是“缺乏理由、没有理由或授权的”。

员的非法行为,他遭受了巨大的羞辱、尴尬和精神痛苦,因而向他们每人索赔15,000美元。地区法院根据被告的动议,驳回了该控诉,理由是其未能说明诉因。[1]一位上诉法院法官特别表示同意[2]在此基础上对地区法院的裁定。[3]予复审令,[4]并撤销原审判决。

I

被告并没有争辩说,对于联邦探员违反宪法侵犯原告权利的行为,被告完全没有补救办法。然而,在被告看来,原告所主张的权利——主要是隐私权——是州法律而不是联邦法律的产物。因此,他们认为,为获得金钱损害赔偿以实现权利救济,上诉人只能根据州法律,在州法院提起侵权诉讼。在该权利救济框架内,宪法第四修正案将仅被用来限制辩护范围,即探员可以通过主张他们的行为是对联邦权力依法有效的行使,从而在州法律规定的侵权诉讼中进行辩护,但如果这些探员被证明违反了宪法第四修正案,他们将失去该辩护理由,仅能以个人身份站在州法律面前。坦率地承认,司法部的政策是将所有此类诉讼从州法院转移到联邦法院进行裁决,[5]然而,被告强烈要求我们支持联邦法院驳回上诉人的申诉,并将其移交给州法院提起诉讼,以便案件可以根据州法律适当地转移到联邦法院进行裁决。

我们认为,被告的论点是对免受联邦探员不合理搜查和逮捕的宪法第四修

---

[1] See 276 F. Supp. 12 (EDNY 1967). 上诉人的起诉状中没有提到这些探员的名字。地区法院命令将起诉状送达给"联邦检察官的记录显示参加1965年11月25日逮捕[上诉人]的联邦探员"。最终起诉状确认送达五名特工。

[2] 沃特曼(Waterman)法官表示同意,他提出这样的想法:"无论是否存在明确授权,联邦法院都可以考虑这一诉讼原因,即可因那些声称的行为对联邦官员提起损害赔偿的联邦诉讼。"然而,他认为提起诉讼的关键在于承认某些诉因——尽管这些诉因由州法律创造。由此,他愿意表明"到目前为止",同意上诉法院的裁决。

[3] 409 F. 2d 718 (CA2 1969).

[4] 399 U. S. 905. It. 2203, 26L. Ed 559 (1970).

[5] "由于司法部目前的政策是,将所有针对联邦官员非法侵入或非法拘禁的诉讼移交给联邦法院,因此无论是基于州普通法还是直接基于宪法第四修正案的救济请求,最终都将由联邦法院审理。"鉴于此,我们的同僚布莱克门抱怨的"我们今天作出的支持会引发一场新的联邦案件'雪崩'"实在令人费解。在估计任何此类"雪崩"的严重程度时,值得注意的是,一项对《美国法典》第42编第1983条以下针对州政府官员的类似行动的调查发现,17年(1951~1967年)间,只有53起案件在经历驳回动议后未被驳回。将这一数字增加900%,以便考虑到增加的比率和未报案件,可以预见的是,每个联邦地区法官每13年才审理一个这样的案件。

正案的不当限制,而该观点一直被本法庭拒绝采纳。被告人试图将公民与违反宪法行使其权力的联邦探员之间的关系,无差异地视为两个普通公民之间的关系。如此,他们忽略了这样一个事实:权力一旦被授予,当它被错误地行使时,它不会像“魔法礼物”一样消失。以美国名义行事的探员——尽管是违反宪法的——所具有的伤害能力远远大于只行使个人权利的私人侵入者。〔1〕因此,正如我们的案件所表明的,宪法第四修正案发挥着限制联邦权力行使的作用,而无论行使该权力的州的管辖范围是否会禁止或惩罚私人从事相同的行为。它保证美国公民享有不受联邦当局无理搜查和扣押的绝对权利。“当联邦保护的权利受到侵犯时,法院从一开始就会警惕地调整其补救措施,以便给予必要的救济。”〔2〕

第一,我们的案件很早以前就否定了这样一种观念,即宪法第四修正案只禁止那些将会被州法律谴责的私人从事的行为。因此,在 Gambino v. United States〔3〕一案中,上诉人被判犯有阴谋违反国家禁酒令(the National Prohibition Act)的罪名,其依据是州警察在执行联邦法律而逮捕上诉人时所获取的证据。尽管没有合理的逮捕理由,但如果是私人实施,则为州法律所允许。〔4〕此外,这些官员似乎是在州长的指示下协助执行联邦法律。因此,如果宪法第四修正案只适用于本州法律所不允许的行为,那么该修正案就不适用于本案。然而,本法院认为宪法第四修正案是适用的,并推翻了针对上诉人的定罪,理由是定罪依据系通过违反宪法的搜查和扣押获得的证据。同样,在 Byars v. United States〔5〕一案中,原告被判有罪,依据的是一名州法院法官在缺乏宪法第四修正案规定的合理理由的情况下签发搜查令所获得的证据。应州执法官员的邀请,一名联邦探员参与搜查。本法庭明确拒绝询问搜查令是否“符合州法律……因为无论如何

---

〔1〕 See Amos v. United States, 255 U. S. 313, 317 (1921); United States v. Classic, 313 U. S. 299, 326 (1941).

〔2〕 Bell v. Hood, 327 U. S. 684 (1946); Bemis Bros. Bag Co. v. United States, 289 U. S. 28, 36 (1933) (Cardozo, J.); The Western Maid, 257 U. S. 419, 433 (1922) (Holmes, J.).

〔3〕 Gambino v. United States, 275 U. S. 310(1927).

〔4〕 当时纽约遵循的是普通法规则,即个人可以逮捕实际上犯有重罪的另一人,如果情况属实,是否存在合理理由与逮捕的合法性无关。共谋实行一项违反联邦法律的犯罪在当时是一项重罪。

〔5〕 Byars v. United States, 273 U. S. 28 (1927).

它都不能构成联邦层面搜查和扣押的基础"。[1]我们最近关于电子监控的决定已经明确地表明，宪法第四修正案与地方非法侵入法的细节无关。[2] 在这些案件中被告的论点必须被驳回，即宪法第四修正案仅限制针对州法律要求的联邦辩护，而不是对联邦权力行使的独立限制。

第二，规制非法侵入和侵犯个人隐私行为的州法律所保护的利益和保障公民免受不合理搜查和扣押的宪法第四修正案所保护的利益可能并不一致甚至相互抵牾。因此，我们可能会将不速之客拒之门外，或在其意图闯入时立刻报警。隐私保护替代手段的可实现性使国家并不倾向于对随之而来的侵权行为科以责任。一个普通公民在除行使自己的权利外，未宣称使用其他任何权力的情况下，要求并得到准许进入他人房屋，通常无须承担非法侵入责任。[3]但是倘若一个公民以行使联邦权力的名义要求进入，则情况大相径庭。[4]联邦执法官员只要调用联邦权力，就能使任何向当地警方求助以阻止非法入侵或逮捕的尝试沦为徒劳。假借公权力之名的进入往往会使户牖大开。[5]"政府官员假借政府之名任意侵犯公民权利，在这种情形之下，除非享有司法法庭的保护，否则公民毫无安全可言。公民也仅剩下一条可能等同于犯罪的替代性路径——抵抗。"[6]这也不足以解释州法对于享有联邦政府权力之人的不同地位加以考量的现象。正

[1] 相反，尽管事实证明联邦探员的行为违反了当地法律，但我们在某些情况下仍然驳回了依据宪法第四修正案提出的诉讼请求。

[2] See Katz v. United States, 389 U. S. 347 (1967); Berger v. New York, 388 U. S. 41 (1967); Silverman v. United States, 365 U. S. 505, 511 (1961).

[3] See W. Prosser, The Law of Torts § 18, p. 109-110 (3d ed. 1964); 1 F. Harper & F. James, The Law of Torts § 1.11 (1956).

[4] See Amos v. United States, 255 U. S. 313, 317 (1921).

[5] See Weeks v. United States, 232 U. S. 383, 386 (1914); Amos v. United States, 255 U. S. 313, 317(1921). 同样地，尽管宪法第四修正案要求严格限制执行搜查令的官员，以使其在搜查令设定的范围内执法。Marron v. United States, 275 U. S. 192, 196 (1927); Stanley v. Georgia, 394 U. S. 557, 570-572 (1969) (STEWART, J., concurring in result)，若一个人以合法方式出现在另一个人家中，另一人没有明确告知其不在受邀请范围内，该人通常不会对超出受邀请范围的侵入行为负责。参见 F. Harper & F. James, The Law of Torts § 1.11 (1956)。

[6] United States v. Lee, 106 U. S. 196, 219 (1882). 虽然没有任何州试图限制普通法中关于可以使用合理武力抵抗个人非法逮捕的规定，但实际上，至少有两个州将对执法人员试图实施的非法逮捕的反抗行为定为非法。R. I. Gen. Laws § 12-7-10 (1969); State v. Koonce, 89 N. J. Super. 169, 180-184, 214 A. 2d 428, 433-436 (1965).

如州法并不会授权联邦探员违反宪法第四修正案,[1]州法也不会划定联邦权力行使的界限。[2]对于州权力实行双重限制所引发的不可避免的后果便是,联邦问题不仅成为州法律诉讼的抗辩事由,还会成为阐明原告诉讼理由所必要且充分的独立主张。[3]

第三,因联邦政府官员违反宪法第四修正案的行为而遭受损害,进而获得赔偿似乎并非一个令人讶异的提议。回溯历史,损害赔偿始终被视为个人自由权益遭受侵犯后的常规救济途径。[4] 当然,宪法第四修正案对违反规定所带来的金钱损害赔偿后果并未过多着墨。但是"它规定了倘若权利受到侵害且联邦法律赋予起诉的权利,则联邦法院可以采用任何可行的救济方式以弥补错误"[5]。本案在缺少国会认可的情况下并不涉及任何会使裁判犹疑不决的特殊因素,并不像 United States v. Standard Oil Co.[6]案那样在处理一个联邦财政政策问题。在 United States v. Standard Oil Co. 案中,即便行为人过失侵害了一名士兵致使其在住院期间无法服役,并使政府垫付其医疗费用,我们仍无法仅依据"政府—士兵"关系就推断政府可向行为人追偿。值得注意的是,一旦涉及联邦财政,国会便会格外关心,因此我们在该案中指出"美国政府是本起诉讼的原告方,而政府有权力在任何时候制造相对方的赔偿责任"[7]。在本案中我们也并未对国会雇员违反宪法的行为科以责任,而是仅仅认为其行为超越了国会赋予的权限。[8]最后,我们对于被告人提出的"金钱损害赔偿是否为落实宪法第四修正案所必

---

[1] See Byars v. United States, 273 U. S. 28 (1927); Weeks v. United States, 232 U. S. 383, 386 (1914); In re Ayers, 123 U. S. 443, 507 (1887).

[2] *In re Neagle*, 135 U. S. 1 (1890).

[3] See Boilermakers v. Hardeman, 401 U. S. 233, 241 (1971).

[4] See Nixon v. Condon, 286 U. S. 73 (1932); Nixon v. Herndon, 273 U. S. 536, 540 (1927); Swafford v. Templeton, 185 U. S. 487 (1902); Wiley v. Sinkler, 179 U. S. 58 (1900); J. Landynski, *Search and Seizure and the Supreme Court*, 28 *et seq.* (1966); N. Lasson, *History and Development of the Fourth Amendment to the United States Constitution*, 43 *et seq.* (1937); Al Katz, *The Jurisprudence of Remedies: Constitutional Legality and the Law of Torts in Bell v. Hood*, University of Pennsylvania Law Review, Vol. 117:1, p. 8-33(1968); West v. Cabell, 153 U. S. 78 (1894); Lammon v. Feusier, 111 U. S. 17 (1884).

[5] Bell v. Hood, 327 U. S. 684 (1946).

[6] United States v. Standard Oil Co., 332 U. S. 301, 311 (1947).

[7] See United States v. Gilman, 347 U. S. 507 (1954).

[8] See Wheeldin v. Wheeler, 373 U. S. 647 (1963).

须”这一疑问不敢苟同，因为国会并未明确表示因联邦探员违反宪法第四修正案的行为受损将无法从探员处获得金钱损害赔偿，而必须转为寻求国会认可的另一种救济途径。本案仅存的问题在于，如果原告可以证明其权利因联邦探员违反宪法第四修正案的行为而受损，则其是否有权借助联邦法院通常赋予的特定救济机制来弥补其损害。[1] 而“公民自由的本质恰恰在于当他受到伤害时有权寻求法律的保护”。[2] 既然原告基于宪法第四修正案提出诉请，[3] 我们认为只要损害是探员违反宪法修正案所致，原告便有权对于其所受到的任何侵害主张金钱损害赔偿。

Ⅱ

除了认为原告起诉并未阐明构成诉讼理由的事实，联邦地区法院还裁定在任何情况下被告都可基于其官员身份而免于承担责任。上诉法院并未对该观点发表意见，因而在此不作赘述。上诉法院的判决现已被推翻，本案也已被发回重审，前述观点亦会再次出现。

撤销原判，发回重审。

（二）哈伦法官，同意判决

我对本案的初步看法是，上诉法院驳回上诉是正确的，但是，出于本意见所述的理由，我现在被说服偏向相反的一边。因此，我同意撤销原判。

上诉人在纽约东区地方法院的诉讼中指称，被告（以联邦法律为名行事的联邦探员）违反宪法第四修正案的规定，对其进行了搜查和扣押。他要求每个探员赔偿 15,000 美元，并根据《美国法典》第 28 编第 1331 条（a）款主张联邦管辖权，[4] 该法条规定：“地区法院对所有根据美国宪法、法律或条约发生的，争议事项的总额或相应价值（不包括利息和费用）超过 1 万美元的民事诉讼有初审管辖权。”地区法院驳回了诉请，因为根据《美国法典》第 28 编第 1331 条（a）款的规

---

〔1〕 See J. I. Case Co. v. Borak, 377 U. S. 426, 433 (1964); Jacobs v. United States, 290 U. S. 13, 16 (1933).

〔2〕 Marbury v. Madison, 1 Cranch 137, 163 (1803).

〔3〕 *supra*, at 403 U. S. 390-395.

〔4〕 上诉人还根据《美国法典》第 42 编第 1983 条、第 28 编第 1343 条第 3 款和第 28 编第 1343 条第 4 款主张联邦管辖权。两者都不支持联邦对这一主张的管辖权。参见 Bivens v. Six Unknown Named Agents, 409 F. 2d 718, 720 n. 1 (CA2 1969)。

定,该申诉缺乏联邦管辖权,而且没有提出请求给予救济的要求。[1]在上诉中,上诉法院根据贝尔诉胡德案[2]的判决得出结论,上诉人的损害赔偿要求确实“有宪法依据”,虽然符合《美国法典》第28编第1331条(a)款的规定,但地区法院的判决被维持,理由是上诉人的申诉没有提出请求给予救济的主张。[3]

据此结论,首席法官兰巴德(Lumbard)的意见实质上表明:(1)宪法第四修正案的立法者似乎没有考虑一个“直接基于宪法第四修正案的全新联邦诉讼理由”;(2)虽然联邦法院根据一般管辖权,有权暗示联邦为主张宪法权利可采取救济措施,但只有在缺乏替代性救济措施而使宪法命令成为“纯粹‘文字形式’”的情况下,联邦法院才应这样做。政府对此基本采取相同立场。[4]两名最高法院的法官补充认为,由于国会在创制“违反宪法第四修正案的不合理搜查引发损害赔偿的联邦诉讼原因”方面的阙如,我们缺乏赋予毕文斯损害救济措施的宪法性权力。[5]

但基于以下所述理由,我认为联邦法院确实有权对被侵犯的“宪法性利益”采取救济措施。我同意法院的意见,诸如损害赔偿等传统司法救济措施,对于维护受宪法第四修正案保护的个人利益是适当的。

I

我首先讨论的是,联邦法院是否享有给予毕文斯损害赔偿的宪法性权力,取决于创制“联邦诉讼原因”的法令得否通过。尽管重点并非完全没有歧义,[6]我不明白为什么政府或反对我的同僚们会对毕文斯案存在争议——毕文斯本人是否有权利免受宪法第四修正案所禁止的官方行为侵害,取决于他所居住的州是否决定对他采取救济措施。如果正确适用衡平救济的普遍原则,则可获得联邦衡平救济的假定就会与上述立场发生矛盾。[7]无论联邦法院在衡平救济方面的

[1] See 276 F. Supp 12 (EDNY 1967).

[2] See Bell v. Hood, 327 U. S. 678 (1946).

[3] See 409 F. 2d 718 (CA2 1969).

[4] Brief for Respondents 4-5.

[5] Opinion of MR. JUSTICE BLACK, post, at 403 U. S. 427; Opinion of THE CHIEF JUSTICE, post, at 403 U. S. 418, 422.

[6] See n. 3, *infra*.

[7] See Bell v. Hood, 327 U. S. 678, 684 (1946).

自由裁量权有多宽泛,至少在伊利铁路公司案[1]之后,绝对清楚的是,在单一诉讼中,联邦法院给予衡平救济的权力取决于联邦法律的实质性权利。[2]

因此,毕文斯声称的免受违反宪法第四修正案的官方行为所侵犯的利益,是联邦保护的利益。[3]因此,给予毕文斯损害赔偿的司法权限问题不在于"权利"的"来源",而在于作为维护联邦宪法性权利的司法救济方法,请求损害赔偿的权

---

[1] Erie R. Co. v. Tompkins, 304 U. S. 64 (1938).

[2] 可将 Guaranty Trust Co. v. York, 326 U. S. 99, 105 – 107 (1945) 与 Holmberg v. Armbrecht, 327 U. S. 392, 395 (1946) 作对比。See H. Hart & H. Wechsler, *The Federal Courts and the Federal System*, Foundation Press, 1953, p. 818–819.

[3] See generally Al Katz, *The Jurisprudence of Remedies: Constitutional Legality and the Law of Torts in Bell v. Hood*, University of Pennsylvania Law Review, Vol. 117:1, p. 33 – 34 (1968). 政府似乎不太愿意在这一点上让步。政府论点中的某些观点似乎表明,"州立权利—联邦辩护"模式不仅涉及给予联邦损害赔偿救济措施的权力问题,而且涉及在任何法院要求获得司法救济的问题。因此,拉森(Lasson)关于麦迪逊(Madison)提交众议院的宪法第四修正案版本评论:"可以认为,提案的措辞并不是要创设免遭不合理搜查和扣押的权利,而仅仅是将其作为一项已经存在的权利加以说明。"关于在没有考虑"州所创制的权利"的情况下,对联邦衡平的宪法性权利的辩护问题,可以参见 Henry M. Hart, *The Relations between State and Federal Law*, Columbia Law Review, Vol. 54:4, p. 489, 523–524 (1954)。

在这一点上,宪法第四修正案中的措辞选择本身就缺乏说服力。反对《权利法案》(Bill of Rights)的主要论点是担心没有被其明确规定的个人自由会被排除在保护范围之外。这种情况本身可以很好地解释为什么《权利法案》的起草者会在措辞中选择假定存在自由的基本利益,尽管这种措辞最初源自普通法。

事实上,《权利法案》背后的整个立法记录没有提及相当精炼的理论问题,即没有涉及制定者是否认为,法案中所列举的权利取决于国家决定赋予所涉个人利益以法律地位。这是可以理解的,因为政府指出,联邦问题的一般管辖权直到 1875 年才扩大到联邦地区法院。从这一历史事实中最易推论出的是,《权利法案》的起草者假定用以维护联邦所保护利益的普通法的救济措施是充分的。人们必须首先将这一假设与当代法理学思想的模式结合起来,这些模式似乎将"权利"和"救济"按照相同的比例联系起来,然后才能得出结论,即立宪者并未创造受联邦保护的利益。当然这也会引出如下结论:联邦衡平救济并不用以保护宪法第四修正案所捍卫的利益。

哈特教授关于 *In re Ayers*, 123 U. S. 443 (1887) 和 *Ex, parte Young*, 209 U. S. 123 (1908) 之间的"难以察觉的步骤"的评论,未能使我相信,在这里提及的法律利益的来源不是联邦宪法本身。*In re Ayers* 所涉的确切问题是,宪法第十一修正案是否禁止向联邦法院提起诉讼,要求发布强制令,迫使州政府官员履行州作为当事方的合同。法院得出结论认为,根据宪法第十一修正案的规定,该诉讼毫无疑问是针对州的诉讼,因此,法院认为,存在州设定的权利是支持在其他合同条款案件中行使联邦管辖权的一个区别因素。*In re Ayers* 中没有州创设的权利,这有助于从国家诉讼豁免的角度区分这一案件;*In re Ayers* 根本没有分析性地阐明一个显著的问题,即宪法是否在相关意义上是对其中所列"权利"的法律保护的来源。

力是否由宪法赋予国会。

Ⅱ

联邦法院在国会明确批准救济措施之前,无权就侵犯联邦宪法权利的行为给予当事人损害赔偿,该论点不能以下述观念为基础:给予赔偿性救济的决定要考虑到政策决断,而政策考量是不受司法裁量影响的。因此,在因违反联邦法规而提出的损害赔偿诉讼中,在缺乏明确损害赔偿授权的情形下,如果法院认为损害赔偿对于实施作为法规实质性条款基础的国会政策是必要的,则法院授权给予这种救济。[1]

如果不是为了对损害内在所反映的"立法"正当性作出判决,那么援引其他适当司法救济的理由一定能归结为法益的本质。但我认为,利益受到宪法而不是成文法或普通法保护的事实,并不能证明在缺乏国会明确授权的救济措施的情况下,联邦法院就无权给予损害赔偿。起初我就注意到,联邦司法部门有权在各种传统司法救济措施中作出选择以执行成文法和普通法政策,甚至有权制定实质性规则来规范基本行为、推广成文法或宪法明确阐述的既定政策,[2]因此,如果认为联邦法律机构无力采取赔偿措施来维护社会政策,这个结论将无法让人信服。因为社会政策被纳入宪法的主要目的是限制政府,使之成为贯彻人民意志的工具。

更重要的是,针对威胁性地侵犯宪法利益的行为可获得联邦衡平救济的预

---

[1] See J. I. Case Co. v. Borak, 377 U. S. 426 (1964); Tunstall v. Brotherhood of Locomotive Firemen & Enginemen, 323 U. S. 210, 213 (1944); Wyandotte Transportation Co. v. United States, 389 U. S. 191, 201-204 (1967). J. I. Case Co. v. Borak 案是一个特别明显的例子,它对于在没有任何明确法定授权确立联邦诉讼理由的情况下,联邦如何行使司法权力将损害赔偿作为适当的救济途径作出了说明。在那里,我们"暗示"对违反《1934 年证券交易法》(the Securities Exchange Act of 1934)第 48 卷第 14 条(a)款的行为主张损害赔偿可以成为一个私人诉因。这为一个只能被定性为"完全程序性"的条款提供了进入联邦议会的途径。我们是在一个联邦法规已非常全面且行政执法机制已十分详尽的领域这样做的。行使涉及 J. I. Case Co. v. Borak 案的司法权根本不能以立法体制为理由,审理 J. I. Case Co. v. Borak 案的法院也不打算这样做。因此,如同此案件的适用一样,"暗示"一种救济措施的概念,只能指联邦司法机构根据与实在法所体现的实质性社会政策有关的理由,在传统司法救济措施中作出选择的程序。

[2] See Textile Workers v. Lincoln Mills, 353 U. S. 448 (1957); United States v. Standard Oil Co., 332 U. S. 301, 304-311 (1947); Clearfield Trust Co. v. United States, 318 U. S. 363 (1943).

设,似乎完全否定了这样一种论点——受宪法保护的利益剥夺了联邦法院在没有国会明确授权时给予损害赔偿的权力。国会特别规定联邦法院行使衡平的救济权力,[1]部分原因是在共和国早期,州法院只能提供有限的衡平法救济措施。[2] 联邦最高法院的判决清楚地表明,至少在没有国会限制的情况下,衡平救济自由裁量权的范围应根据衡平独特的历史传统加以确定;[3]联邦地区法院的"内在衡平权力"[4]的确很宽泛。[5]尽管如此,联邦司法机构仍无权在国会尚未采取行动扩大诉讼原因的情况下给予衡平救济。[6]

如果仅因为法律利益受宪法保护,而规定明确的国会授权是联邦法院给予补偿性救济权力的绝对先决条件,却不论损害赔偿是否必要或适当,那么在我看来,明确的国会授权同样是行使有利于受宪法保护利益的衡平救济自由裁量权的先决条件。相反,如果认为国会赋予联邦法院的一般性管辖权,足以授权联邦法院对其中列举的所有具有管辖权的领域给予衡平救济,[7]那么在我看来,同样的法规足以授权联邦法院在法律上给予传统救济。[8]当然,统辖联邦衡平制

---

[1] See Act of May 8,1792, § 2,1 Stat. 276; C. Wright, Law of Federal Courts 257 (2d ed., 1970).

[2] See Guaranty Trust Co. v. York, 326 U. S. 99, 104-105 (1945).

[3] See Holmberg v. Armbrecht, 327 U. S. 392, 395-396 (1946); Sprague v. Ticonic National Bank, 307 U. S. 161, 165-166 (1939).

[4] Textile Workers v. Lincoln Mills, 353 U. S. 448, 460 (Burton, J., concurring in result).

[5] See Swann v. Charlotte-Mecklenburg Board of Education, 401 U. S. 1 (1971).

[6] See Textile Workers v. Lincoln Mills, *supra*, 353 U. S. 460 (Burton, J., concurring in result); Al Katz, *The Jurisprudence of Remedies: Constitutional Legality and the Law of Torts in Bell Hood*, University of Pennsylvania Law Review, Vol. 117:1, p. 43(1968). 关于法院授予衡平救济的权力,"标的物"管辖权和补救权之间的界限无疑因这样一个事实而模糊:在历史上,"衡平制度从给予补救的方式中衍生出其学说和权力"。也许这一事实本身就解释了时而被提出的建议,即法院禁止侵犯受宪法保护的利益的权力直接来自宪法。

[7] See 28 U. S. C. § 1331(a).

[8] 正如我所指出的,首席法官兰巴德对上诉法院在本案中的意见与下述结论一致:"因此,即使宪法本身没有规定一种用以防止政府官员违反宪法的固有的禁令权,但有充分理由推断,在国会普遍赋予联邦法院管辖权的情况下,这种权力是存在的。"当然,指称上述的救济措施系由"推断"得出并不是为了同化司法裁决,以便为任何处于法定框架下的程序提供这种救济措施。相反,正如法定计划暗示的有关救济措施的案件,将救济措施描述为"推断"只能在解释司法决定给予或不给予某一特定救济措施的理由时产生影响。

度的特殊历史传统,〔1〕可能会对给予衡平救济而非金钱损害赔偿做法产生影响。然而,这种可能性并不涉及联邦法院是否有权提供一种救济措施,而是涉及我们行使权力时应遵循的标准。对于有关标准的问题,在此不作赘述。

Ⅲ

政府立场的主旨是,在国会没有明确授权采取某种特定救济措施的情况下,联邦法院应行使其权力,根据诉讼当事人的要求,给予传统形式的司法救济措施;而在诉讼当事人声称受宪法保护的利益受到侵犯时,只有在救济措施是"必不可少的"或"对维护宪法权利不可或缺的"情况下才能给予。〔2〕虽然这一"必要性"标准在损害赔偿方面得到了最明确的阐述,但政府显然认为衡平救济权的行使也应受到同一标准的辖制。〔3〕有人争辩说,从历史上看,在没有国会明确授权的情况下,最高法院很少行使给予这种救济的权力,而且,"当国会认为联邦官员应受一项不同于州法律的法律管辖时,对其作出明文规定易如反掌,就像它对待州官员那样……"。〔4〕虽然承认"必要性"或"适当性"系确定是否应该利用损害救济措施来实施法定政策的标准之一,〔5〕但政府争辩说,在有关国会酌情修改涉受宪法保护的利益的司法救济措施的问题上,应当更加严格限制对此类受法律保护的利益行使司法权。〔6〕

这些关于对宪法案件中的损害赔偿〔7〕给予更严格检验的论点,似乎得到了充分的证实,因为司法机关负有确保宪法利益得到维护的特殊责任,例如,宪法第四修正案所规定的利益。可以肯定的是,"必须记住,立法机关是人民自由和福祉的最终捍卫者,其程度不亚于法院"〔8〕。但也必须承认,《权利法案》在立法多数派所表达的民意面前特别强调维护个人利益。至少在我看来,等待国会

〔1〕 See Sprague v. Ticonic National Bank, 307 U. S. 161(1939).

〔2〕 Brief for Respondents 19, 24.

〔3〕 Brief for Respondents 19, 17-18.

〔4〕 Brief for Respondents 19, 20-21; 42 U. S. C. § 1983.

〔5〕 See J. I. Case Co. v. Borak, 377 U. S. 426, 432 (1964); United States v. Standard Oil Co., 332 U. S. 301, 307 (1947).

〔6〕 Brief for Respondents 21-22.

〔7〕 我对于政府建议国会直接放弃法院目前授权的救济措施是否妥当这一问题拒绝表态,我也不理解法院目前对这一具体问题提出的任何意见。

〔8〕 Missouri, Kansas & Texas R. Co. v. May, 194 U. S. 267, 270 (1904).

对传统司法救济的明确授权与借助联邦成文法相比，就保护法律利益而言，前者并不比后者好到哪里去。

因此，在我看来，问题是补偿性救济对于维护所声称利益是“必要的”还是“适当的”。[1]在我看来，解决这个问题时，政策考虑的范围，至少与立法机关在明确法定授权赋予传统救济措施方面考虑的范围一样广泛。在这方面，我同意法院的意见，即赋予毕文斯赔偿性救济的合理性不仅在于赔偿责任对联邦官员行为的威慑作用。[2]即使赔偿性救济可能不会对官员未来的违法行为产生实质性威慑作用，损害赔偿作为救济受侵害法益的一种传统形式也可能十分公允。毕竟，毕文斯援引了司法程序，要求对据称官员的不法行为造成的损害获得赔偿，如果这些损害可以得到适当金钱赔偿的话。我不认为被赋予权力对损害给予救济的法院，会仅因他不能证明未来不法行为将因此受到制止而拒绝给予他救济。

我认为，很明显，如果得到证实，毕文斯提出的这种索赔应该得到适当赔偿。我们可以尝试用“隐私”的概念来表达受宪法第四修正案保护的个人利益；而法院今天恰当地指出，官员在侵犯个人生活受保护的领域时可能造成的危害，与公民之间相互伤害彼此分属不同类型，根据法官在处理私人侵入和非法拘禁索赔方面的经验，可以得出这样的结论，即法院有能力就因果关系和损害程度作出必要的判决，从而对侵犯宪法第四修正案权利的行为给予有意义的赔偿。

另外，对普通公民侵犯普通法权利的州救济进行限制，也印证了有必要进行联邦损害救济。与私人当事方造成的损害相比，以法律名义行事的官员所造成

[1] See J. I. Case Co. v. Borak, *supra*, at 377 U. S. 432; United States v. Standard Oil Co., *supra*, at 332 U. S. 307; Alfred Hill, *Constitutional Remedies*, Columbia Law Review, Vol. 69:7, p. 1109, 1155 (1969); Al Katz, *The Jurisprudence of Remedies: Constitutional Legality and the Law of Torts in Bell v. Hood*, University of Pennsylvania Law Review, Vol. 117:1, p. 72 (1968).

[2] 我认为，从这一点可以看出，今天的裁决对救济措施几乎没有影响，如果有的话，那也仅是轻微影响到联邦法院是否可以为执行宪法或法定政策所体现的实质性社会政策而在传统上可获得的司法救济措施之外制定其他适当的救济措施。可以比较今天的判决与 Mapp v. Ohio, 367 U. S. 643 (1961) 和 Weeks v. United States, 232 U. S. 383 (1914)。今天，法院只是承认了在衡平救济和法定制度的决议中长期隐含的内容：一个对诉讼标的具有管辖权的法院有权力，并因此也有义务，在传统的司法救济措施范围内作出合理的选择。除法院有权在传统的司法救济措施中选择弥补不当行为之外，是否能支持至少可以被称为证据排除法则的例证的特殊预防措施，是一个独立的问题。

的损害在可赔偿性上反而更强。正如法院今天的意见所详细讨论的那样,两者存在实质差异。[1]在我看来,根据联邦法律的统一规则,对这些损害给予赔偿是完全合理的,特别是考虑到大部分联邦法律都规定,无论何种情况,联邦法律都必须控制官方对赔偿责任的抗辩范围。[2]当然,从联邦制的角度看,各州对联邦官员责任规定了不同的赔偿规则,这一情况有百害而无一利。[3]

即使暂不考虑将联邦官员责任问题交给变幻莫测的普通法诉讼处理的可取性,很明显,站在上诉人毕文斯的立场上,某种形式的损害赔偿也是唯一可能采取的救济措施。处于与毕文斯相同地位的个人,罕有能够通过从任何法院获得禁令救济来避免危害的情况。无论以针对政府的赔偿替代官员个人责任的做法多么可取,主权国家仍然享有诉讼豁免权。最后,假设毕文斯是无辜的,那么"证据排除法则"就无关紧要了。对于和毕文斯处在相同境遇的人来说,要么损害赔偿,要么一无所获。

反对承认联邦政府官员侵犯宪法第四修正案中规定的权利可以成为诉讼理由的唯一实质性政策考虑是,这类诉讼需要增加司法资源的支出。然而,这种观点最终会自相矛盾。因为,若如政府所言,由于陪审团的敌意、官方资源有限等原因,这些案件的上诉人很少能够得到赔偿,那么我并不认为这些索赔会导致司法开支的大幅增加。如果统计数据显示胜诉的可能性确实微乎其微,那么很少有负责任的律师和上诉人会选择诉讼程序。我完全不能同意我的同僚布莱克的观点,即索赔"无意义"的可能性使处于毕文斯状况的人不能步入法院大门(在这里简单地将"无意义"定义为没有法律依据的索赔)。因为在整个司法系统中,还有其他诸多进路来处理类似所谓"无意义"的诉讼。[4]

另外,我相信至少就最明目张胆地滥用官方权力而言,选择诉讼可以在一定程度上获得损害赔偿救济。那么问题似乎就是,宪法第四修正案的利益在社会价值这一标尺上位列何处,例如,如何与被代理人欺骗的股东的利益相比较。[5]

---

[1] See Monroe v. Pape, 365 U. S. 167, 195 (1961) (HARLAN, J., concurring).

[2] See Wheeldin v. Wheeler, 373 U. S. 647, 652 (1963); Monroe v. Pape, *supra*, at 365 U. S. 194–195 (HARLAN, J., concurring); Howard v. Lyons, 360 U. S. 593 (1959).

[3] See United States v. Standard Oil Co., 332 U. S. 301, 305–311 (1947).

[4] 当然,对于受宪法保护的其他类型的利益来说,情况可能并非如此,因此,金钱损害赔偿的适当性很可能因所声称的个人利益的性质而有所不同。

[5] See J. I. Case Co. v. Borak, *supra*.

我很清楚,现在司法资源越来越稀缺。尽管如此,当我们仅以此为依据自动关闭法院大门时,我们其实含蓄地表达了对一系列受法律保护利益的重要性的价值判断。目前由于预算不足而对法院高效运作造成的限制,不应成为妨碍承认原本健全的宪法原则的理由。

当然,由于种种原因,损害救济可能并不会提起。〔1〕并且,有效执法方面的对抗性利益主张对宪法第四修正案的多种违反行为设立一个保护区。〔2〕但是,虽然我对本案提供的豁免方面辩护没有提出任何意见,但我冒昧地认为,至少这种救济措施可以用于最公然并且最不公正的警察行为。虽然诉讼当事人可能不经常选择寻求救济,但在文明社会中,国家政府的司法部门必须随时准备在这种情况下提供救济。不言而喻,我并未对上诉人基本诉求的是非曲直作出任何暗示。

基于这些原因,我同意法院的判决。

三、反对意见

(一)首席大法官伯格,持异议

我不同意今天的裁决,因为从司法角度来说,这是一种宪法没有规定、国会也没有通过的损害救济措施。我们将更加肯定地维护三权分立的重要价值观。通过建议国会这一被宪法赋予立法权的政府部门来解决这个问题,可能会得到一个更好的结果。立法是国会的事情,国会有能力完成这项任务,而我们权限与能力皆无。塞耶教授(Professor Thayer)在其他情形谈到限制司法权时说:

“假设立法权力的持有者确实粗心大意或邪恶,法院的宪法义务仍然未被触及。法院无法以尝试承担一种不属于自己职能的方式来保护人民。另外,通过严格履行自己的职责,法院将起到帮助确定责任所在的独特作用,并向有责之处发出公众谴责的晴天霹雳……这一司法义务履行的真正过程,将有力帮助人民及其代表落实责有攸归。”

这个案件的重要性远远超出其事实和认定本身。55年以来,本法院一直在执行一项规则,即凡通过违反宪法第四修正案的手段获得的证据均被压制,并被

---

〔1〕 See generally Caleb Foote, *Tort Remedies for Police Violations of Individual Rights*, Minnesota Law Review, Vol. 39:5, p. 493 (1955).

〔2〕 See Barr v. Matteo, 360 U. S. 564 (1959) (opinion of HARLAN, J.).

排除在刑事案件之外,即便其具有毋庸置疑的可靠性和证明价值。[1] 这一规则通过 Mapp v. Ohio[2] 案扩展到全国。该规则的理论依据是,在这种情况下排除非法获得的证据,对阻止执法机构使用不正当方法获取证据是必不可少的。

尽管社会为这种极端救济措施付出高昂代价,但作为抑制原则(或称证据排除法则)基础的威慑理论,仍然具有一定的吸引力。尽管它看似合理,但许多法官和律师,以及我们一些最杰出的法律学者,始终未能辩驳卡多佐(Cardozo)关于该原则异常结果的陈述:

"由于警察犯了大错,罪犯将被释放……一个房间被违法搜查,而一个被谋杀的人的尸体被发现……家里的隐私被侵犯了,凶手就逍遥法外。"[3]

Irvine v. California[4] 一案的最高复审意见书,列出了该原则的缺陷:

"排除证据并不能惩罚官员的不当行为,却很可能释放违法的被告。它剥夺了社会对违法者造成的损害进行救济的权利,仅因违法者被另一个违法者所追捕。它保护被发现有罪证据的人,但对经受无成效非法搜查的无辜受害者却毫无保护。"

法院成员认识到这些抗议的有效性,不时在刑事审判中提出排除重要证据的其他正当化理由。根据其中一种替代理论,该规则的基础被定位到"竞赛"的论点,即政府必须"公平竞赛",不被允许从自己的非法行为中获利。[5] 但是,证据排除法则并非必然源于确保政府按照规则进行"游戏"的希望。如果存在有效的替代性救济措施,在守法方面并不会对官方提出恪守最高证据排除法则的要求。既然已经针对政府行为提供了有效救济措施,为何法庭允许提出不利于被告的非法查获的证据,就被认为是违反宪法第四修正案,这个问题将变得匪夷所思。

---

[1] See Weeks v. United States, 232 U. S. 383 (1914); Boyd v. United States, 116 U. S. 616, 633 (1886) (dictum).

[2] Mapp v. Ohio, 367 U. S. 643 (1961). 法院在将 Weeks 原则适用于美国法院这一事项上达成了一致。

[3] People v. Defore, 242 N. Y. 13, 21, 23-24, 150 N. E. 585, 587, 588 (1926). 卡多佐提出的抑制原则可能产生深远影响的例子,在 Killough v. United States, 114 U. S. App. D. C. 305, 315 F. 2d 241 (1962) 一案中几乎得到了证实。

[4] Irvine v. California, 347 U. S. 128, 136 (1954).

[5] See Olmstead v. United States, 277 U. S. 438, 469, 471 (1928) (dissenting opinions); Terry v. Ohio, 392 U. S. 1, 13 (1968).

最高证据排除规则的正当性也为如下论述所佐证，即宪法第五修正案自证其罪条款和宪法第四修正案之间的关系要求对违反宪法第四修正案而获取的证据进行排除。[1]

然而，即使忽略本法院的裁决，即认为宪法第五修正案只适用于“证词”披露，[2]自证其罪条款也不能保护一个人的有罪证据免于被没收。它仅保护个人不沦为警方获取证据的渠道。霍姆斯大法官曾简洁地说过：

“一方对产生证据的过程享有特权，但对证据的结果并不享有。”[3]

然而，显而易见的是，这两种理论都不是本法院判决案件的基础。相反，最高证据排除规则建立在威慑的基本原理上——如果因非法搜查和没收得到的证据被经常性排除，而且法院坚持不懈地剥夺他们从非法行为中获得的任何利益，执法官员的非法搜查和没收行为将被吓阻。

这一证据规则为美国法学所独有。虽然英国和加拿大的法律制度对证据规则也高度重视，但它们都没有采纳我们的规则。[4]

我不怀疑有必要采取某种救济措施，使宪法保障对政府官员的违法行为产生意义和影响。如果没有某种有效的制裁，这些保护措施只不过是空谈。毫无疑问，一些官员的行为需要像欧文案所表明的那样受到制裁。但是，通过将可靠证据排除在刑事审判之外来实现这一目标几乎只是一个空想。虽然在找到一些有意义的替代办法之前，我对于放弃适用这一规则踌躇不定，但抑制理论的历史表明，它在概念上是徒劳的，在实现其既定目标方面实际上是无效的。对上诉人声称的完全无辜的人所遭受的非法行为，无法进行有效救济，这一矛盾现象就说明了这一点，因此法院认为 55 年后的今天，有必要建立一个自己的补救方案。

---

[1] See Boyd v. United States, *supra*, at 116 U. S. 633 (dictum); Wolf v. Colorado, 338 U. S. 25, 47, 48 (1949) (Rutledge, J., dissenting); Mapp v. Ohio, *supra*, at 367 U. S. 661-666 (BLACK, J., concurring).

[2] See United States v. Wade, 388 U. S. 218, 221-223 (1967); Schmerber v. California, 384 U. S. 757, 764 and n. 8 (1966).

[3] Johnson v. United States, 228 U. S. 457, 458 (1913).

[4] See G. Arthur Martin, *The Exclusionary Rule Under Foreign Law—Canada*, Journal of Criminal Law and Criminology and Police Science, Vol. 52: 3, p. 271, 272 (1961); Glanville L. Williams, *The Exclusionary Rule Under Foreign Law—England*, Journal of Criminal Law and Police Science, Vol. 52: 3, p. 272 (1961).

考虑到证据排除规则在社会中的高昂代价(无数罪犯被释放),需要一些明确的证据来证明它的益处和有效性。[1]但是没有任何经验证据来支持这样的说法,即这项规定实际上震慑了执法官员的非法行为。[2]

失败的原因是多方面的。该规则对因非法行为导致在刑事审判中证据被排除的个别官员不适用任何直接制裁。除极少数例外情况外,执法机构也不对上述个别官员实施直接制裁。[3] 因此,其对改变官员的做法实际收效甚微。适用该规则所触发的直接制裁性后果由检察官承担,他对犯罪分子的起诉不是被削弱就是被推翻。这一原则并未真正限制警察的权力:除逮捕罪犯是其职责之外,警察在成功起诉方面并不比检察官甚至是公众更有利害关系。

抑制理论模糊地假设执法部门是一个单一的政府组织。[4]例如,在沃尔夫诉科罗拉多案中反对者认为:

"只有将非法取得的证据排除在外,我们才能让这位热心的检察官明白,违反宪法对他没有好处。而且只有当这一点被充分说明的时候,检察官才会在他对警方的指示中强调遵守宪法的重要性。"

但是,因为警局丑闻而败诉的检察官并不是警察局的官员,他很少能够启动任何纠正行动或者采取行政处罚。此外,他无法控制或指导致使非法证据排除情况发生的执法程序或警察行动。只有当检察官参与逮捕、搜查或没收,他才可以指导警察行动,但这只是一个罕见的例外。

无论该规则在理论上可能产生何种教育效果,实际上都会因执法工作的实际情况而大大减弱。警察没有时间、兴趣与足够的训练去阅读和理解上诉意见的细微差别,尽管这些细微差别最终决定了他们应当遵循的行为标准。这些裁

---

[1] See Francis A. Allen, *Federalism and the Fourth Amendment: A Requiem for Wolf*, The Supreme Court Review, p. 1,33 (1961).

[2] Dallin H. Oaks, *Studying the Exclusionary Rule in Search and Seizure*, The University of Chicago Law Review, Vol. 37:4, p. 665,667 (1970).

[3] Dallin H. Oaks, *Studying the Exclusionary Rule in Search and Seizure*, The University of Chicago Law Review, Vol. 37:4, p. 710.

[4] See Wolf v. Colorado, 338 U. S. 44 (1949).

决所解决的问题往往没有简单或明显的答案,[1]正如法院在什么是“合理的”或什么不是“合理的”问题上存在严重分歧,这充分表明法官也不能完全忽略,自己的意见有时缺乏(对推广该意见适用的)有益的清晰度。

由于从最初的警察行动到最终的司法评估之间有很长的时间间隔(通常是几年),所以推定的司法意见的教育效果也会减弱。考虑到警察职责的紧迫性,如果他在经历如此拖延之后才知道最终结果,那将是令人惊讶的。最后,由于大量警察活动不会导致刑事起诉,这一规则的威慑作用被削弱,因而在此情形下,该规则实际上没有可适用性,也缺乏实践效果。[2]

今天的审判旨在填补抑制理论的一个空白——代价是侵犯宪法赋予国会的立法和制定政策职能。尽管如此,这一判决有助于揭露抑制理论的根本弱点。抑制毋庸置疑的真相让原本有罪的罪犯获得了自由,但显然既不能阻止蓄意违反宪法第四修正案的行为,也不能减少由于警察工作与严重犯罪有关的内在压力而不可避免会出现的判断错误。

尽管最高证据排除规则缺乏实效,但是它已经越来越多地成为一个单一的、铁板一块的、极端的用以应对所有官方违反法律规范行为的司法规范。在警察工作的压力下,不可避免地会因疏忽大意发生错误判断——然而这些错误并不会招致极端的不公正。这些无意的错误被视为蓄意和公然违反宪法第四修正案的行为。例如,在 Miller v. United States[3]案中,由于警官在逮捕和搜查臭名昭著的毒品贩子时未能“多说几个字”,可靠证据便被排除。

联邦最高法院今天公布了 Coolidge v. New Hampshire[4]案的裁决,戏剧性地说明了这一原则在多大程度上代表了对各种程度警察错误的机械僵硬的回应,以及由此产生的高昂社会成本。我对该案裁决持异议主要是因为,我不相信本案存在违反宪法第四修正案的情形。但是,即使在法院的相反前提下,发生的

---

[1] 例如,在上述迈普案中,州司法机构各级法官都可能认为警察的行为是适当的。关于联邦人身保护令,地方法官和上诉法院可能会达成共识。然而,在这种情况下,法院在长达10年之后对该案进行审查,可能会以微弱优势推翻判决。在这种情况下,很难得出结论认为,警察违反了他本应知道的限制其权力的某条规则。

[2] Dalin H. Oaks, *Studying the Exclusionary Rule in Search and Seizure*, The University of Chicago Law Review, Vol. 37:4, p. 720-724 (1970).

[3] Miller v. United States, 357 U. S. 301, 309-310 (1958).

[4] Coolidge v. New Hampshire, post, p. 403 U. S. 443 (1971).

任何侵权行为在性质和程度上也肯定不足以证明抑制理论所要求的极端结果是正当的。陪审团的公正审判消除了人们对柯立芝(Coolidge)是否有罪的疑虑。但现在他在重审中的定罪受到案发多年后新审判的严重质疑,新罕布什尔州法院认为相关和可靠的证据将从陪审团的考虑中扣除。毫不奇怪,这样的结果为我国律师以及全世界律师、法官和法律学者所不解。

任凭老虎或任凭老鼠进入教室都是违法行为,但是没有一个理性的人会建议这两种行为应该受到同样惩罚。法官不时有机会批准有关控制警察执法程序的规定。我想知道,若授权对每个逃犯"格杀勿论"的警察命令,司法部门会作何反应。很容易预测我们的集体愤怒。我们和所有理性的人一样,都会说警察的反应必须符合严肃性和必要性:为防止已被定罪的杀人犯逃跑,"开枪"的命令可能可以容忍,但是对于偷车贼、扒手或者商店小偷来说肯定不是这样。

我认为,如果警察在获取证据时出现错误,社会至少有权利期望法官作出合理的分级反应,以取代对所有证据施加的普遍"死刑"。〔1〕然而,在超过 55 年的时间里,随着范围和强度的不断扩大,正如今天 Coolidge v. New Hampshire 案所显示的观点那样,我们的法律体系对待大相径庭的案件之态度竟趋于同一化。我们排他性坚持该规则、抵制改变甚至拒绝承认需要有效的执行机制,这让人想起霍姆斯的著名言论:

"仅仅认为某一法律规则因在亨利四世时代立下就合理的观点令人生厌。而假若其确立根据早已消逝,但该规则却仅因对过去的盲从而继续存在,则更令人生厌。"〔2〕

我把抑制理论说成是一种意图规范执法的不正常和无效的机制,无意考虑本法院那些法官的动机,他们希望抑制理论能够成为执行宪法第四修正案的手段。法官不能因违反《权利法案》或其他规范公职人员违反逮捕、搜查和扣押等法规而受到指责。但我们可以也应该受到指责,因为我们执着于一个行不通的、不合理的法律概念。我的批评之处在于我们花了这么长时间去找寻更好的方法来实现这些预期目标。其实还有更好的方法。

---

〔1〕 See ALI, Model Code of Pre-Arraignment Procedure § SS 8.02(2), p. 23 (Tent. Draft No. 4, 1971), reprinted in the Appendix to this opinion.

〔2〕 Oliver Wendell Holmes, *The Path of the Law*, Harvard Law Review, Vol. 10:8, p. 457, 469 (1897).

我们应该把抑制主义看作普通法伟大传统的一个试验步骤，并承认它的缺陷，而不是继续毫不妥协地、严格地、机械地执行抑制主义。但是，本着同样的精神，我们应该准备停止半个多世纪以来的实践，这些实践经验既没有阻止犯错的官员，也没有为遭受官方不当行为的完全无辜的受害者提供救济。

然而，在能够发展出一些有意义的替代办法前，我并不建议放弃抑制主义。在某种意义上，我们的法律体系已经成为自己创造的俘虏。推翻威克斯案和迈普案的判决，即使法院现在已经准备好迈出这一步，也可能引发新的问题。显然，如果执法官员突然产生这样的印象——无论这种印象有多么错误，即宪法对警察的所有限制都在某种程度上被取消了，宣布对"罪犯"进行公开审判，公众的利益就会受到损害。我担心的是，否决抑制理论案例的公平性可能会助长某种错误印象。多年来，我们一直依赖它作为非法官方行为的唯一救济措施。在某种意义上，我们处于一种类似于麻醉品成瘾者的情况，对"麻醉品"的依赖使我们无法立即彻底摆脱这类所谓的"支撑"，不管这种"支撑"继续发挥的效用是多么徒劳。

如果国会发挥带头作用，就可以制定像 1946 年 FTCA 那样合理有效的替代方案。如果国会能够针对政府官员的非法行为提供一些有意义且有效的救济措施，我认为在消除抑制理论方面就没有不可逾越的障碍。

执法人员的错误和蓄意不当行为问题呼唤一种可行的救济措施。针对个别警官的私人损害诉讼明显没有充分满足这一要求，如果认为法院如今在制定救济措施方面的工作将真正实现既定目标，该想法也是荒谬的。关于陪审团不会对个别官员作出判决的说法是有一定道理的，除非是公然违法的特殊情况，或者是完全错误的情况，如逮捕错误的人或搜查错误的房屋。例如，一个毒贩在包装货物时被抓到，仅因警官没有公布他的身份和目的，或者因为他没能说出"多几个字"，毒贩就能够引起陪审团的同情？这一情况倘若出现必然疑窦丛生。[1]陪审团可能会拒绝按照他们认为是"罪犯"的人的要求惩罚警官，也可能不会因为警官诚实的判断错误而惩罚他们。在任何情况下，实际补偿的款额取决于找到警官的非豁免资产，以此类财产履行判决。

因此，我的结论是，有必要采取一种完全不同的救济措施，但我认为，这种救

---

〔1〕 See Miller v. United States, 375 U. S. 301, 309-310 (1958).

济措施与法院今天采取的方法一样,超出了司法权力的范围。国会应当针对政府本身制定一项行政或准司法救济措施,以便为宪法第四修正案所规定的权利受到侵犯的人提供补偿和赔偿。我国侵权法中高尚的责任优先原则为这种救济提供了完全适当的概念基础。例如,如果一家百货公司私人雇佣的保安人员对顾客进行攻击或其他侵权行为,如不当搜查,受害者有一个简单而明显的救济措施——对保安的雇主百货公司提起金钱赔偿诉讼。〔1〕该法律方案还有一个额外好处,就是为受到警察时而为之的非法行为侵害的无辜受害者提供某种救济措施,当然,这是抑制理论永远无法做到的。

一个简单的立法结构就足够了,〔2〕例如,国会可以通过一项法令,内容大致如下:(1)放弃对执行公务的执法人员的非法行为实行主权豁免;(2)为任何因政府官员违反宪法第四修正案或规范公务行为的法规而受到侵害的人所遭受的损害增设诉讼理由;(3)设立一个准司法性质或仿效美国联邦索赔法院的法庭,以裁定根据规约提出的所有索赔;(4)制定一项规定,以该法定救济措施取代证据排除规则,在违反宪法第四修正案的刑事案件中使用有保障的证据;(5)制定一项规定,不得因违反宪法第四修正案而将任何证据或其他可以接受的证据排除在刑事诉讼程序之外。

我怀疑,在这种法庭上服务的律师,会因为对官员的过分同情或对"罪犯"的偏见而受到影响,这种偏见有时会促使非专业陪审员否认指控。除给予损害赔偿之外,受到谴责的警察的行为记录无疑将成为警官人事档案的一个污点,这会被用以确定该警官是否需要进一步培训或采取纪律行动,或者评估他在未来被作为公职人员继续任用的可行性。最后,提供上诉司法审查的基础与现在提供给地区法院和管理机构的基础大致相同。这将把确定和阐明标准的最终责任留给法院。

一旦这种法规的宪法效力得到确立,〔3〕就可以合理地假定各州会发展出他们自己的一套联邦模式救济体系。事实上,没有什么可以阻止一个州在不等

---

〔1〕 对这类行为作出损害赔偿判决的数额往往足以提供有效震慑,以敦促雇主采取纠正行动。W. Prosser, The Law of Torts § 68, p. 470-480 (3d ed. 1964).

〔2〕 电子窃听带来了特殊的问题。参见 18 U. S. C. § § 2510-2520 (1964 ed., Supp. V)。

〔3〕 任何这样的立法都应该强调放弃主权豁免和取消司法设立的证据排除法则之间的相互依存关系,这样,如果否定证据排除法则的立法决定失败,整个法定方案就会崩溃。

国会授权的情况下颁布类似的法定方案。一方面，沿着这些方向采取的步骤将推动我们的体制朝着更负责任的执法方向发展；另一方面，其推动我们的体制远离抑制主义的非理性和灾难性后果。我相信，现在是时候重新审视证据排除规则的范围了，并且至少要考虑缩小它的适用范围，以消除它所产生的反常现象。

在一个以创新、发明天才和乐于实验为自豪的国家，我们竟然在长达半个多世纪的时间内依靠一个设计不当、从未真正发挥效用的法律机制。我现在只希望，国会愿意现实地审视抑制理论半个世纪以来形成的确凿证据，这些证据揭示出，由于警察犯了错，数以千计案件的罪犯被释放，而且几乎没有任何证据表明，受警察失误影响的无辜受害者（例如本案上诉人）得到有意义的救济。

（二）关于伯格的意见附录（持异议）

值得注意的是，多年来的研究促使美国法律研究所在其提审前示范法草案中提出以下建议：

……

（2）确定。除非美国宪法或本州宪法另有要求，否则只有在法院认定这种违法行为是重大的情况下，才会准许提出基于违反本法典任何规定的排除证据的动议。在确定侵权行为是否重大时，法院应考虑所有情况，包括：（a）被侵犯的特定利益的重要性；（b）与合法行为相背离的程度；（c）故意的程度；（d）侵犯隐私的程度；（e）排除将在多大程度上有助于防止违反本规则；（f）若没有违规，检获的物品会否被发现；（g）侵权行为在多大程度上损害了动议方支持其动议的能力，或在要求提供对其不利的证据的诉讼中为自己辩护的能力。

（3）先前非法搜查的成果。如果进行搜查或扣押的方式使在搜查过程中检获的物品受制于根据第1款提出的查禁动议，而且如果在这种搜查或扣押后发现其他证据并提出不利于被告的动议，则此种证据应受制于查禁动议，除非检方证明，无论这种搜查或扣押如何，执法当局都可能发现这种证据，而且法院认为，排除这种证据对于阻止违反本法没有必要。[1]

记者们对证据排除法则的看法也反映在他们对拟议章节的评论中：

---

〔1〕 ALI, Model Code of Pre-Arraignment Procedure § § SS 8.02(2), (3), p. 23-24 (Tent. Draft No. 4, 1971) (emphasis supplied).

“记者们强调，作为一项政策，他们并不执着于将证据排除规则作为执行宪法第四修正案的唯一或最佳手段。[1] 第2段体现出记者希望的是，对问题采取更灵活的办法，当然，这受限于宪法的要求。”[2]

这只是对证据排除规则持质疑态度的众多表达之一。[3]

（三）布莱克法官，持异议

在我对 Bell v. Hood 案的意见中，正如法院所称，我们保留一个问题，即一名联邦官员违反宪法第四修正案进行的不合理搜查，是否给予了搜查对象对进行

---

〔1〕 See Dallin H. Oaks, *Studying the Exclusionary Rule in Search and Seizure*, The University of Chicago Law Review, Vol. 37:4, p. 665 (1970).

〔2〕 ALI, Model Code of Pre-Arraignment Procedure § § SS 8.02(2), (3), comment, at 26-27.

〔3〕 See also:

①Edward L. Barrett, *Exclusion of Evidence Obtained by Illegal Searches—A Comment on People vs. Cahan*, California Law Review, Vol. 43:4, p. 565 (1955);

②Robert E. Burns, *Mapp* v. *Ohio*: *An All-American Mistake*, DePaul Law Review, Vol. 19:1, p. 80 (1969);

③Henry J. Friendly, *The Bill of Rights as a Code of Criminal Procedure*, California Law Review, Vol. 53:4, p. 929, 951-954 (1965);

④F. Inbau, J. Thompson & C. Sowle, *Cases and Comments on Criminal Justice*: *Criminal Law Administration*, Foundation Press, 1968, p. 1-84;

⑤Wayne R. LaFave, *Improving Police Performance Through the Exclusionary Rule* (*pts.* 1 &2), Missouri Law Review, Vol. 30:3, p. 391, 566 (1965);

⑥Wayne R. LaFave & Frank J. Remington, *Controlling the Police*: *The Judge's Role in Making and Reviewing Law Enforcement Decisions*, Michigan Law Review, Vol. 63:6, p. 987 (1965);

⑦N. Morris & G. Hawkins, *The Honest Politician's Guide to Crime Control*, University of Chicago Press, 1970, p. 101;

⑧Dallin H. Oaks, *Studying the Exclusionary Rule in Search and Seizure*, The University of Chicago Law Review, Vol. 37:4, p. 665 (1970);

⑨William T. Plumb, *Illegal Enforcement of the Law*, Cornell Law Review, Vol. 24:3, p. 337 (1939);

⑩Schaefer, *The Fourteenth Amendment and Sanctity of the Person*, Northwestern University Law Review, Vol. 64:1, p. 1 (1969);

⑪John Barker Waite, *Judges and the Crime Burden*, Michigan Law Review, Vol. 54:2, p. 169 (1955);

⑫John Barker Waite, *Evidence—Police Regulation by Rules of Evidence*, Michigan Law Review, Vol. 42:4, p. 679 (1944);

⑬John H. Wigmore, *Using Evidence Obtained by Illegal Search and Seizure*, American Bar Association Journal, Vol. 8:8, p. 479 (1922);

⑭8 J. Wigmore, Evidence § 2184a (McNaughton rev. 1961).

搜查的官员提出损害赔偿的联邦诉讼理由。毫无疑问，国会可以为违反宪法第四修正案的不合理搜查设立一个要求损害赔偿的联邦诉讼理由。尽管国会已经创设了这样一个联邦诉讼理由来限制以州法律为名行事的州政府官员，但它从来没有创设过联邦诉讼理由来限制联邦政府官员。如果它想这样做，国会当然可以对在履行职责时违反宪法第四修正案的联邦官员制定救济措施。但本案的要点和法院判决的致命弱点是，国会和纽约州都没有颁布立法来规定这种诉权。在我看来，我们这样做是在行使宪法并没有赋予我们的权力。

即使我们有制定救济措施的立法权力，我们也有许多理由拒绝制定自美国政府成立以来从未存在过的诉讼理由。联邦法院和各州法院都被诉讼案件挤压得近乎窒息。近年来，本法院备审案件的数量达到前所未有的水平。其中大多数案件由提出实体性控诉的公民提起——因侵权、欺诈或政府侵犯其权利而在人身或财产上受到损害的人，被不公正地剥夺自由或财产的人，以及尚未在教育、就业和追求幸福方面获得平等机会的人——这是我们祖先的梦想。不幸的是，还有越来越多无意义的诉讼，特别是针对执法人员的损害赔偿诉讼，这些人员的行为受到州审判和上诉法院的司法制裁，在许多情况下甚至受到本法院的制裁。我在这个法庭上的法官同仁们以及整个联邦司法系统的同僚们都非常清楚这项耗时的任务，那就是认真研读数十万字关于警察、司法人员和狱警行为不当的事实指控。当然，也有合理的申诉，但立法者很可能希望将司法资源用于其他性质更为严重的问题。

我们处在司法系统的顶端，这个系统被一些人指控为濒临崩溃。许多刑事被告没有得到迅速的审判，在出现过度拖延时，社会和被告都无法得到公正的对待。公民必须等待数年才能提起他们的私人民事诉讼。惩教和假释制度的重大变化也需要立法者和司法机关注意。如果我是一名立法者，我可能会发现诸如此类的需求是如此迫切，以至于让我相信，律师和法官的资源应该专门用于他们，而不是用于针对通常努力在宪法范围内履行职责的官员的民事损害诉讼。还有一个真正的危险是，这种诉讼可能阻碍官员正确和诚实地履行职责。

所有这些考虑都迫切需要仔细地研究和权衡这些支持和反对根据宪法第四修正案设立这种救济措施的论点。如果我认为解决这些问题是我的工作，那么我将很难解决在资源使用方面政策、目标和优先事项的冲突。但这不是我的任务。评估为特定不法行为制定司法救济措施的利弊是国会和各州立法机构的事，国会没有规定任何联邦法院可以受理对联邦官员在履职时侵犯宪法第四修正案规定的权利的诉讼。从针对州政府官员的这类行动中可以得出一个强有力的推论，即国会不希望发生针对联邦官员的这类诉讼。如果国会希望提起这类诉讼，它面前有一个有效的立法范本，即《美国法典》第 42 编第 1983 条，它可用以对联邦官员主张损害赔偿。案例可资引用来支持我所断言的法律主张。在我看来，司法机关的工作是解释法律，而不是制定法律，这似乎是一个共识。

我持异议。

（四）布莱克门法官，持异议

我同样持异议。我赞同上诉法院首席法官兰巴德在他深思熟虑的学术性意见中所提出的理由。我预感，最高法院今天自负地实施司法性立法，会引发一系列雪崩式的联邦案件。每当嫌疑人想象或者选择断言宪法第四修正案的权利受到侵犯时，他将立即在联邦法院起诉联邦官员。这将使适当的执法变得虚弱，使诚实和有责任心的官员每天的工作变得更加繁重和严苛。我不知道在当下历史阶段，法院为什么要朝这个方向前进。宪法第四修正案于 1791 年通过，直到本案之前，国会和最高法院都没有认为应该采取这一方式。我认为，对于真正受到侵害的人来说，总有其他相当充分的救济措施。如果没有，那么采取行动的应该是国会而非法院。

后　　记

一

法律不断进化,法治才会日臻完善。

1946 年美国联邦侵权索赔法(Federal Tort Claims Act,FTCA)是公认的一项具有里程碑意义的法案,它使联邦政府能够因其雇员在其工作范围内的侵权活动而被起诉。在这项立法之前,所谓“主权豁免”基本上保护了联邦政府免受所有诉讼。然而,FTCA 打开了联邦政府的被告之路,使其可以像任何其他雇主一样因其雇员的疏忽而被起诉。虽然 FTCA 以多种方式限制政府的责任,例如,不允许发起针对政府的惩罚性赔偿,但该法毕竟是开创性的一步。

简要而言,因联邦政府的雇员在其公务范围内行事的不当或疏忽行为而受伤或财产受损的个人可以向政府提出索赔,要求赔偿该伤害或损害。为了提出有效的索赔,索赔人必须证明:(1)索赔人受伤或财产被联邦政府的雇员损坏;(2)雇员在其公务范围内行事;(3)雇员存在疏忽或错误行为;(4)索赔人所投诉的伤害或损害的疏忽或不法行为直接造成了伤害或损害。

之后更进一步,就是根据 Webster Bivens 案生发的所谓“毕文斯诉讼”。这也是本书论述的重点。Webster Bivens 案是 1971 年美国联邦最高法院的一个重要判决,通常被简称为 Bivens 案。它明确了公民在联邦官员侵犯宪法权利的情况下,有权对联邦官员个人提起民事诉讼。这种权利是在联邦法没有具体法律条文的情况下,由法院的判例法发展出来的。这一裁决开启了对公民被侵犯的宪法权利的崭新救济途径，被称为“毕文斯诉讼”。

在英美法系国家，这相当于通过法院之手，开启了一项新制度，即因为宪法权利被严重侵犯，公民可以绕过所谓“职务行为”之类的说辞，发起针对执法者个人的诉讼。该案在比较法意义上影响颇大，例如，加拿大最高法院在 2007 年希尔（Hill）案的判决中明确了下述看法：警察的不当行为并没有免于民事侵权诉讼之特权，其在执法中应尽良善义务。当然，该义务无需达到完美，但要满足合理标准。

美国联邦最高法院哈伦联席大法官就此论述道：“虽然诉讼当事人可能不经常选择寻求救济，但在文明社会中，国家政府的司法部门必须随时准备在这种情况下提供救济。”

必须指出，尽管 Bivens 案允许个人起诉联邦官员，但法院后来通过多个判决对 Bivens 诉讼的适用范围进行了严格限制。例如，“全新情境”一说——法院越来越不愿意将 Bivens 案的适用范围扩张到其他宪法权利或新的事实情境。在 2017 年的 Ziglar v. Abbasi 案中，美国联邦最高法院认为适用 Bivens 诉讼的前提是“没有其他替代的救济途径”。最高法院强调，如果国会已经制定了其他救济途径（如行政程序或其他民事诉讼途径），那么 Bivens 诉讼不应当被允许。这显然表明，国会立法的替代机制很大程度上限制了 Bivens 诉讼的适用。

实务上，在很多 Bivens 诉讼中，联邦官员可以主张“合格豁免”（qualified immunity），即只要他们没有明显侵犯“确立的宪法性或法定权利”，他们即可免于承担民事责任。尤其近年来，美国联邦最高法院和下级法院对“合格豁免”的认定趋向严格，进一步削弱了 Bivens 案对普通公民的救济效果。这与最高法院近年来渐趋保守直接相关。

二

就我本人而言，第一次对 Bivens 诉讼产生研究兴趣，是在阅读浩如烟海的非法证据排除规则文献过程中，看到美国学者们在论述排非规则效果的时候，总会提到其他并行的若干制度性机制，其中绕不开的话题即为 Bivens 案。

经过初步文献梳理,我形成了大体的研究思路,恰逢中国刑事诉讼法学研究会 2015 年年会在重庆召开,主题为“全面推进依法治国与刑事诉讼制度改革”,我有幸被安排在闭幕式环节代表小组专家发言,选定的题目为“参与刑讯人员民事侵权责任问题研究”。其实我当时的研究动机非常简单:刑讯逼供时有发生,能否拓展、至少介绍一条比较法上行之有效的针对刑讯逼供人员个人提起诉讼的路径?

之后,我在 2016 年申请了一项同名的国家社科基金项目[“参与刑讯人员民事侵权责任问题研究”(16CFX030)],本书也是以该项目的研究成果为基础来完善出版的。

有朋友曾经谈论到,Bivens 诉讼类似机制距离我们相去太远,意义不大。这就牵扯到比较法研究其实式微的当下,我们是否还需要,或者说需要何种形态的比较法研究。我坚信,在任何制度建设领域,比较的方法都不可或缺,合理范围内的互有镜鉴到什么时候都不为过分。就 Bivens 诉讼机制而言,它会给我们很大启发:例如,如何平衡国家权力与公民权利,如何建立更有效的司法救济途径以保护宪法权利,如何通过司法手段推动政府问责机制的完善,诸如此类。通常说法是,Bivens 诉讼是美国法治体系中一个具有开创意义的司法判例,它为保护公民的宪法权利提供了重要的司法救济途径。Bivens 诉讼使联邦政府的官员行为具有更强的问责性,并赋予公民对抗侵犯自身宪法性权利不法行为的崭新工具。

三

说实话,项目成功获批自然高兴,但真正开展课题研究的过程却非常艰难:因为里面牵扯了太多民法知识,其中主要是侵权法知识。这就需要感谢我在北京交通大学任教时的学生杨浦和邢万里,他们补足了我很多的知识短板。亦要感谢浙江大学周江洪、复旦大学李世刚、西南政法大学黄忠三位民法教授,我的好朋友们。他们大致的统一观点是:暂未听说过这种方法(Bivens 诉讼),了解后认为不太可行,职务行为的侵权后果不能由个人承担。我想这恰恰证明了本项研究,给大家介绍 Bivens 诉讼的必要之处:介绍一种比较法上的可能性。

另外,还要感谢法律出版社教育分社的吴昉和郑怡萍编辑,认识十多年的老友,出版本书的过程非常顺畅、愉快。西北政法大学刑事法学院任禹行博士以及钱智武、龙健宁和贺言三位同学也帮忙作出了耐心细致的校对工作。

同时,本书后期研究还得益于中国政法大学青年教师学术创新团队支持计划[“刑事诉讼法修改研究”,中央高校基本科研业务费专项资金(24CXTD06)]的协助。与团队成员林静、黄河、王迎龙、白冰、尹泠然、张可、鲍文强诸同志的交流永远愉快。求索无尽,同行可安。

从 2015 年起意该项研究,到现在整整 10 个年头。这十年的过往,落笔此处时,回忆不断涌现。时逢《刑事诉讼法》面临第四次修改,最近若干次发言,我的主要意思均为“对标国际刑事司法准则,完善刑事诉讼法治”,其中比较法研究当然不可或缺。至于有人说时过境迁,情况不同了,但我总是觉得,念念不忘,必有回响。

郭　烁

2024 年岁中